Zeitenwende im Kaiserreich

Marianne Bernhard

DIE WIENER RINGSTRASSE

Architektur & Gesellschaft 1858-1906

Kremayr & Scheriau

Bildnachweis:
Buenos Dias, Wien: S. 66/67, 104/105, 106, 116, 128, 146/147, 181, 182, 203, 204, 205, 206, 216/217, 269, 270/271, 272, 300
Österreich Werbung, München: S. 20, 53, 54, 65, 68, 94, 103, 125, 126/127, 148, 157, 158, 167, 168/169, 170, 179, 180, 191, 192/193, 194, 215, 218, 227, 228, 299
Hotel Imperial, Wien: S. 75, 76
Museum für angewandte Kunst, Wien: S. 93
(Foto: Herard Zugmann)
Postsparkasse, Wien: S. 309–312
Alle übrigen Bildmotive entnahmen wir dem Verlagsarchiv.

Seite 1:
Fahne des III. Bataillons des k. k. Infanterieregiments Nr. 4.
Auf dem Fahnenblatt aus gelber Seide ist der doppelköpfige Reichsadler mit den Wappen sämtlicher Königreiche und Länder der Monarchie dargestellt.

Frontispiz:
Die Masken des Theaters
Detail aus dem gemalten Rahmen zum Bildnis Josef Lewinsky von Gustav Klimt, 1895.

Sonderausgabe

für Deutschland und die Schweiz:
Verlag Friedrich Pustet, Regensburg
ISBN 3-7917-1332-9

für Österreich (unter dem Titel ‹Die Wiener Ringstraße›):
Verlag Kremayr und Scheriau, Wien
ISBN 3-218-00540-X

Reproarbeiten: Fotolito Longo, Frangart
Satz: Satz & Repro Grieb, München
Gesamtherstellung: Cronion SA, Barcelona

Die Deutsche Bibliothek – CIP-Einheitsaufnahme

Bernhard, Marianne:
Zeitenwende im Kaiserreich: die Wiener Ringstraße; Architektur und Gesellschaft 1858–1906 / Marianne Bernhard.
– Sonderausg. – Regensburg: Pustet, 1992
ISBN 3-7917-1332-9

Inhalt

Es ist mein Wille

Kaiserstadt Wien, europäische Hauptstadt, Metropole des alten Kontinents im Glanz ihrer berühmten Bauwerke, behaglich im Wohlstand der Bürger, erträglich sogar in der Unterprivilegiertheit der Armut.

Die Weltreisende Lady Mary Pierrepoint Wortley Montagu benennt bereits im 18. Jahrhundert, nach einem Besuch im Gartenschloß des Vizekanzlers Graf Schönborn, das künftige Problem der Wiener Stadtplanung: «Ich kenne nichts so Reizendes als die Innenstadt von Wien. Sie ist sehr groß und besteht oft aus nichts als vortrefflichen Palästen. Wenn es der Kaiser tunlich fände, zuzugeben, daß die Tore der Stadt ausgehoben würden, um die Vorstädte mit ihr zu vereinigen, so würde er eine der größten und bestgebauten Städte von Europa haben.»
Und geradezu prophetisch schreibt Johann Graf Fekete de Galantha 1787 in einer «Skizze eines lebenden Bildes von Wien, entworfen von einem Weltbürger»: «Ein unfehlbares Mittel, Wien mit Paris und London in eine Reihe zu bringen, ja es sogar über diese beiden prächtigen Mitbewerberinnen zu erheben, so wäre

die Durchführung des folgenden Planes, dessen Verwirklichung vielleicht das Jahr 2440 erleben wird, wenn der tätige und außerordentliche Geist des Kaisers es anderen überläßt, ihn auszuführen und sich nicht selbst daran wagt. Man müßte nach Niederlegung der Befestigungswerke die Vorstädte mit der eigentlichen Stadt vereinen. Die niedergelegten Festungswerke könnten, gleich den Boulevards in Paris, der Verschönerung der Stadt dienen ... Die Vereinigung mit den Vorstädten würde die Möglichkeit bieten, eine bedeutend größere Einwohnerzahl als die jetzige bequem unterzubringen.»

Bis ins 21. Jahrhundert dauert es nicht, doch soll es noch eine Weile haben, bis aus der Kaiserstadt eine Weltstadt wird.

Um 1782 gibt Kaiser Joseph II. die Bastionen frei für sein Volk. Das klingt nicht besonders innovativ, ist aber ein großer Schritt in Richtung Stadterweiterung, und diese ist schon am Ende des 18. Jahrhunderts dringend notwendig.

Die «Innere Stadt» platzt aus allen Nähten, bitterste Wohnungsnot herrscht für die niedrigen Klassen; Krankheit, Verwahrlosung, drangvolle Enge in der alten Festung schaffen ein hoffnungsloses soziales Klima. Die alten Glacis werden planiert, Alleen, Gärten, eine schöne Meile zum Lustwandeln bilden das erste Ventil.

Auf den Basteien kann man nun spazierend in wenig mehr als einer Stunde die Wiener Innenstadt umrunden, die Promenade schafft Kommunikation. Es ist wohl eine trügerische Idylle, und sie mündet in die scheinbar «goldene, g'müatliche Zeit», die später Biedermeier genannt wird.

Ihren Auftakt bildet der Wiener Kongreß 1814/15, der in Europa neue Ordnung schafft nach den kriegerischen Napoleonischen Zeiten.

Die Stadt sieht ein dreiviertel Jahr lang die Monarchen Rußlands, Preußens, Dänemarks, Württembergs, Badens, Hessen-Kassels bei sich zu Gast, außerdem weltberühmte Staatsmänner wie Metter-

Der Kongreß tanzt – die Neuordnung Europas nach Napoleons Sturz kann warten, wenn Ball oder Redoute die Tagungsmitglieder zum Tanz rufen. Ganz Wien feiert unbekümmert. Maskenball in der Hofburg zur Zeit des Wiener Kongresses. Aquarell von Josef Schütz.

nich, den englischen Kriegs- und Außenminister Lord Castlereagh, den preußischen Staatsminister Hardenberg oder den listigen Franzosen Talleyrand.
Kaiser Franz I. erweist sich als großzügiger, toleranter Gastgeber, und der Kongreß tanzt zunächst. Man feiert, macht Konversation, übt sich in Liebenswürdigkeiten, bis Napoleon aus Elba flieht. Der Löwe ist los, mit Entsetzen sieht Europa, wie er seine Pranken mutig neu ausstreckt nach dem eben befreiten Festland. In Wien

besinnen sich die Herren auf ihre Pflichten; Ballokale, Heurigenlokale, die festlichen Redouten verwaisen.
Jeden Morgen schlagen die aus der Gemütlichkeit aufgestörten Wiener nun die Gazetten auf und lesen Hiobsbotschaften. Der regierungstreue französische MONITEUR unterrichtet geschmeidig über den jüngsten Stand der Dinge:
9. März 1815: «Die Bestie hat ihre Höhle verlassen.» – 10. März: «Ganz Frankreich verabscheut den Moloch.» – 11. März: «Das korsische Ungeheuer hat den Boden Frankreichs betreten.» – 13. März: «Der Peiniger übernachtet in Grenoble.» – 18. März: «Der Tyrann auf dem Vormarsch nach Dijon.» – 19. März: «Bonaparte will Paris erobern, aber er wird elend scheitern.» – 20. März: «Der Kaiser steht schon in Fontainebleau.» – 21. März: «Der Befreier pocht an die Pforten der Hauptstadt.» – 22. März: «Seine kaiserliche Majestät ist heute in Paris eingezogen. Vive l'Empereur!»
Das macht dem Kongreß Beine. Die Wiener haben besonderen Grund, vor dem «korsischen Ungeheuer» im Sprung auf ihre Stadt zu zittern. Der «König von Rom», Napoleons Sohn, lebt hier als macht- und mittelloser «Herzog von Reichstadt» – eine Geisel im Lustschloß Schönbrunn, die zwar in der Gesellschaft als Hoheit umschmeichelt wird, doch vom Fürsten Metternich stigmatisiert: «Ein für alle Mal ausgeschlossen von allen Thronen.»
Napoleons «hundert Tage» beenden die Niederlage von Waterloo und neue, diesmal unwiderrufliche Verbannung auf dem kargen Eiland Sankt Helena.
Wiens Antlitz hat sich gewandelt. Aus ist's mit der behaglichen Kongreßatmosphäre des Neubeginns. Im Juni 1815 wird die Schlußakte unterfertigt, und dann verschwindet der Charme der großen Welt.
Zensur tritt ihre Herrschaft an. Sogar private Briefe, erst recht die Presse, Verlagswesen, Bühnen, unterliegen ihr, und so suchen die Wiener ihr Glück im Winkel.

Die ganze Walzer- und Praterseligkeit, Behaglichkeit der Boudoirs, anheimelnde Buntheit der Gärten, das reizende Kokettieren mit der Mode, ihren Capes und Hütchen, gebauschten Röcken, Schuten und Korkenzieherlocken, sind Flucht, Emigration nach innen.

«Ein garstig Lied! Pfui! ein politisch Lied», nach diesem Motto Goethes lebt man. Dagegen sträubt sich, von Adalbert Stifter literarisch verklärt, das «sanfte Gesetz»: Zu Hause, in den schlichten Möbeln, weiß man sich ohne Arg und Falsch. «Eines nur ist Glück hienieden: / Nur des Herzens stiller Frieden / und die schuldbefreite Brust», resigniert sogar der durch die Zensur gebeutelte, stets aufmüpfig-argwöhnische Dramatiker Franz Grillparzer. Die Idylle trügt, aber sie lebt bis zum Revolutionsjahr 1848.

Biedermeiers Glück und Ende begleiten bereits deutliche Signale der anbrechenden neuen Zeit. Industrie, Tourismus, die künftige Herrschaft der Eisenbahn werfen ihre Schatten voraus.

Um so inbrünstiger, trotziger, klammert man sich an die gute alte Zeit. Sogar der deutsche Romantiker Joseph von Eichendorff ergibt sich (im Vorbiedermeier des Jahres 1811) dem Zauber des alten Wien auf den Basteien der Stadt: «... einsamer Spaziergang über die Glacis durch die schöne unendliche Allee mit den herrlichen Ansichten auf den Stephansturm und die Vorstädte mit ihren Palästen.»

So «stehst Du auf dem umhegten Wall, wo Du Nachtgedanken träumen magst und Gespenster sehen. Es verirrt sich selten der Fuß eines Wieners her, so lange unten der Walzer schwirrt» – der Schriftsteller Willibald Alexis ahnt 1833 bereits das Ende.

Mit der Revolution schließt das Biedermeier unwiderruflich ab, das Jahr 1848 wird Schlüssel und Schloß für eine Zukunft, die Wien für Jahre in eine unendliche, kostenverschlingende, mit Kopfschütteln bestaunte und durch Steuern, Abgaben, Unbequemlichkeiten bezahlte, von Ablehnung, Zorn, Hohn und schließlichem Akzeptement begleitete Baugrube verwandeln soll. In Wien selbst dauert die Revolution vom 12. März bis 31. Oktober 1848.

Das revolutionäre Feuer wird aus ganz praktischen Quellen gespeist: Armut, Wohnungsnot, schlechte Gesundheitsvorsorge und miserable ärztliche Betreuung im Krankheitsfall, Teuerung treiben das Volk auf die Barrikaden.

Die geistige Elite macht ihren heiligen Zorn an der Person des Fürsten Metternich fest: Dieser konsequente und beharrliche Verfechter der Restauration, als «Architekt des neuen Europa» zwar geachtet, doch gehaßt als allmächtiger Herr der Zensur in seinen Ämtern als Haus-, Hof- und Staatskanzler sowie Präsident der Ministerialkonferenz, spricht den Armen wie den Gebildeten Hohn: «Soziale Revolutionen, einen gewaltsamen Umsturz der bestehenden Regierungsformen und deren Ersatz durch unbekannte Größen wünscht heutzutage niemand, denn die heutige Welt ist viel zu erpicht auf materiellen Genuß und industriellen Gewinn, um diese Güter schalen Theorien zuliebe auf's Spiel zu setzen» – er wird Opfer dieses Irrtums. Am 13. März tritt er, verspottet als der «große Staatsblutegel», der zwei Kaisern, Franz I. und Ferdinand I., ergeben gedient hatte, zurück und wählt das Exil.

Schließlich schüren grundsätzliche politische Konflikte, die aus Ungarn heftig über die Grenze nach Österreich schwappen, den Eifer der Revolutionäre in Wien. Wohl wird im April 1848 die Konstitution verkündet, dennoch rücken im Mai Aufständische vor die Hofburg und wollen das Heiligtum der Monarchie stürmen.

Die kaiserliche Familie flüchtet sich nach Innsbruck und kommt erst im Spätsommer wieder in die Hauptstadt zurück. Inzwischen fungiert der populäre Erzherzog Johann, Onkel des Kaisers, als Regent und Reichsverweser.

Fürst Metternich, Österreichs Staatskanzler, Herr der Zensur und «graue Eminenz», gehört zu den bedeutendsten und meistgehaßten Politikern des Kongresses des Vormärz. «Don Quichote der Legitimität», der Spott aus der Feder des Dichters Franz Grillparzer trifft die Stimmung im Kaiserreich vor der Revolution 1848 genau. Gemälde von Thomas Lawrence, 1815.

Im August erheben sich die Arbeiter. Regierung und Sicherheitsausschuß hatten in Wien zwar ein Beschäftigungsprogramm aufgelegt, doch Folge dessen ist ein gewaltiger Zustrom in die Hauptstadt, verschärfte Wohnungsnot und Preisanstieg allerorten auch für die Artikel alltäglichen Bedarfs. Als der Arbeitsminister mit Reiseverboten und Lohnkürzungen dagegenhalten will, bricht der Zorn der Werktätigen los, die sozialen Konflikte eskalieren. Schließlich stehen im Prater die reguläre Armee und Nationalgarden mit Waffen in den Händen Arbeitern und Arbeitslosen gegenüber.

Im Oktober nimmt die Revolution noch einen mächtigen Anlauf, die Straßenschlachten machen sogar vor dem Stephansdom nicht halt, um und in der Kirche wird gekämpft, am 7. Oktober befindet sich die Stadt in Gewalt der Aufständischen.
Die Kaiserfamilie flieht abermals, ungefähr 20000 Wiener Bürger tun es ihr gleich; Cäsar Wenzel Messenhauser, Oberleutnant außer Diensten, übernimmt diktatorisch dic Gcwalt.
Erst im nächsten Jahr kehrt Ruhe ein in die Metropole Wien. Im Winter '48 dankt Kaiser Ferdinand ab zugunsten seines Neffen Franz Joseph I.
«Gott segne dich, bleib nur brav. Gott wird dich schützen», spricht er zum Abschied und begibt sich aufs Altenteil nach Prag. Mit dem Grundgesetz für Österreich vom 4. März 1849, der «Märzverfassung», ist formal Frieden; 1851 kommt Metternich nach Wien zurück und übt als Berater des Kaisers erneut Einfluß aus.
Die Monarchie faßt, mindestens in Wien, wieder ruhig Fuß.
Die Revolution hatte keinen Umsturz ausgelöst, nicht einmal Aufbruch oder grundlegende Wende, die alten Probleme sind geblieben, das wachsende Industriezeitalter bringt neue hinzu.
Aber noch immer zögert man, die Stadt zu erweitern, die Fessel der Umwallung zu sprengen, obwohl hin und wieder Befürworter sich stark machen für ihren Fall.
Die Militärs sind dagegen, Kommissionen erörtern immer neue Pläne, bekunden Optimismus, bekräftigen die Notwendigkeit; einflußreiche Männer, zum Beispiel Ministerialrat Franz von Mayern, versuchen Fakten zu schaffen durch vorauseilende Behauptungen: «Eine Erweiterung und Vergrößerung der gesamten Residenzstadt steht in nächster Zukunft mit Voraussicht zu erwarten», beginnt sein Vortrag schon im Jahr 1850, und: «Im engen Zusammenhang mit der Vergrößerung der Residenz überhaupt steht eine Erweiterung der inneren Stadt.»
Militärische Erwägungen gehen im Gegensatz dazu so weit, die

*Auf den Basteien um die alte innere Wienerstadt promenieren die Wiener der Biedermeierzeit besonders gern – in einer Stunde kann man den alten Kern der Metropole vor Beginn der Arbeiten am Ring umrunden, plaudern, lesen, die Umgebung betrachten; gute alte Zeit, bevor die Spitzhacken der Idylle ein Ende bereiten.
Lithographie von Franz Wolf, nach 1817.*

Stadtbefestigung noch zu verstärken, nicht unbedingt auf dem Platz der alten Bastionen, ein wenig «Luft» sollten die Wiener schon bekommen, aber in den Köpfen der Generalität spukt, noch in der Mitte des 19. Jahrhunderts, der Gedanke, eine ummauerte Stadt sei uneinnehmbar für Feinde von außen und, kurios genug, die Wirren der Revolution hätten bewiesen, wie wichtig eine solche Befestigung für die innere Sicherheit sei. Vom Ausbau der Inneren Stadt Wien zur «Zitadelle» ist gar die Rede.
Schließlich wären auch Besitzverhältnisse zu klären, Plätze für die Niederlegung der Basteien und die Verstärkung der Fortifikationen müßten gekauft werden.

Der Wiener Gemeinderat beratschlagt, bescheiden, nur eine Verschönerung des Glacis durch neue Gartenanlagen – auch, um die Luft zu verbessern.
Im Sommer 1855 gehen Gerüchte um, am Glacis bei der Währinger Straße entstünden Votivkirche und die neue Universität – die Konfusion ist heillos, aber wie in jedem «ondit» steckt ein Gran Wahrheit darin – es muß etwas geschehen, die Presse mischt sich ein, die Stimmen *für* eine Stadterweiterung überwiegen bald.
«Niemand kann mehr daran denken, die innere Stadt als Festung zu gebrauchen», mahnt im Sommer 1855 das DEUTSCHE KUNSTBLATT. «Vor allem sind zwei Dinge nötig: erstens das Aufgeben der Befestigung Wiens und zweitens die Benutzung der Glacis zu Monumentalbauten.»
Ein Stichwort ist gefallen – niemand denkt daran, kann daran denken, den neu zu gewinnenden Raum hauptsächlich mit Wohn- oder Nutzbauten zu füllen.
Die repräsentativen Bauwerke, Theater, Museen, Parlament und Akademien sollen hinaus und drinnen Platz machen für Wohnungen, aber die Angelegenheit zieht sich hin.
Wenig wird gebaut, kaum etwas effektiv geplant, viel geredet. Zum 11. Januar 1857 höhnt der FIGARO: «Glacis-Verschönerung: Schön ist das Einfache, Einfacheres also ist schöner. Also das Schönste geschieht, nämlich das Einfachste: *Nichts*!» und Mitte Juni, zynisch: «Zum Lebewohl. Einem löblichen Gemeinderate empfehlen sich zum letzten Male die vereinigten Schwestern *Stadterweiterung*, verehelichte, als ‹Niemals›, *Glacisverschönerung*, verwitwete, ‹Schon-gar-nicht›.»
Mit scharfen Ohren und Augen und noch schärferem Verstand verfolgt der Innenminister, Bach, das ganze pro und contra und entwirft entsprechend sein Konzept ganz insgeheim. Er will die Residenzstadt total, radikal verändern, bedient sich dabei der Presse und hält sich selbst bedeckt.

Platz soll geschaffen werden für den «geschäftlichen Verkehr unseres industriellen Jahrhunderts», not tut die «möglichst schleunige Hinwegräumung der Basteien. Diese müssen unvermeidlich und plötzlich fallen wie die Mauern von Jericho. Erst dann läßt sich von einem kühnen Durchstich der inneren Stadt nach Art des Boulevard du centre sprechen», und: «Altes, ehrwürdiges, an der Hauptader des mitteleuropäischen Binnenlandes glücklich gelegenes Wien..., wie lange soll es noch währen, bis sich eine kräftige Hand deiner väterlich annimmt, um eine jetzt doppelt unabweisbare Pflicht zu erfüllen», nämlich: «Ordnung in dein architektonisches Chaos zu bringen, wozu die zweckmäßige Verbauung der Glacis unstreitig den herrlichsten Spielraum darbieten würde?»
Wien wird am Ende des 19. Jahrhunderts seine Einwohnerzahl nahezu verachtfachen. Die Habsburgermonarchie, Venetien und die Lombardei eingeschlossen, zählt 1850 rund 35,7 Millionen Einwohner, die Anziehungskraft der Hauptstadt, auch auf die Landbevölkerung, nimmt stetig zu, bessere medizinische Versorgung läßt die Geburtsziffer über die Sterberate steigen.
Die Eisenbahnlinie erreicht Wien. Längs der Kaiser-Ferdinands-Nordbahn entstehen neue Stationen, der Alte Nordbahnhof von 1838 wird zwischen 1842 und 1852 stark umgestaltet und vergrößert; seit 1858 wird am Neuen Nordbahnhof gebaut, nach Plänen von Theodor Hoffmann werden «keine Kosten gescheut, um einesteils den Ansprüchen des Publikums, andererseits der Würde einer der größten und rentabelsten Verkehrsanstalten des Kontinents zu entsprechen». Kostenpunkt, als der Bau 1865 fertig ist: 1 945 000 Gulden.
Im April 1857 sieht sich die kaiserliche Majestät persönlich gefordert, einzugreifen in die Diskussion. Franz Joseph äußert sich vor der Ministerkonferenz, klar, unumwunden, ohne die geringste Rücksichtnahme auf Proporz oder Parteieninteressen. Er verlangt kurz und bündig, daß die Frage der Stadterweiterung «zu einer

entschiedenen Lösung gebracht» werde; eine Kommission sei zusammenzustellen, welche sich mit «der Entwerfung eines Grundplanes über das Ganze» zu beschäftigen habe und: «Bei diesem Grundplan ist als Basis anzunehmen, daß die Fortifikationen im Innern Wiens aufgegeben werde; andererseits ist dafür vorzudenken, daß auf dem jetzigen Glacis großartige Plätze von Häusern freibleiben müssen; auch hat man auf die herzustellenden öffentlichen Gebäude, etc., gehörige Rücksicht zu nehmen.» «Vox caesaris» ist in diesem Fall, sicher unbeabsichtigt, doch richtig, «vox populi». Es wird unerträglich eng in Wien, nicht bloß die Einheimischen, unter ihnen besonders die Armen, leiden unter Raumnot und Wohnungsmangel. Es müßten mehr Herbergen, Hotels, Restaurants und Cafés gebaut werden. Publikum, Fremde, Reisende, Geschäftsleute – sie alle strömen zuhauf in die alte, enge Wienerstadt – der Kaiser persönlich, in einem Handbillett an Minister Alexander von Bach, bereitet den «Befreiungsschlag» vor: «Es ist Mein Wille, daß die Erweiterung der inneren Stadt Wien mit Rücksicht auf eine entsprechende Verbindung derselben mit den Vorstädten ehemöglichst in Angriff genommen und dabei auch auf die Regulierung und Verschönerung Meiner Residenz- und Reichshauptstadt Bedacht genommen werde. Zu diesem Ende bewillige Ich die Auflassung der Umwallung und der Fortifikationen der inneren Stadt sowie der Gräben um dieselbe», schreibt er am 20. Dezember 1857, denkt dabei aber vor allem auch an Raum «zur Regulierung des Exerzierplatzes» und die «Herstellung öffentlicher Gebäude, namentlich eines neuen General-Kommandos, einer Stadt-Kommandantur, eines Opernhauses, eines Stadthauses», außerdem «Gebäude für Museen und Galerien», dabei soll der «Platz vor Meiner Burg nebst den zu beiden Seiten desselben befindlichen Gärten ... in seinem gegenwärtigen Bestande» verbleiben. Der Liberale Bach, erster Ansprechpartner des Kaisers in Sachen Stadterweiterung, ist erst 1849

Der Kaiser in Uniform

Franz Joseph I. war ein fescher, junger Mann, als er um Sisi warb, und sein Antrag kam von Herzen. Freilich konnte er des Erfolgs gewiß sein. «Dem Kaiser von Österreich gibt man keinen Korb», sprach resolut seine künftige Schwiegermutter, Lodovica, Herzogin in Bayern. Das Ölgemälde eines unbekannten Künstlers zeigt den Kaiser im Jahr 1854.

in das Innenamt gerückt – zuvor Justizminister, in den Revolutionswirren als «Barrikadenminister» bei vielen in Mißkredit –, die Planung des Ringstraßenprojekts liegt dann nicht mehr in seinen Händen. Bevor die Sache wirklich in Angriff genommen wird, im August 1859, wird er seines Amtes enthoben und geht als Botschafter zum Heiligen Stuhl nach Rom.

Franz Joseph ahnt, daß dieser Angriff auf Gewohntes, Liebgewordenes, vor allem die Schleifung der Basteigärten, des frequentierten «Naherholungsgebiets», seine Wiener in Rage bringen würde und versucht, Ersatz zu schaffen: «Um die innere Stadt soll ein Gürtel in der Breite von mindestens 40 Klaftern, bestehend aus einer Fahrstraße mit Fuß und Reitwegen zu beiden Seiten, auf dem Glacisgrunde in der Art angelegt werden, daß dieser Gürtel eine angemessene Einfassung von Gebäuden abwechselnd mit freien, zu Gartenanlagen bestimmten Plätzen erhalte.»

Der große Wurf ist getan, und wider alles Erwarten schlägt ihm Begeisterung entgegen.

Die Wiener freuen sich, die Presse spendet Beifall, voll aufgeregter Neugier auf das gewaltige Projekt und seine Folgen wird die geplante Stadterweiterung, der «Neue Boulevard», Tagesgespräch.

Ein «allerhöchstes Dekret», sei es noch so klar formuliert, gründlich durchdacht bis ins Detail und vor allem notwendig, muß, nein kann überhaupt nicht absehen, welche Folgen es zeitigt.

«Wegräumung der Umwallung und der Fortifikationen» und «Auffüllung der Stadtgräben» liest sich innovativ, fast sachlich.

Für die Anwohner bedeutet es Unbequemlichkeit auf Jahre, auch wenn Jubel alle nur möglichen Einwände übertönt:

Der Bürgermeister Wiens, Kaspar von Seiller, dankt umgehend für «die Erreichung dieses schon lange gehegten und allgemein mit Sehnsucht ausgesprochenen Wunsches, an dessen Erfüllung Eur. Exzellenz den wesentlichsten Anteil genommen» – er wendet sich an Bach, nicht an den Kaiser.

Elisabeth von Österreich

«Ich bin ein Sonntagskind, ein Kind der Sonne;/die goldnen Strahlen wand sie mir zum Throne,/mit ihrem Glanze flocht sie meine Krone», hochgemut reimte die junge Frau, bevor sie die Last ihrer Position begriff und resignierte. Sie hatte aus Liebe geheiratet, aber die junge Sisi ahnte wohl schon den Konflikt. «Wenn er nur ein Schneider wäre», seufzte sie im Verlobungsjahr 1853.
Georg Raab malte die Kaiserin in ungarischer Tracht.

Es gibt alsbald Gedankenpuzzles des künftigen Stadtbildes, des Rings, wie er von Donaukanal zu Donaukanal führen soll, pittoresk, anmutig, aber niemand, der dem Plan applaudiert, kann zunächst etwas Konkretes erkennen.
«Wir speziell», kommentiert die PRESSE, «haben von Neu-Wien, das uns zu Weihnachten wie eines jener kleinen Stadtmodelle geschenkt wurde, womit man die Kinder überrascht, keine bestimmte Vorstellung; wir haben nur eine kindliche Freude an dem glänzenden Phantasiegebilde und antworten mit einem Manne aus dem Volke auf die Frage, wie Neu-Wien aussehen wird: ‹Der Ring um die Stadt wird nichts sein als lauter Graben und Kohlmarkt.› Der Boulevard oder die Stadtrunde findet in Wien jetzt schon Schwärmer; und schon streitet man allerwärts über die Benennung, schon spricht man von Boulevard du Schanzl, Boulevard d'Elend undsoweiter.»

Im Jahr 1858 beginnt die Demolierung der alten Befestigungen längs des Donaukanals beim Rotenbaumtor – die trutzige Franz-Josephskaserne (1854–1857 erbaut) wird noch verschont, Militärs reklamiersn die Wichtigkeit des Gebäudes als Hort der Sicherheit für die innere Wienerstadt vor Aufstand und Revolution.
Bleistiftszeichnung von F. K., vielleicht: Felix Kanitz, 1858.

Kurz vor Silvester bringt sogar der satirische FIGARO ein ausgelassen-fröhliches Gedicht über «Alt-Vindobonas» (der lateinische Name für Wien) Verjüngungskur, in dem es unter anderem heißt:

«Da kommt grad just vor Jahresschluß
zur heil'gen Christnachtsgabe
der einzig rechte Medikus
mit seinem Zauberstabe –
der reißt das alte Mieder weg...
was zeigt sich bald am alten Fleck?
O Wunder über Wunder!

Alt-Wiens verkrüppelt-siecher Leib
mit seinen Straßenfalten
wird sich zum blühend stolzen Weib
Jung-Wien herrlich gestalten!

Jung-Wien am blauen Donaustrom
wird wieder mit dem Stephansdom
dann goldne Hochzeit halten!»

In der Umgebung des Rotenturmtors fahren die Anwohner am 29. März 1858 erschreckt aus dem Schlaf, als die Arbeitskommandos anrollen.

Schießbaumwolle und Pulver sprengen das Bauwerk in die Luft, Gaffer, Zeitungsschreiber, Spaziergänger haben ihre Freude am Spektakel, das die Militärs, allen voran Generaladjutant Karl Graf Grünne, beklagen; die «Demolierung» der anschließenden Basteien folgt im April.

«Außer dem Lenz und dem Prater ist die Rotenturmbastei, d.h. das Verschwinden derselben, noch immer der Held des Tages»,

notiert die PRESSE am 25. April 1858. «Das Publikum ist unersättlich in Bezug auf Bulletins über den interessanten Kranken.»
Prinzipiell bringt das Schleifen der alten Mauern wenig technische Probleme mit sich.
Der Verkehr wird gelegentlich behindert, die Abfuhr des anfallenden Schutts, das zeitlich effektive Engagement von Arbeitern und Transportunternehmen macht gelegentlich Schwierigkeiten; Koordinationsmängel, auch die Entlohnung der Fuhrleute und, vor allem, die oft unterschätzte Stärke des Mauerwerks bereiten da schon mehr Kopfzerbrechen – und Kosten.
Ende April ist bereits eine Bresche geschlagen, ein gepflasterter Fahrdamm aus der Stadt fertig und eine Uferstraße längs des Donaukanals gebaut – Kaiser und Kaiserin eröffnen am 1. Mai die neue Durchfahrt, vorbei an jubelnden Menschenmengen, vollbesetzten Tribünen, Innenminister Bach persönlich bietet dem Herrscher Willkommen und präsentiert «sein» Werk.
Am 12. Juni gelangt man mit den Abbrucharbeiten bis zur Biberbastei.
Im April 1858 beginnen die Vorbereitungen zur Demolierung des Stubentores, die Abtragung der anschließenden Basteien dauert dann allerdings bis in den Oktober hinein, die Mauern sind zu dick, die Anzahl der Mineure zu gering, diese und andere Umstände sind Grund für die Verzögerung.
Vom 13. Oktober 1858 bis 30. Mai 1859 wird das alte Kärntnertor mit den benachbarten Basteien geschleift. Diese Arbeiten beeinträchtigen den Verkehr, denn das Tor ist ein Hauptknotenpunkt im Wiener Straßennetz.
1859 sind Gonzagabastei und Fischertor an der Reihe, es folgt die Elendbastei, die Strecke Fischertor-Neutor, 1860 liegen Fischertor und Schottenbastei darnieder, 1861 beginnt man mit der Zerstörung der Mölkerbastei.
Im Frühjahr 1862 sind Schotten- und Franzenstor geschleift,

anschließend die Stubenbastei, und vom 19. November 1862 bis September 1863 das Karolinentor und sein Umfeld.
Anfang 1863 beginnen, äußerst behutsam, will doch der Kaiser den Bereich der Hofburg geschont sehen, Abbrucharbeiten und Regulierungen der Burgbastei; im Laufe des Jahres erfolgt die Demolierung von Augustiner- und Franzenstorbastei.
Damit ist die grobe Arbeit getan, die meisten Basteien und Stadttore sind abgetragen.
Geschäftigkeit, Geratter der Karren, das dumpfe Dröhnen von Sprengungen, Umleitungen der Kutschen und Fiaker, Fußgänger, Rufe der Arbeiter – Wien ist in Aufruhr, als die alte Stadtmauer fällt.
Geschäfte machen die Wirte, denn die Kehlen der Männer am Bau werden trocken vom Staub; Bordelle und Dirnen bekommen neue Kundschaft. Lange, lange, bevor auch nur ein einziges Gebäude am Ring steht, ahnen die Wiener endgültig, daß hier ihre ureigenste gute alte Zeit in Schutt fällt. Nostalgie macht sich breit. Diese dicken, zuverlässigen Mauern, die da, unerbittlich niederge-

Das Schottentor zur Biedermeierzeit: Spaziergänger und Fuhrwerke passieren von der Vorstadtseite her die einladenden Torbogen auf ihrem Weg zur Innenstadt. Für den Ringstraßenbau wird es später abgerissen. Aquarell von Emil Hütter.

rissen, liegen, haben sie gegen die Türken beschützt, auf ihnen sind sie gelustwandelt, sahen sie ihre Kinder in den Grünanlagen spielen, die jungen Leute tändeln, die Alten behaglich auf die vertraute Stadt zu ihren Füßen schauen.
«Ich habe eben eine Promenade auf dem hohen Wall, rund um die innere Stadt gemacht, und einen reizenden Sonnenuntergang gesehen», schwärmte sogar der spätere «eiserne» Kanzler des deutschen Reiches, Otto von Bismarck, im Jahr 1852.
Aus! Vorbei! Wer keine Geschäfte machen kann mit der Demolierung, der hat nur Unbequemlichkeit damit.
Ein guter Teil der Wiener Lieder mit ihrer schrammelnden Sehnsucht nach der guten alten Zeit und manch sarkastische Prosa, meist aus der Feder kritischer Tagesjournalisten, hat die Wurzel in jener plötzlichen, das Wienerherz zerreißenden Erkenntnis, daß da mehr als nur ein altes, einengendes, trutziges Gemäuer dem Erdboden gleichgemacht wird.
Es ist eine schöne Vergangenheit, die der Moderne weicht, und die «tempi passati» beginnen sich in demselben Augenblick zu verklären, da sie unwiederbringlich dahin sind.
«Mit der Abtragung der alten Festungswerke», bilanziert Kunsthistoriker Reinhard E. Petermann, «wurde am 29. März 1858 beim Rotenturmtor begonnen und das Zerstörungswerk, das sich auch auf 125 längs des Innenrundganges der Festung entstandene Basteihäuser erstreckte, in den Jahren 1858–1864 im großen und ganzen vollendet. Noch während dieser Arbeit, mit der die Auffüllung des mächtigen Festungsgrabens und umfassende Planierungen verbunden waren, war die Trassierung der Ringstraße durchgeführt worden.»
Eine Straße vom Reißbrett birgt in sich Chance und Gefahr zugleich – die Chance zur homogenen Einheit, dem großen Wurf aus einem Guß, und die Gefahr, langweilig, allzu gezirkelt zu wirken, bar jeder Spontaneität.

Beispiel für Harmonie und Klarheit, ohne Spur von Eintönigkeit, ist die klassizistische Ludwigstraße in München zwischen Feldherrnhalle und Siegestor, doch sie lebt vom Charisma einer originalen Epoche.
Die Einheitlichkeit der Wiener Ringstraße liegt in ihrer Vielfalt, das Stichwort, ja sogar Zauberwort, das diesen scheinbaren Widerspruch auflöst, heißt «Historismus».
Es *muß* nichts Abwertendes in den Bezeichnungen «Neo»-Gotik, «Neo»-Renaissance, «Neo»-Barock liegen, das meint nicht unbedingt Nachahmung, Abklatsch, Kopie alter Baustile, obwohl phantasielose Architekten damit in den Gründerjahren städtebauliches Unheil angerichtet haben.
Die «Neu»-Schöpfung aus dem Geist des Früheren, Synthese aus Einst und Jetzt, hat Stadtbilder auf das Eleganteste geprägt, hochqualifizierte Baumeister zu Meisterleistungen inspiriert und vor allem stets den fruchtbaren Wettbewerb beflügelt.
Kontinuität aus Vergangenheit, Gegenwart und Zukunft, so versteht sich das Dogma des Historismus, und im Interieur auch als «Gesamtkunstwerk» aus Architektur, Plastik, Malerei und Kunstgewerbe.
Eine so vielfältige Offerte, breite Palette der Möglichkeiten, macht die Auswahl schwer, ist wie geschaffen für Dilettanten, auch solche mit redlichen Absichten, und macht dem Künstler das Leben sauer.
Das spätere 19. Jahrhundert gibt zwar einem Kaiser das Recht, Neubau, Umbau, Umwälzung zu verfügen, aber das Säkulum ist, zumal nach einer Revolution, demokratisch genug, für die Ausführung den auf Wienerisch «Konkurs», die Konkurrenz, auszuschreiben. Und so geschieht es.
Vorschläge kommen in Hülle und Fülle. Fachleute, bereits etablierte Architekten und hoffnungsvolle Anfänger, Laien, «Hobby»-Planer senden Entwürfe ein, auch blanke Spinner sind

darunter, die sich gleich stracks an die Majestät persönlich wenden mit Bitte um Protektion, weil ihr Plan der genialste sei.

«Jedes Milliweib will mit Eurer Majestät regieren!» ärgert sich der Maler Friedrich Amerling in einer Audienz beim Kaiser.

Nachdem Kaiser Franz Joseph sein «Handbillett» geschrieben und öffentlich gemacht hat, scheint alles sehr schnell voranzugehen mit der geplanten Ringstraße. Am 31. Januar 1858 erfolgt die Ausschreibung des Wettbewerbs, um den Grundplan für die Stadterweiterung zu erstellen.

Bereits am 31. Dezember liegen als Ergebnis 85 Entwürfe vor; Preise gehen an Ludwig Christian von Förster, Friedrich Stache, die Arbeitsgemeinschaft August Sicard von Sicardsburg und Eduard van der Nüll; ausgezeichnet werden die Pläne des Architekten Martin Kink, des Generaldirektors der preußischen Hofgärten Pierre Joseph Lenné, des Sektionsrats Moritz von Löhr und des Ingenieurs Ludwig Zettl.

Unter Verwendung dieser Vorschläge entwickelt das Baudepartement des Innenministeriums den offiziellen Grundplan für die Ringstraße, der am 1. September 1859 vom Kaiser genehmigt wird.

Die MORGENPOST registriert im Mai 1860:

«Als vor zwei Jahren zum ersten Male die Idee der Stadterweiterung ausgesprochen wurde, da war's, als ob mit einem Male die Schuppen von den Augen fielen; da fühlte man, daß dieser Mangel an Brücken, Mangel an gutem Trinkwasser, Mangel an Straßen und Kanälen, Mangel an Kaufhallen, öffentlichen Gebäuden und Kunstinstituten doch einer Reichshauptstadt unwürdig sei; da regte sich mächtiger als je zuvor der Trieb zur Verbesserung unserer seit langem verwahrlosten städtischen Verhältnisse», aber leider ist dem großen Aufschwung rasch die Flaute gefolgt. Stagnation macht sich breit, sicherlich auch nach einem Blick in die Kassen und dem Bedenken, ob es den Bürgern wie den in

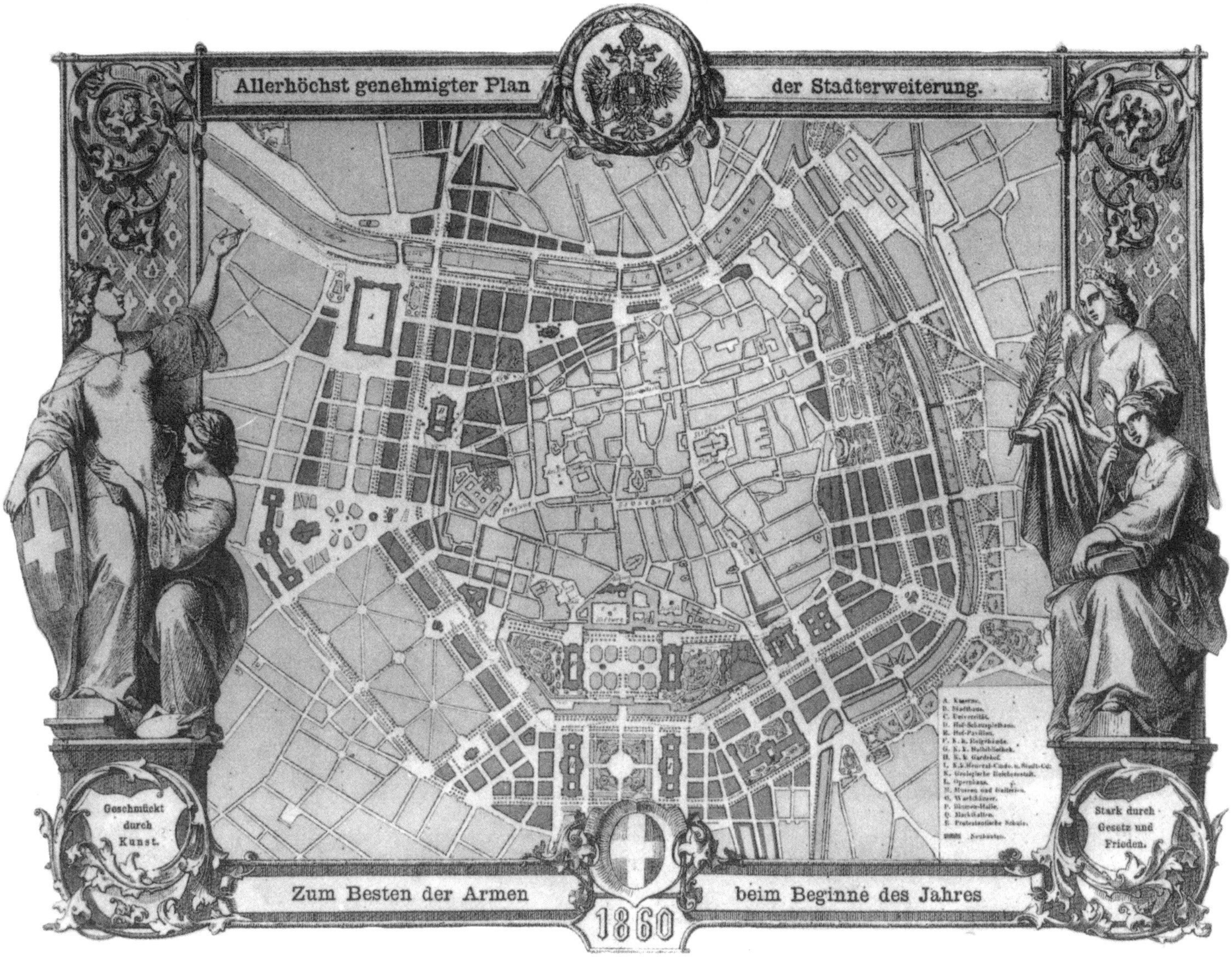

Den Stadterweiterungsplan vom 1. September 1859, Ergebnis eines Architektenwettbewerbs für die projektierte Ringstraße, genehmigt der Kaiser persönlich – die Ausführung wird sich über Jahrzehnte hinziehen und manche Veränderung des Ur-Konzepts notwendig machen. Werbeblatt für den Bebauungsplan, 1860.

wachsender Menge anreisenden Besuchern denn zuzumuten sei, sich in einer auf Jahrzehnte projektierten Baugrube aufzuhalten, und so «hat der Wunsch nach entwickelteren Zuständen sich noch nicht zu einem kräftigen Wollen entfaltet».
Alle seriösen Konzeptionen werden öffentlich ausgestellt, und die

Wiener strömen herbei, um sich anzusehen, wie ihre künftige erweiterte Residenzstadt denn aussehen könnte.
«Wer ist nicht begierig», fragt die PRESSE im Oktober 1858, in welcher Weise die «Hauptstadt eines Reiches, das vierzig Millionen bewohnen, ihren Ausbau» vollendet? «Wo wird die Stadt den Palast ihrer Repräsentanz hinstellen können? Wo werden wir die Oper hören? Wie groß wird das neue Burg- und Operntheater werden? Wo werden wir künftig spazierenfahren, lustwandeln, uns an der Kühle der Springbrunnen im Sommer erquicken? Wo haben die Gelehrten die seltenen Bücher, die Kunstliebhaber die Werke der Kunst zu suchen, wo die Naturforscher ihre Steine, ihre getrockneten Pflanzen und ausgestopften Tiere? Wo werden unsere Hausfrauen Obst, Gemüse, Gänse und Hühner finden? Wo kann der Kaufmann den Reichtum des Lagers dem Publikum vor Augen legen? Wo kann der Fleischer und Zuckerbäcker sein Eis einlagern? Wie werden die Fiaker das Zickzack ihrer Fahrten abkürzen? Wo werden die jungen Leute tanzen und die Kinder spielen? Man sieht, alle sind an der Stadterweiterung beteiligt, und schließlich gibt es noch zwei Parteien, die dabei interessiert sind: die Mietsleute, welche wohlfeiler zu wohnen hoffen, und die Hausherren, welche sich damit trösten, es werde der Raum zu den neuen Privatbauten nicht groß sein, und ihre alten, finsteren, kellertiefen und turmhohen Stadtwohnungen doch ihr Monopol behalten.»
Diese letzten Zeilen sind natürlich reine Ironie und Provokation – an der Ringstraße ist kein Wochenmarkt geplant, will niemand *wohlfeile* Mietshäuser bauen, *gewöhnliche* Ladengeschäfte eröffnen, ordinäre Ballokale oder Kinderspielplätze einrichten – Monumentalbauten, private Palais', Parks, doch solche mit abweisendem Gitterwerk, sieht die Planung vor, öffentliche Gebäude für Verwaltung, Theater, Museen, Universität, Brunnen, Denkmäler und Rondelle.

Eine ausgesprochene «Nobelstraße» ist als Konzeption für den Ring vorgesehen.
«Charakteristisch» für den später so genannten «Wiener Stil», schreibt die Kunsthistorikerin Susanne Kronbichler-Skacha, «ist die Idee der Repräsentation, mit der die allgemeine Nobilitierung im Profanbau eng verknüpft ist: vom Zinshaus bis zur Bank und zum Vereinshaus wird alles zum ‹Palast›. Ihre letzte Übersteigerung ins Monumentale fand diese Hoheitsform in Museums- und Universitätsbauten, die als Stätten der Kunst und Wissenschaft im bürgerlichen Bildungsbewußtsein des Jahrhunderts einen besonderen Rang einnahmen.»
Da ist in naher Zukunft kein Platz für Warenhäuser und Cafés, wie sie etwa die Prachtboulevards in Paris beleben und durch die buntgemischte Kundschaft alltägliches Leben hervorzaubern.
Hier wird, auch nach Vollendung der Straße, noch lange niemand einkaufen, leger flanieren, spontan Zeitvertreib suchen – der «Ringstraßenkorso» gilt als ernsthafte Angelegenheit, zu der die Herren im Bratenrock mit Gehstock und Zylinder aufbrechen und die Damen im guten Ausgehkleid mit Schleierhut und langen Handschuhen.
Selbst die Kaiserin kann es sich leisten, anonym mit ihrer Vertrauten, Gräfin Marie Festetics, über den Ring zu schlendern, ihre elegante Garderobe fällt kaum auf. Ein Passant jedoch erkennt das Gesicht Elisabeths, man umringt sie immer dichter, Hochrufe klingen auf. Die beiden Damen geraten in Panik, voll blanker Furcht bemerken sie, daß selbst die Polizei durch den dichten Publikumskordon nicht zu ihnen zu dringen vermag.
«Sie erdrücken ja die Kaiserin! Hilfe! Hilfe! Platz!» schreit die Kammerdame, die Monarchin, schweißgebadet und halb ohnmächtig vor Furcht, kann erst nach fast einer Stunde durch eine Gasse in der Menschenmenge zu ihrem Wagen und heim in die Hofburg gelangen.

Der Ruf der Wiener Ringstraße verbreitet sich im In- und Ausland. Als Mirakel der Eleganz gepriesen, bestaunt sogar von den Parisern, deren prächtige Boulevards häufig sogar als vorbildlich für sie genannt werden, meldet sich im Jahr 1878 der Franzose Victor Tissot in VIENNE ET LA VIE VIENNOISE zu Wort: «Le Ring est le Quartier élégant de la capitale. Hier findet man die Juweliere, die renommierten Kunstgewerbetreibenden. Die schönste Zeit für den Ring ist zwischen drei und fünf Uhr, besonders an Sonntagen zu Ende des Herbstes und zu Beginn des Frühjahrs. Man führt die neuen Toiletten vor, man trifft sich hier wie in einem ungeheuren Salon ... In Paris gibt es nichts Vergleichbares, denn die Ringstraße ist ein Ort, an dem die ganze Welt zusammenkommt – die große Welt, die Halbwelt, die Viertelwelt, ja sogar die Welt der Diplomatie und des Hofes.»

Der Kunstschriftsteller Ludwig Hevesi weiß es kurz und spöttisch: «Darwin hat wieder einmal Recht. Wenigstens läßt sich nach seinen Vererbungsgesetzen das Vorhandensein der Ringstraße mühelos erklären. Das peripherische Spazierengehen liegt seit so vielen Jahrhunderten im Blute der Wiener. Schon seine Urväter, die auf den Basteien lustwandelten, konnten dies unmöglich radial, diagonal oder transversal tun. Heute bewerkstelligen die Urenkel das nämliche auf der Ringstraße ... Die Strecke des Ringes ist der Nobelring», denn: «Ganze Prozessionen von zweibeinigen Bibern und Zobeln drücken sich aneinander vorbei.»

«Die Ringstraße», beobachtet der Schriftsteller Johannes Ziegler in seinen «Wiener Stadtgängen» von 1897, «nimmt sich an lauen Wintertagen sehr lieblich aus. Auf den Trottoirs spazieren viele Damen und Kinder im Sonnenschein; auf dem Fahrwege rollen in ihren blanken Geleisen die klingelnden Pferdebahnwagen und räderblitzende Fuhrwerke fliegen an ihnen vorbei», und: «Je später es nach Mittag kommt, desto mehr bevölkert sich die schöne Straße; Reiter kommen angetrabt; rote, blaue, weiße und grüne, goldverbrämte Offiziere zeigen sich und ihre Säbel zwischen den schwarzen, braunen und grauen Steuerzahlern; das Gedränge wird immer dichter; und manchmal wird ein ganzes Rudel Pensionsmädchen paarweise in langer Reihe spazieren geführt, alle gleich gekleidet.»

Bis dahin hat es noch lange Weile – vorerst überschlagen sich die euphorischen *und* die skeptischen Stimmen, befassen sich die «Medien», die damals zwar nur aus den Gazetten bestehen, ausführlicher mit dem «Gesamtkunstwerk», das da heranwächst, fast visionäres Pathos befällt manchen Journalisten beim Blick auf die anbrechenden Gründerjahre.

«Blühen wird die Kunst mit dem steigenden Reichtum, und daher behaupten wir: alle *nützlichen* Bauten werden noch in *Kunstbauten* übergehen, und wenn die Umgebung von Wien ein Garten sein und das Wildwasser der Donau im Flaggenschmucke durch ein festes Bett, ein gesitteter, riesiger Lastträger, dahinziehen wird, dann ist auch das goldene Zeitalter der Wiener Architekten, Bildhauer und Maler gekommen; und werden jene große Zeit und ihr Träger nicht ihre Dichter finden, um sie mit allen Künsten zu schmücken?» – fast poetisch schwärmt, träumt die sonst so scharfzüngige PRESSE im Frühjahr 1858 von der künftigen Weltmetropole Wien an einem kanalisierten, regulierten, kommerziell genutzten Donaustrom.

Am 1. September 1859 unterzeichnet also Franz Joseph I. den «allerhöchst genehmigten Stadterweiterungsplan» von Wien, das erst ist, trotz fortschreitendem Abriß der Fortifikationen, der eigentliche Startschuß zum Ausbau des Rings – und alsbald heftig ausbrechender Kompetenzstreitigkeiten.

Friedrich Uhl schreibt bereits im Herbst 1860 ahnungsvoll in der PRESSE:

«Es hat in der Tat den Anschein, als ob auch für Neu-Wien ein Provisorium kommen sollte. Wenn es fertig ist, werden die Tage erscheinen, wo es heißen wird: es gefällt mir nicht. Die Unterlassungssünden werden klar zu Tage treten, man wird finden, daß es an vielen Stellen Bedürfnisse gibt, denen nur ein Zusammenwirken aller Bauherren einer Gruppe abgeholfen werden kann.»

Die Privaten bekommen zu Beginn des Ringstraßenbaues natürlicherweise Oberhand. Sie brauchen keine Konkurrenzen ausschreiben, müssen nicht auf «Comités» hören oder wetteifernde Architekten wenigstens unverbindlich achten: Sie bestellen ihren Mann, sorgen für Bauplatz und Material und fangen an zu bauen. Mit dem beschlossenen «Grün» hapert es zunächst. Hatte man den Bürgern doch versprochen, für die Idylle der Basteigärten werde Ersatz geschaffen, und nun liest und hört man Gezänke um «Parks» mit abweisenden Gittern. Über den Baugruben erheben sich endlose Häuserfluchten, von monumentalen Gebäuden für Staat und Kommune hat man erst eine Ahnung.

Moritz von Löhr macht sich zum Sprecher derjenigen, die nachdrücklich auf Bepflanzung beharren:

«In der Tat bilden auch Baumpflanzungen das einzige Mittel, um die Einförmigkeit der langen Häuserreihen zu brechen und die Bewegung auf der Ringstraße für das Publikum angenehm zu machen. Die edelste Architektur ohne solche natürliche Beihilfe wäre hierzu nicht genügend, der Mangel an Grün und Schatten läßt sie trocken und öde erscheinen.»

«Beim Urteil über das Profil der Ringstraße muß man erwägen, ob sie dem Korso oder dem Verkehr oder beiden dienen sollte. Es ist außer Zweifel, daß man bei allen Verhandlungen den Korso im Auge gehabt hat», gibt der Journalist August Zang im Jahr 1861 zu Bedenken. «Aber auch der notwendige Verkehr soll seine Bahnen finden, ... Die Fahrstraße in der Mitte, und die Alleen, wovon vielleicht eine zum Reitsteg bestimmt werden könnte, dienen für den Korso, bei welchem der Kontakt der Fahrenden mit den Gehenden Hauptbedingung ist. Der Raum zwischen den Alleen

Jubelnde Menschen, Fahnen, Statuen- und Blumenschmuck säumen den Ring, als am 1. Mai 1865 der erste Abschnitt mit einer Durchfahrt der Majestäten feierlich eröffnet wird.
Vor dem Burgtor erheben sich vier riesige, mit Tannenreisig umwundene und mit den Landeswappen geschmückte Obeliske, auf deren Spitze rotweiße Fahnen wehen.
Lavierte Federzeichnung von Ladislaus Eugen Petrovits.

und den Häusern dient für den Verkehr, für das Geschäft.» Alle möglichen Instanzen wollen, so scheint es oft im Schwall der hochgehenden Wogen, ihr Süppchen kochen an der riesigen Goldgrube Ringstraße.
Gerüchte, Verleumdungen, Enthüllungen nehmen kein Ende, der Kunstverein, der Stadterweiterungsfonds, die Kommission zur Beurteilung der Stadterweiterungspläne, nicht zuletzt der Finanzminister lassen ihre divergierenden Meinungen hören. Ring und Ringstraßenzone als imperiales Dekret, kaiserlicher Wunsch, groß-

bürgerliches Bau-Streben, das klingt nobel und nach großem Wurf, aber Kleinlichkeiten der Planer, der «Lobby», wie man das heutzutage nennen würde, bringen Zwist und Hader ohne Ende mit sich.
Die öffentlichen Bauten werden davon weniger betroffen als die Projekte der Privaten.
Seit dem Jahr 1859 gewährt der Fiskus für Häuser, die innerhalb der nächsten fünf Jahre gebaut und fertiggestellt werden, auf 18 Jahre Steuerbefreiung, Häuser, die binnen eines Jahrzehnts beziehbar sind, genießen diese Vergünstigung immerhin für fünfzehn Jahre. Besonderer Rabatt winkt den Bauherren auf dem ehemaligen Glacis – 25 bis 30 Jahre lang sind sie von Steuerabgaben für die Neubauten befreit. Ein Bauboom ohnegleichen ist die Folge solcher Großzügigkeit, Parzellen am Ring werden begehrt, doch trotz der splendiden Bevorzugung der künftigen Ringstraßenanlieger muß niemand befürchten, daß die Nobelmeile durch die Fassaden uneleganter Mietshäuser entstellt werden könnte – hohe Preise, und zwar Bodenpreise *und* Baupreise, sorgen dafür, daß die richtigen Adressen an die richtigen Leute kommen.
Über all dem gerät beinahe in Vergessenheit, daß ja *Künstler* ihre Handschrift auf der neuen Prachtstraße abgeben, nicht die Beamten des Katasteramts ihre Kanzleibögen füllen sollen.
Das Gesamtkunstwerk, fast vergessen im Eifer der Debatten, wird immer wieder von neutralen Beobachtern angemahnt und schließlich auch ausgeführt.
«Gegenüber solchen Aufgaben der Kunst, wie sie uns der Wille des Kaisers in Aussicht gestellt hat, verschwinden die kleinlichen Interessen, in denen unser Kunstleben teilweise unterzugehen droht», hofft der Korrespondent der AUGSBURGER ALLGEMEINEN. «Die Spaltung für und gegen den Kunstverein, für und gegen die Akademie, die exklusiven Liebhabereien für Paris, Antwerpen, München oder Düsseldorf, diese und tausend andere kleine

Fragen, mit denen sich fort und fort persönliche und sachliche Rücksichten vermischen, werden von selbst in den Hintergrund treten, wenn einmal größere Aufgaben für Künstler zur Geltung kommen und in die Hände produktiver Geister gelegt werden.»
Nicht den Zins- und Kapitalmarkt hatte der Kaiserliche «Wille», das Handbillett, schließlich zum Gegenstand, sondern auch der Wunsch, daß das Areal «auf dem Glacisgrunde in der Art angelegt» werde, «daß dieser Gürtel eine angemessene Einfassung von Gebäuden abwechselnd mit freien zu Gartenanlagen bestimmten Plätzen erhalte».
Dies sollte ein Pflaster auf die Wunde des Volkes werden, das mit jeder Mauer, die von der geliebten Bastei fällt, aufs neue die Vergangenheit betrauert:

«Unser Ring hat schöne Häuser,
wo man hinschaut Prachtpalais,
große Auslag'n, grand Beleuchtung,
und sogar a Reitallee.
Omnibus und Pferdebahnen
hab'n mir jetzt zum Volksverkehr,
doch die guaten alten Zeiten,
ja die krieg'n wir nimmermehr»,

lamentiert ein Spottlied.
Feierliche «offizielle» Eröffnung des Rings ist am 1. Mai 1865.
«Das öffentliche Leben ist auf diesem Ringe am rührigsten. Bereits probieren glänzende Cafés, große Bierhallen, gewichtigere Etablissements, Modisten und Modistinnen daselbst ihr Glück, Eisenbahn- und Versicherungsgesellschaften setzen sich fest, und auch die modischen Pflastertreter beehren diesen Ring mit ihren Promenadengängen», schreibt bereits 1867 Michael Klapp in seinem Buch «Wiener Bilder und Büsten».

Zur Weltausstellung 1873, als die Länder aller Industrienationen sich Stelldichein geben in der Metropole Österreichs, treten die Fremden allerdings noch immer in den Staub und Lehm der Riesenbaustelle «Ring».

Resümiert ein durchreisender, doch ortskundiger Gast, als er die Strecke zwischen Alser und Volksgartenstraße inspiziert: «Bis in das Jahr 1870 verteidigten die Militärs dieses Areal als Exerzier- und Paradeplatz; dann entschied der Kaiser gegen sie. Freilich, bis der Verbauungsplan realisiert ist, der jenen Teil des Glacis zum Glanzstück der Ringstraße machen wird, geht mindestens noch ein Jahrzehnt ins Land. Das Rathaus, das im Zentrum der Anlage stehen wird, ist noch nicht weiter als bis zum Niveau des Straßenpflasters gediehen. Die Universität ist noch nicht einmal so weit, desgleichen der Sitz des Reichsrates. Das neue Burgtheater steht vorläufig überhaupt nur auf dem Papier – und das ist bekanntlich geduldig.»

Doch etabliert sich allmählich Hotellerie an der Ringstraße. «Das größte unter den alten Hotels», wirbt ein zeitgenössischer Reiseführer der Stadt Wien, «ist das Grand Hotel auf dem Kärntner Ring mit 300 Zimmern bzw. 500 Betten, einem prächtigen Speisesaal, Lesezimmern, Bädern und Aufzug.»

In der LEIPZIGER ILLUSTRIERTEN ZEITUNG preist das Hotel de France seine Vorzüge, aber da liest sich die Offerte bereits wie eine exklusive Visitenkarte des Rings:

«Hotel ersten Ranges in vorzüglichster, elegantester und frequentester Lage an der Ringstraße, Zentralstation der Tramway, vis à vis der Börse und komischen Oper, in nächster Nähe der Burg- und Operntheater sowie der in Bau befindlichen Museen, des Parlamentsgebäudes und der Universität.» Und:

«Mit der Eröffnung der Ringstraße haben sich dort einige große und elegante Bierhallen renommierter Brauereien etabliert.»

Eine andere Anzeige wirbt: «Besonders viele neue und schöne

Panorama von Wien um 1873. Blick vom Palais Schwarzenberg zur Ringstraße mit den im Bau befindlichen oder bereits fertiggestellten Bauten: Hofmuseen, Parlament, Universität, Rathaus, Schottenring und Börse.
Feder- und Sepiazeichnung von Gustav Veith.

Kaffeehäuser gibt es an der Ringstraße. Das Hochleitner, Kärntner Ring, hat auch einen Damensalon.»

Da ist der Boulevard schon längst aus seinen Kinderschuhen geschlüpft und Zentrum des Fremdenverkehrs, denn Anpreisungen dieser Art locken auswärtige Touristen, weniger die Einheimischen, die Wiener.

Betrübt wandert ein paar Jahre später der «Wiener Spaziergänger» Daniel Spitzer durch seine geliebte Stadt und bringt melancholische Gedanken zu Papier:

«Wenn man auf der jungen Ringstraße geht, dann denkt man an

die Zukunft; in der alten Stadt hingegen erwachen in einem, der immer in ihr gelebt hat, die Erinnerungen. Freilich, seit die neue Bau-Ära mit ihrem Verschönerungs-Vandalismus über Wien hereingebrochen ist, bleibt man immer länger stehen in den alten Gassen und sieht immer zärtlicher hinauf zu den alten Häusern, die man kennt und vielleicht schon nächstens nicht mehr sehen wird. So ist Spazierengehen jetzt auch ein fortwährendes Abschiednehmen.»

Der aphoristische Herausgeber der FACKEL, Karl Kraus, wird später, auf der Schwelle zum 20. Jahrhundert, ähnliche Klage anstimmen: «Wien wird jetzt zur Großstadt demoliert. Mit den alten Häusern fallen die letzten Pfeiler unserer Erinnerungen.»

Grimmiger sieht es im Jahr 1880 der Verfasser eines Werkes über die «Kaiserstadt am Donaustrand mit ihren schönsten Bauwerken und ihren hervorragendsten Monumenten. Eine malerische Wanderung in Buch und Bild», August Silberstein. Über «Stellen, wo das Blut der Vorfahren, tapferer Bürger floß für Freiheit und Vaterland», heißt es darin kritisch, «eilen die Geschäftigen oder wandeln plaudernd, scherzend, die Spaziergänger hinweg. Vorüber!» Aber er schließt doch begeistert: «... der Boulevard Wiens, eine der schönsten Straßen der Welt, der Ring!»

Die Bilanz jenseits aller preisenden oder schmähenden Worte, die Kostenrechnung, teilen sich Stadterweiterungsfonds, Stadtgemeinde und die «übrigen öffentlichen und offiziösen Bauführungen». Zwischen 1858 und 1914 weisen ihre Listen folgende Summen aus: der «Fonds» 100980074 Gulden für (u.a.) «Demolierung und Einlösungen von Grundstücken» 28050049, den «Straßenbau, Passageregulierungen, Hochbauten und Denkmäler» 69980112 Gulden, wobei unter diesem Posten die Prachtbauten Hofoper (6117541), Burgtheater (8164241), Hofburg (21 343665), Naturhistorisches (6221104) und Kunsthistorisches Museum (6764536) besonders markant zu Buche schlagen.

Die Stadtgemeinde rechnet Profaneres ab, darunter die «Einrichtung des Neuen Rathauses» (13 655 065), Schulbauten, den Kursalon im Stadtpark, Markthallen, Brücken, Parks, Bäume, Fontänen, Denkmäler, Kanalisierung, Pflasterung und Straßenbauten, Anschaffung von Baumwagen, Ankauf von Grundstücken vom Stadterweiterungsfonds – insgesamt 27 609 619 Gulden.

Die «Übrigen» notieren Diverses, gehobene Nutzbauten wie Akademie (2 000 000), Justizpalast (2 848 650), Parlament (6 900 000), Universität (7 678 000) oder die Kosten für das erste repräsentative Ringstraßengebäude, die Votivkirche (3 556 582).

Die Ringstraße, ihre mächtigen Fassaden, Fluchten, Bauwerke und Monumente hören nicht auf, die Geister zu scheiden. Repräsentativ, gewaltig, harmonisch, kaiserlich rufen die Anhänger; protzig, epigonal, kapitalistisch, imperialistisch schreien die Gegner. «Prachtkulisse für gehobenen Müßiggang, ... in strotzendem, blaugoldenem Frühsommerglanze», so sieht sie der Literat Anton Kuh.

«Wenn ich den Ring entlangschlendere, so ist es mir immer, als hätte ein moderner Potemkin die Aufgabe erfüllen wollen, jemandem den Glauben beizubringen, als würde er in eine Stadt von lauter Nobili versetzt», wundert sich der Baumeister Adolf Loos. «In Wien verschandeln die Architekten die Stadt, ohne von der Polizei dazu veranlaßt zu werden. Aus freien Stücken. Alle Größe ist dadurch aus der Stadt verschwunden.»

Im Stil der Zeit, aus dem Munde des Wiener Bürgermeisters Julius Ritter von Newald an den Kaiser gerichtet, gesprochen anläßlich der Silberhochzeit des «Allerhöchsten Paares», liest es sich erhaben und getragen von stolzer Emphase:

«Altersgraue und beengende Festungswälle sahen vor 25 Jahren den Einzug Eurer Majestät in die Mauern dieser großen Stadt... Ein glanzvolles, in freier Bewegung unter den Augen seines weitaussehenden Regenten herrlich aufgeblühtes Wien erneuert heute in allen Schichten der Bevölkerung einmütig den damaligen Zuruf seiner huldigenden Treue, seines heißesten Wunsches: ‹Gott walte gnädig über dem heutigen Tage! Heil und Glück unserem geliebten Herrscherpaare!›»

Ferdinand von Saar, wehmütiger Dichter des vergangenen Wien, besingt in seinen Elegien den Zauber der alten «schimmernden Stadt an der Donau», wenn er sich auch redlich müht, der Ringstraßenpracht gerecht zu werden:

«Dennoch wie sehr und wie oft dich mein Auge bewundert,
[du sprichst mir]
nicht mehr zum Herzen wie einst, weithin gebreitete Stadt;
nicht mehr wie einst, da wallumgürtet du noch mit den alten
Häusern geragt über das grüne Glacis.»

Hermann Bahr, Liebhaber und Hasser der Ringstraße zugleich, hat dem Objekt seiner streitsüchtig bewunderten Abneigung genaue Betrachtung gewidmet: «Als Leistung bleibt sie staunenswert. Niemals hat sich Ohnmacht von einer so bezaubernden Anmut, Kühnheit und Würde gezeigt, keine Null ist je mit solcher fruchtbarer Fülle gesegnet, niemals Nichtssagendes von einer so hinreißenden Beredsamkeit gewesen», freilich «staunenswert aber auch durch ihre ruchlose Modernität, der die ganze Vergangenheit, der eigenen Stadt nicht bloß, sondern aller Kunst, nichts als ein ungeheurer Steinbruch von Motiven war».

Die Wahrheit mag, wie oft, in der Mitte liegen, abzulesen an den Gebäuden der Ringstraße, ihrer Entstehung und Vollendung. Ein kaiserliches Handbillett und die Folgen...

Die Votivkirche

Der Dankbarkeit ein Denkmal

Die Votivkirche, das erste Bauwerk am künftigen Ring, das zwar zu einer Zeit geplant wird, als wohl Konzepte zur Stadterweiterung erwogen und erörtert werden, von einer Ringstraße aber noch nicht die Rede ist, mahnt an ein Attentat auf Kaiser Franz Joseph und steht als Denkmal der glücklichen Errettung.

Am Mittag des 18. Februar 1853 betrachtet die Majestät, gekleidet in der Ulanka der Ulanen, von der Wallbrüstung nahe dem Kärntnertor exerzierende Soldaten.

Vierzehn Tage lang hatte der ungarische Schneidergeselle Janosch Libenyi, fanatischer Anhänger Kossuths, die Gewohnheiten des Kaisers ausgespäht, seine Wege verfolgt, nun stößt er mit einem doppeltgeschliffenen Messer zu, das er auf dem Trödlermarkt erworben hatte.

Der Uniformkragen mildert den Stoß, der Kaiser taumelt, blutet, aber der Anschlag auf sein Leben geht fehl – «Schlagen Sie ihn doch nicht!» ruft er sogar, als seine Begleitung sich auf den Missetäter stürzt und ihn weidlich verprügelt.

«Die Behandlung, die mein Vaterland unter der Herrschaft des

Meuchelmörderischer Anschlag: Attentäter Janosch Libenyi, der sich selbst als glühender Patriot versteht, stürzt im Jahr 1853 mit gezücktem Messer auf den Kaiser zu. Flügeladjutant Oberst Graf O'Donnell und Josef Ettenreich, ein Bürger Wiens (links und rechts im Bild), überwältigen, arretieren den Ungarn. Zum Dank für glückliche Errettung entsteht die Votivkirche zum «göttlichen Heiland», ein Werk Heinrich Ferstels. Gemälde von Josef Reiner, 1853.

jetzigen Kaisers erfahren mußte, hat mich bis in das Innerste ergriffen», bringt der Delinquent, der am 26. Februar schon gehenkt wird, beim Verhör vor. «Ich liebe mein Vaterland mehr als alles, und mehr als mein Leben», Patriotismus also und Zorn über die Mißachtung und Behandlung der ungarischen Nation durch Österreich sind seine Motive.

Wenige Tage nach dem mißlungenen Mordversuch initiiert Erzherzog Ferdinand Max den Bau einer Kirche. In einem Aufruf dazu heißt es:

«Den Frevel möge ewige Nacht bedecken, doch unsere Dankbarkeit und Freude soll sich ein Denkmal gründen, welches bis in die fernste Zukunft von ihr ein würdiges Zeugnis gebe... Im Hause

Gottes haben wir die Rettung Sr. Majestät gefeiert, und ein Gotteshaus wird das schönste Denkmal sein.»

Das Ganze muß allerdings finanziert werden – der künftig als Kaiser Maximilian I. glücklose Herrscher Mexikos und Bruder des Geretteten fügt dem Dank eine unumwundene Bitte um Geld an: «Ich wende mich daher an alle, welche mit mir den Wunsch teilen, daß die Gesinnung, welche uns erfüllt, eine großartige Bestätigung finde und dadurch gleichsam die geistige Sühne des Verbrechens vollzogen werde, und lade sie ein, durch ihre Beiträge möglich zu machen, daß zu Wien eine dem Zwecke entsprechende Kirche gebaut werde.»

Patriotische Opferfreude ist verlangt: «Aber das Kaisertum ist reich an Besitzenden, welche sich niemals dem Anlasse entziehen, ihre Hingebung für Monarchen und Vaterland, sowie ihren Drang, für alles Würdige zu wirken, durch die Tat zu bewähren.»

Der Dichter Johann von Perthaler unterstreicht das schöne «Wir»-Gefühl durch einen Hymnus, der dem Plan die nötige Weihe verleiht:

«Und das Gebet erhebt sich zu den Sternen,
es schwillt und strömt hinaus, ein mächt'ger Strom,
bis an des Reiches Grenzen, an die fernen,
nur ein Gefühl – das ganze Reich ein Dom!»

Die Bevölkerung wird um Spenden gebeten, und alle geben freudig ihren Obolus – 300 000 Menschen folgen der Bitte, auch aus dem Ausland gehen Gelder ein, bis nach Ägypten und Syrien dringt die Kunde vom frommen Werk.

So heilig ist, vor allem der Kaisermutter Sophie, das Anliegen, daß man den Erlös einer Benefizvorstellung zurückweist – das Theater an der Wien wollte die Abendkasse der Erstaufführung von Wagners «Tannhäuser» stiften, aber Geld aus diesem «unanständi-

gen», Heidentum verherrlichenden Werk, das den Papst lästert, wird verschmäht.
Der Beitrag des alten Reaktionärs Metternich dagegen ist willkommen.
Als Standort wird ein Platz am Glacis gewählt, und wie ein Komet geht bei der Konkurrenz der Architekten der Stern eines siebenundzwanzig Jahre jungen «Newcomers» auf in Wien: Der Vorsitzende der Jury, Unterrichtsminister Leo Graf Thun, hat den ehemaligen Studenten an der Akademie Heinrich Ferstel, der bisher noch keine eigenständige Arbeit gezeigt hatte, eingeladen, und unter 75 Mitbewerbern erhält er den Zuschlag vor so prominenten Rivalen wie Van der Nüll, Sicardsburg, Hansen, Stache oder Bürklein.
Mögen die geschlagenen erfahrenen Kollegen insgeheim Protektion wittern, der Sieger gibt sich schon siegesgewiß, als die Entwürfe, noch unprämiert, zur Besichtigung ausliegen: «Ich habe zwar nur flüchtig, aber doch so viel gesehen, um zu wissen, daß mein Projekt in die Reihe der Besseren gehört – es war ihm bereits ein Ehrenplatz angewiesen. Unter sehr tüchtigen Werken, namentlich des Auslandes, behauptet es seinen Platz; die Sache kann nicht ohne Erfolg für die Zukunft sein», schreibt er stolz an seine Braut.
Für die Entwürfe hat er nur vier Monate Zeit gebraucht, zu Beginn des Jahres 1855 sind sie fertig. Der Baumeister befindet sich in Italien, als er erfährt, daß ihm wirklich der Zuschlag erteilt werden soll. Am 24. April 1856 wird, in Anwesenheit des Kaiserpaares, der Grundstein gelegt.
Eine gotische Kirche soll es werden, erhaben, im Kathedralstil des hohen Mittelalters, und, wie um den altehrwürdigen «Steffel», den Stephansdom, zu beschämen oder zu übertrumpfen, erhält das erste historische Baudenkmal am künftigen Ring *zwei* Türme.
Das dreischiffige Langhaus mit dem hohen Chor wirkt so feier-

Heinrich Ferstel, einer der bedeutendsten Ringstraßenbaumeister, gewinnt als absoluter Neuling und Außenseiter den Wettbewerb um Planung und Ausführung der Votivkirche. Keiner manifestiert später so konsequent den Historismus nach eigenem strengen Gesetz: «Die Baukunst habe das neue Staats- und Gemeindewesen zu verklären.»

lich, wie es der Stiftungsanlaß gebietet, eher als Denkmal denn als Ort des stillen Gebetes. Der freistehende Hochaltar, prachtvolle Fenster, leuchtend farbige Bemalung des Innenraumes prädestinieren die Votivkirche fast zur Weihestätte für die Grabmäler berühmter Verstorbener.

Das «Pantheon» Österreichs, ein «Westminster» Wiens soll sie werden, aber der Plan bleibt in Ansätzen stecken, nur das Hochgrab des Türkenbezwingers Niklas Graf Salm erinnert an ihn.

Die Bauzeit erstreckt sich über mehr als zwanzig Jahre. Spenden, obwohl reichlich eingesandt, genügen nicht, als der Überschwang des Gebeeifers abgeebbt ist, behindern Finanzierungsprobleme den raschen Fortgang der Arbeit.

In der Vorweihnachtszeit, am 2. Dezember 1873, zum fünfundzwanzigjährigen Regierungsjubiläum des Kaisers, erklingt zum ersten Mal das Geläut der Glocken der Votivkirche.

Die Stadt Wien stiftet im Jahr 1877 das «Kaiserfenster» im südlichen Querschiff, ein Werk Eduard von Steinles; zur «Erinnerung der gnadenvollen Errettung seines Kaisers» bringt sich der Gemeinderat in die Widmungsinschrift ein.

Feierliche Einweihung ist am 24. April 1879, dem Tag der Silberhochzeit Franz Josephs und Elisabeths.

Die NEUE FREIE PRESSE berichtet in gebotenem Festfreuden-Ton von der Zeremonie, bringt aber ganz sachlich ein grundsätzliches Fazit zur Frage des Ringstraßenbaues und seiner Bewältigung in die Weihestunde ein:

«Mit Recht wurde das nicht zu unterschätzende Verdienst für die Votivkirche reklamiert, durch ihre Steinmetzhütte eine Pflanzschule tüchtiger Kräfte für die bildende Kunst geworden zu sein. Je höher die ‹Finanzbarone› ihre Bauplätze bezahlten, umso mehr füllten sich die Kassen des Stadterweiterungsfonds, um so höher wurden die Beiträge für den Kirchenbau.» Und: «Dicht neben der Votivkirche erhebt sich in den heiteren Formen des griechischen

Heidentums der Parlamentsbau. Und was hat erst die Stadt Wien in diesen fünfundzwanzig Jahren [seit der kaiserlichen Eheschließung] durchlebt! Auf der Bastei geschah die verbrecherische Tat, die das Gelübde des Kirchenbaues hervorgerufen. Von der Bastei sah man lange noch auf die Werkleute des Baues der Votivkirche. Verschwunden sind die Basteien, die Stadtgräben, und an ihrer Stelle erheben sich die Paläste der Ringstraße.»
Ferstel hat sich mit diesem großen Wurf, dem preisgekrönten Beweis seines Könnens, in die erste Reihe der erfolgreichen Baumeister des Historismus gestellt, vom Kirchenbauer entwickelt er sich weiter zum Schöpfer öffentlicher monumentaler Nutzbauten und privater Palais', gehört zu den «etablierten» Architekten der Stadt und erinnert sich noch oft und gern daran, wie er mit dem kühnen Handstreich des Außenseiters alle elegant überrundete, die in dem jungen Kollegen keine Konkurrenz erkennen mochten.
Carl von Hasenauer, der an so vielen Bewerben teilnimmt, manchen verliert, wenn er gewinnt als Opportunist, unfairer Polemiker, allzu ins dekorative Detail verliebter Blender verrufen wird, kann sehr giftig, ironisch, zornig für andere eintreten.
Einem Journalisten aus Berlin, Julius Rodenberg, der über die Gotik-Kopie der Votivkirche spotten will, fährt er mit zornigem Eifer übers Maul; Hasenauer macht sich dabei lustig über all die klugen Vergleiche, Spitzfindigkeiten, mit denen Unberufene Historismus und Originalstil vergleichen, verwechseln:
«Ähnlich wie bei der Oper sind bei der Votivkirche verschiedene Einflüsse vereint. Der Kapellenkranz erinnert tatsächlich an die nordfranzösischen Kathedralen; der durchbrochene Helm hat jedoch sein Vorbild in Freiburg. Das Maßwerk ist eine Abwandlung von Formen, wie wir sie am Straßburger Münster finden. Der Giebel zwischen den Türmen aber kommt sehr einfach vom Friedrichsgiebel der Stefanskirche. Auch der Übergang vom Turm-

körper zum Helm erinnert an St. Stefan, wenn auch alles leichter und luftiger ist. Und auf den Turmspitzen, die wie Schwurfinger in den Himmel weisen, wird die österreichische Kaiserkrone schweben. Wo wäre dafür in der Gotik ein Beispiel?» Ein «Loriot» des 19. Jahrhunderts läßt grüßen. Der Baumeister fährt, als sein Interviewpartner, von der überzogenen Rede verwirrt, nachfragen möchte, nun ganz ernsthaft fort:

«Die gotische Kirche stand zwischen den Häusern eingeengt – die Votivkirche steht auf einem freien Platz; sie ist, bei aller Feinheit der Einzelheiten, auf Fernwirkung berechnet. Ferstel ist kein Gotiker, das sehen Sie schon daraus, daß er die Universität – die sich übrigens ursprünglich flügelartig hinter der Kirche ausbreiten sollte – als einen kompakten Hochrenaissancebau an die Ringstraße stellen wird.»

Zum Zeichen hoher Wertschätzung für seine Arbeit und Person wird Ferstel drei Tage vor der Weihe die Ehrenbürgerschaft der Stadt Wien verliehen; Urkunde vom 19. April 1879:

«Insbesondere aber sichert ihm einen ruhmvollen Platz in der Kunstgeschichte des neunzehnten Jahrhunderts die glückliche Vollendung der Heilandskirche, deren himmelanstrebende Türme Wahrzeichen der Liebe des Volkes zu seinem Kaiser sind, zugleich aber auch die künstlerische Bedeutung ihres Schöpfers, des genialen Meisters der Gotik und der Renaissance, künftigen Geschlechtern verkünden.»

Das neogotische Gotteshaus bleibt Außenseiter am Ring, der geschäftige, lebendige, «weltliche» Boulevard braucht kaum eine solche Stätte der Besinnung, wer rasten will von Korso oder Bummel, kann das wenige Jahrzehnte nach Eröffnung der Ringstraße in Cafés und Bierhallen tun.

«Kirche ohne Gott» nennt der Romancier Hans Hopfen die Votivkirche, und Ferdinand von Saar sinnt beim Anblick dieses «jüngsten der Dome» im Gedicht:

«Vielleicht hat,
seit du zu schau'n bist in gepriesener Schönheit,
kaum ein Herz wahrhaft gläubig in dir gepocht,
kaum ein Knie zu wahrer Andacht,
in dir sich niedergesenkt»,

und so ragt das Mahnmal frommer Dankbarkeit
«mit seinen Strebepfeilern
und seinen durchbrochenen Türmen
wie ein steinerner Anachronismus empor
aus glaubensloser Gegenwart.»

Die Oper

Das neue Musiktheater am Ring

»Du und ich, wir gehen auf den Opernball!« großes Couplet, flottes Duett in Richard Heubergers Operette.

Die Wiener Oper, Ort der Legenden und Träume, Intrigen, schlechten und guten Aufführungen, Stars und Primadonnen, gehört zu den Bauten am Ring, die Franz Josephs Handschreiben namentlich als Wunsch oder Befehl nennt.

Ein Opernhaus soll am Ring stehen. Wien hat Theater genug, Musik ist des Wieners ureigenstes Element, denn «so singt man» halt zu allen Zeiten nur in der Kaiserstadt. Doch der Neubau, die Ausführung mit Feinstem und Bestem, wird ein Novum.

Opernhäuser sind «in» auf der Schwelle vom 19. zum 20. Jahrhundert: Dresden *hat* eines, Bayreuth *wird* «Kultstätte», München, Stuttgart *bekommen* es innerhalb des ersten Jahrzehnts im Zwanzigsten.

Wien und seine Oper, Skandale, Erfolge, Pleiten, Orgien von Applaus und Buh, werden Legende. Das Haus am Ring ist einer der ersten Monumentalbauten der Stadterweiterung und, innerhalb der Gesetze des Historismus, der nobelste und originärste. Im

Jahr 1860 wird der Wettbewerb auf das «kaiserliche Desiderat» ausgeschrieben, Stichtag ist der 10. Januar 1861 – eine kurze Spanne für solch ein gewaltiges Vorhaben.
Der Entwurf der Architekten Eduard van der Nüll und August Sicard von Sicardsburg gewinnt den ersten Preis der Konkurrenz, an der auch Carl Hasenauer teilnimmt und Dritter wird.
Das Gespann Nüll/Sicardsburg, erprobt und bewährt durch seine Arbeiten am Arsenal, der Altlerchenfelder Kirche, dem Carl-Theater, hat wie alle Mitbewerber, unter Devise und einer Nummer eingereicht.
Die WIENER ZEITUNG vom 6. April dechiffriert die Namen der Preisträger in einer kurzen Notiz, fast zu lakonisch für den Zuschlag in einem so wichtigen Bauvorhaben:
«Die zur Prüfung der eingelangten Konkurspläne für den Bau eines neuen Opernhauses in Wien zusammengesetzte Kommission hat mit Rücksicht auf die Bestimmungen der unterm 10. Juli erfolgten Konkursausschreibung die mit anstehenden Devisen bezeichneten Entwürfe als die vorzüglicheren zur Honorierung mit je 1000 Vereinstalern auserwählt:
Fais ce que dois, advienne que pourra («Tue recht und scheue niemand»), Nr. 29. Providentia memor, Nr. 21.
Ein weißer, doppelköpfiger Adler im roten Felde, Nr. 30.
Polyhymnia, Nr. 15 und
Wünsche immer – Erwarte nicht! Nr. 35.»
Die Träger des ersten Preises erhalten 3000 Taler, die Vorsitzenden der Jury bestätigen, daß «die Kommission vollkommen in der Lage war, sich über die Preiswürdigkeit der eigentlichen Projekte auszusprechen», und «so wurde sofort zur Zuerkennung der Preise geschritten».

Die Zweiturmfront der Votivkirche

Heinrich Ferstel erbaute das im Jahr 1879 geweihte Gotteshaus im Stil der französischen Kathedralgotik zum Dank für den glücklichen Ausgang eines Attentats auf den Kaiser. Der Kunsthistoriker Albert Ilg schreibt: «Der langdauernde Bau der in kostbarem Material ausgeführten Kirche, deren Meister sich während desselben bereits längst der italienischen Renaissance in die Arme geworfen hatte, wurde eine hochbedeutende Schule für alle Zweige und Techniken der malerischen Ausstattung, der Plastik und des Kunstgewerbes.»

Optik

Die Architekten samt etlichen Mitgliedern der Kommission begeben sich zunächst auf Reisen, um gründlich andere Opernhäuser zu studieren – keine gemütliche Bildungsfahrt, die im frühen 19. Jahrhundert für Künstler obligatorisch war und oft Jahre dauerte. Sechs Wochen, von Mai bis Juni ist man unterwegs, hetzt die Reisegesellschaft durch Frankreich, England, Belgien, Deutschland und vermutlich auch Italien: Venedig, Mailand, Paris, London, Brüssel, Hannover, Dresden, Braunschweig und Berlin dürften auf dem Programm gestanden haben. Keine Zeit für Muße, Sicardsburg und van der Nüll sammeln flüchtige Eindrücke. Die beiden seit ihrer Studienzeit befreundeten Baumeister, immerhin wohlbestallte Professoren der Akademie, zeigen sich äußerst gekränkt, als sich der Vorwurf erhebt, sie vergeudeten unnütz öffentliche Gelder, «reisten umher, um Studien zu machen, wie man 5 Millionen Gulden ausgeben soll», und zwar *nachdem* sie die Preise ja schon eingeheimst, ihre Pläne bereits vorgelegt hätten.
Von Anfang an steht kein guter Stern über ihrem Gemeinschaftsunternehmen «Opernhaus»; sie wollen repräsentativ bauen, großzügig, in Anlehnung an die Frührenaissance in Frankreich und Italien; luxuriös soll die Ausstattung sein, und doch erschwinglich für jedermann: auf die Galerie mit Studenten und Minderbemittelten, Ränge für die Bürger, Logen für die Vornehmen und Reichen, eine zentrale Hofloge für den Kaiser und die Seinen. Die Pariser Oper in ihrer verschwenderischen Pracht an Spiegeln, Samt, Plüsch und Pomp steht ihnen als Vorbild vor Augen.
«Seinem Zwecke entsprechend», kommentiert Sicardsburg den Entwurf, «soll das Gebäude außen sich effektvoll gruppieren, einen lebendig heiteren Charakter tragen und nach allen Seiten hin seine Räume einladend öffnen.»
In harmonischen Formen, aber doch zweckmäßig werden Bühnenhaus, Zuschauerraum, Loggia und Stiegen mit den Pausenräumen, Probesälen, Administrationsbüros zu einem geschlossenen

Mariae Verkündigung

Die Glasgemälde in der Votivkirche waren im Sinne des «Gesamtkunstwerks», das dieses Gotteshaus repräsentieren sollte, erzählenden Charakters. Josef von Trenkwald entwarf die Kartons für die 19 Marienfenster in den sieben Chorkapellen. «Was die bunte Fenestrierung des Tempels anbelangt», schrieb Carl von Vincenti, «so dürften die bedeutenden Kosten dafür zum großen Teil auf den Widmungswege aufgebracht werden», man rechnete dabei fest auf die «hohe Geistlichkeit» sowie die «anerkannte Gebefreudigkeit des reichen Bürgerstandes und der Aristokratie». Viele Fenster wurden 1945 zerstört.

Baukörper vereinigt sein, wenn sich der Vorhang zum ersten Mal heben wird. Im Dezember 1861 beginnen die Bauarbeiten bereits, 1865 steht der Rohbau.

Die Tragödie des Eduard van der Nüll, gefolgt von jener Sicardsburgs, beginnt.

Ende 1866 wird offenbar, daß es mit dem Niveau der Ringstraße und damit auch dem Fundament des Opernneubaues in seiner Relation dazu Unrichtigkeit hat. Die WIENER CHRONIK nimmt sich mit Hohn der Sache an und hängt gleich noch politische Polemik daran: «Man versteht eben in Österreich die Kunst des Nivellierens nicht, die Gleichheit ebensowenig wie die Freiheit, das Bauen der Häuser gerade so gut wie den Aufbau eines Staates», der Autor, Friedrich Uhl, übergießt die unglücklichen Architekten mit seiner Häme, indem er ihr Werk niedermacht.

«Die Treppe, an deren Fuß ich stand, an dem Fuße der schönen, hohen griechischen Stufenreihe, welche zu dem kleinen, aber unbequemen Foyer des Theaters emporführt, ... wurde notwendig, da man den Platz vor dem Theater abgegraben hat. Man grub ihn ab, damit das unfern stehende neue große Hospital, ich will sagen: das neue Hofoperntheater, welches etwas zu tief im Boden steckt, auf Gleich gelange.» Die alte Hofoper stand eine Straßenbreite nördlich der neuen.

Für dieses Malheur können die Baumeister nichts, und doch fängt man an, immer wieder mit dem wohlfeilen Vergleich zwischen politischem Unvermögen und der vorgeblichen Unachtsamkeit von Nüll und Sicardsburg, auf sie einzuschlagen.

Die Grazer TAGESPOST vom Februar 1867 lästert: «Nicht viel besser als den Regierungsbaumeistern geht es den Architekten des neuen Opernhauses, die sich befruchtende Ideen aus allen Residenzen geholt, dabei allerdings viel gelernt, aber auch viel vergessen haben, und zwar Dinge», die ein «leidlich routinierter Polier als ABC seines Geschäftes betrachtet».

«Versunkene Kiste», spotten die Passanten, wenn sie am Bauplatz vorbeikommen, «Königgrätz der Baukunst» höhnt, wer Bildung und politische Kenntnisse belegen will.

«Nun wurde aber», wieder Uhl, «die Nivellierung so geschickt ausgeführt –, man heißt das die richtige Mitte, daß man zum alten Opernhause hinaufsteigen und zum neuen noch immer herabsteigen muß. Dafür prunkt der Kandelaber des Platzes auf einem Triumphhügel und beleuchtet das stolze Werk unserer Stadterweiterungsgenies.»

Carl Hasenauer, der in Wien selbst Probleme mit seinem guten Ruf als Baumeister hat oder bekommen wird, immerhin gescheiterter Rivale in der Opernhauskonkurrenz, ironisch «Makart der Baukunst» genannt, bemerkt später traurig: «Das Haus hat sie umgebracht!»

Das «Haus» ist ihre Oper, die man, als sie schließlich fertig da steht, von vielen Seiten unter Beschuß nimmt.

Der Unmut, so scheint es, macht am ersten der geplanten Monumentalbauten am Ring fest, einerlei, wie das Haus ausgefallen wäre, wer es wie gebaut hätte; den Wienern ist die erste Ringstraßen-Euphorie vergangen, sie steigen durch Baugruben, hören oder lesen von gewaltigen Summen, die hier verpulvert werden, murren ganz unehrerbietig gegenüber kaiserlichem Willen – haben Seine Majestät nicht ein Hoftheater in der Burg? Herr und Frau Jedermann das Carl-Theater oder das Theater an der Wien? Und hübsche kleine Vorstadtbühnen? Die Federn der Feuilletons werden immer spitzer, mäkelnder, bösartiger, je weiter der Bau fortschreitet:

«Das neue Opernhaus», so die PRESSE, «hat übrigens so bedeutende Summen in Anspruch genommen, daß für die nächste Zeit die Ausführung anderer monumentaler Staatsbauten, welche nicht geringere geistige Bedürfnisse befriedigen sollen, kaum zu erwarten steht.»

Eine «einheitlich gedachte und durchgebildete Form» wird vermißt, «formale Schönheit» soll angeblich die «Armut des architektonischen Grundgedankens decken», der Mangel einer «einheitlich gedachten und konsequent durchgeführten Idee» wird beklagt – so oder ähnlich tönt es unisono aus dem Blätterwald.
Die äußerste Schmähung kommt im April 1867 von der PRESSE: «Der Stein verwandelte sich unter den Händen dieser Künstler in – Holz»; und: «Die Künstler des Opernhauses haben sich innerhalb des weiten Rahmens vollkommene Freiheit in der Benützung überlieferter Bauformen zu wahren gesucht», doch «unsere Zeit» akzeptiert nur «Formen eines bestimmten Stiles, welche den Stempel innerer Vollendung und Schönheit haben», sie «haßt Unwahrheit und Willkür in der bildenden Kunst».
Die persönliche Katastrophe Eduard van der Nülls und August von Sicardsburgs fällt in das Frühjahr und den Sommer 1868. Sicardsburg wird krank, Nüll, allein mit aller Schelte, auch dem Problem, daß die Vollendung des Baues sich verzögert, der Terminplan nicht eingehalten werden kann, zusätzlich belastet mit nie ganz klaren Ämterquerelen und tief gekränkt, als Tropfen auf dem Maß, durch ein Spottverschen, das in Wiens Gassen kursiert:

«Der Sicardsburg und Van der Nüll,
die hab'n ja beide keinen Stil,
Romanik, Gotik, Renaissance,
das ist ihnen alles ans»,

begeht am 3. April 1868 Selbstmord, er hängt sich auf.
Sein Freund und Kollege Sicardsburg stirbt am 11. Juni desselben Jahres.
Bestürzung, Beschämung, Trauer, Zorn können nichts wieder gut machen.

Eduard van der Nüll, in ständiger Arbeitsgemeinschaft mit seinem Kollegen August Sicard von Sicardsburg, zählt zu den wichtigen Baumeistern am Ring. Die Oper im Stil der Neo-Renaissance, eines der frühesten und geglücktesten Bauwerke der Prachtstraße, erfährt den ungerechten Zorn der Öffentlichkeit. Presse und Publikum schmähen um die Wette – der Unmut gilt unbewußt den Mißhelligkeiten insgesamt, die diese riesige Baugrube auf Jahrzehnte für Wien und die Wiener mit sich bringt.

Noch Jahre später klagt Carl Hasenauer um van der Nüll, «eine feinfühlige, noble und vornehme Natur», die durch schändliche, ungerechte Anwürfe ins Grab gebracht worden ist, erst 56 Jahre alt und wenig wohlhabend: «Was die zweite schmähliche Unwahrheit und schamlose Verdächtigung betrifft, das diese beiden den Trieb nach Erwerb und Geldmachen in die Wiener Architektur hineingetragen hätten, so ist auch hier das Gegenteil die Wahrheit. Denn nach dem Tode van der Nülls wurde für die Versorgung des Kindes und der Witwe gesammelt, und Sicardsburg hinterließ auch nichts» (an Emerich Ranzoni, September 1885).

Den Deutschen Moritz von Schwind, der sich vom tiefsinnigen Meister der Romantik und der kleinen Form zum Maler monumentaler Fresken entwickelt und für die Oper Deckengemälde in Auftrag hat, macht der Kummer ungerecht zornig:

«Die Vollendung der Wiener Arbeit wurde mir vollends verbittert durch den Selbstmord meines alten Freundes, des Architekten van der Nüll, den die leidige Hetzerei der Ämter und die gemeine Schimpferei jüdischer Journalisten endlich zur Verzweiflung brachte.»

Und doch gefällt dem Künstler das Opernhaus, er hält dem eifernden Chor der Mäkler entgegen.

«Das Theater, an dem ich mitgeholfen habe malen, ist ein wahres Wunder. Ein so poetisches Stück Architektur wie die Stiege, Foyer und Loggia steht, glaube ich, auf der ganzen Welt nicht wieder», schreibt Schwind 1869 dem schwäbischen Dichter Eduard Mörike.

Auf Geheiß Kaiser Franz Josephs werden zwei Marmormedaillons mit Porträts der Baumeister des Hauses an der Hauptstiege angebracht.

Leben und Bau gehen weiter. Am 25. Mai 1869, bei der feierlichen Weihe des Hauses, gelobt man den «Manen» der beiden Toten «späte Sühne für manches Unrecht» und geht dann zum festlich frohen Teil der Veranstaltung über.

Mit Gästen und Familie rückt der Kaiser in die Hofloge ein. Die eigens zum Anlaß komponierte Festouvertüre von Heinrich Esser erklingt. Charlotte Wolter, «die» Wolter des Burgtheaters am Michaelerplatz, verkleidet als «Vindobonia», spricht vor der Kulisse des Kärntnertor-Theaters einen Prolog, gedichtet vom artistischen Direktor des neuen Hauses, Franz von Dingelstedt, der die Hoffnung einschließt, die Ringstraße möge den «kaiserlichen Edelstein des Reiches», nämlich Wien, bald umfassen.
Ensemblemitglieder des Hofoperntheaters stellen sich am Ende auf zu einem Zug, der die Repräsentanten der Nationen Österreichs zeigt. Nicht eben ein umwerfendes Programm; Schwarzhändler, die Profit zu machen hofften, gehen leer aus; am Wiederholungsabend bleibt die Hälfte der Karten übrig.
Die Feierlichkeit endet mit der Volkshymne und Hochrufen auf den Kaiser. Elisabeth nimmt an der Eröffnung nicht teil, obwohl der Termin ihretwegen verschoben wurde. Man ist sehr elegant, um der neuen Oper, «strotzend von Marmor und Gold», auch die rechte Ehre zu erweisen. Anschließend dirigiert Heinrich Proch als erste Premiere Mozarts «Don Giovanni».
Die große Zeit des Wiener Opernhauses kommt erst in den siebziger Jahren. Der Berliner Journalist Julius Rodenberg, 1873 zur Weltausstellung Gast in der Stadt, betrachtet, interessiert gewiß, die Feststiege mit den sieben Statuen der freien Künste von Josef Gasser: Baukunst, Dichtkunst, Tonkunst, Bildhauerei, Tanz, Schauspiel und Malerei, die Reliefs als Allegorien auf Oper und Ballett sowie die allegorischen Gemälde Tanz, ernste und komische Oper.
Der alte Schwind ist ebenfalls gestorben, ehe seine Fresken der Öffentlichkeit zugänglich wurden: im Mittelfoyer Opernszenen aus «Freischütz» (Weber), «Wasserträger» (Cherubini), «Hans Heiling» (Marschner), «Jessonda» (Spohr), «Armida» (Gluck), «Figaro», «Zauberflöte», «Don Giovanni» (Mozart), «Fidelio» (Beethoven),

«Hugenotten» (Meyerbeer), «Barbier von Sevilla» (Rossini), «Weiße Dame» (Boieldieu), «Vestalin» (Spontini), «Der häusliche Krieg» (Schubert), «Doktor und Apotheker» (Dittersdorf) und Haydns Oratorium «Die Schöpfung» – jeweils den Komponistenbüsten, die darunter aufgestellt sind, zugeordnet.
Das ist alles sehr fein und kunstsinnig und dem Haus quasi auf den Leib gearbeitet; doch ein schönes Opertheater steht auch daheim, in Berlin, auf der königlichen Straße Unter den Linden; der Feuilletonist erspäht sofort die edelste Qualität des Baues am Wiener Ring: Es ist geschaffen für Musik und Fest gleichermaßen, als Theatersaal und Rahmen für den großen Ball.
«Ich war gestern in der Vorstellung», berichtet er bei einem Besuch in der Wohnung Hasenauers dem «verhinderten» Baumeister (das aus seinem Plan «hervorleuchtende, vorzügliche architektonische Talent» hatte die Jury seinerzeit besonders gelobt), «welch ein festliches Gefühl schon in der Vorhalle! Und das Heraufschreiten über die Stiegen; man kann es nur Schreiten nennen! Und dann gar der riesige Raum in Rot und Gold! Ich will nicht von den schönen Frauen sprechen, denen ich begegnete, noch vom Glanze der Aufführung», sondern, als Verbeugung vor dem Beruf des Gastgebers, «ich will nur von der Architektur sprechen.»
Beschrieben hat Rodenberg die Atmosphäre des Opernballes.
Die ersten Redouten und Festlichkeiten in gesellschaftlichem Rahmen finden erst vier Jahre nach der Weltausstellung statt: im Weihnachtsmonat Dezember 1877 lädt das schöne Haus am Ring zum öffentlichen Tanzfest als Soiree ein; im nächsten März folgt, ebenfalls als Premiere, eine Redoute, und die «Opernredouten» werden fortan ständige Einrichtung in Wien.
Das späte Jahrhundert bietet allen Glanz des Kaiserreiches auf, die Majestät persönlich und Mitglieder des «Allerhöchsten Hauses», geben dem ersten Opernball die Ehre. Von der Hofloge führen Stiegen hinab in den Festsaal. Auswärtige Fürsten, hochkarätiger

Geldadel, die besten Familien der Stadt kommen zu Gast. Zahllose Kerzen, der große Lüster im Zuschauerraum, werfen festlichen Glanz auf die kostbaren Roben der Damen. Die Bühne ist mit Requisiten aus Opern und Repertoires ausstaffiert, üppiger Blumenschmuck verwandelt die Foyers in blühende Gärten, und man wandelt zwischen plätschernden Springbrunnen unter künstlichen Palmen.

Die Hofoper wird zum Tanzplatz.

Kurz vor Mitternacht tritt der heftig applaudierte Star des Abends auf: Johann Strauß dirigiert eigene Kompositionen, Walzer, Polka und Galopp begeistern die Ballgäste.

Erinnerung verklärt, manchmal aber verhilft auch Vergessen einer Sache zu ihrem Recht. Niemand denkt mehr an den Chor der Eiferer in den Gründerjahren.

Das Opernhaus am Ring gehört bald zu den ersten Sehenswürdigkeiten, den Attraktionen der Stadt. Wer keine Aufführung besuchen kann oder will, besichtigt wenigstens Fronten und Arkaden der ruhig und ebenmäßig hingelagerten Trakte, die Statuen der Hauptfassade oder sucht den Blick in Treppenhaus und Foyer.

«Der Ringstraßenherrlichkeit hatte sich die Stadt nur ein einziges Mal widersetzt, ganz im Anfang gleich, aufgeschreckt durch die Hofoper Sicardsburgs und van der Nülls, durch das einzige Werk also gerade, das in der Gesinnung so groß und an überwältigenden Einfällen so reich ist, daß auch der Hauch von Improvisation und leiser Irrealität, der allein verrät, woher es kommt, durch den allein es sozusagen datiert wird, daß selbst dieses Aufschimmern einer sogleich immer wieder zur Sache gewiesenen Gaukelei hier gleich nur noch ein neuer Reiz wird, ein Werk, dem das fast Unmögliche gelingt, aus den Schwächen seiner Zeit Kraft zu schöpfen. Dagegen löckte Wien», ob dieser Tatsache wird sogar der sonst streng analysierende Hermann Bahr atemlos in überlanger Charakterisierung.

Die Prunktreppe im Opernhaus

Die große Feststiege schmückte der Bildhauer Josef Gasser mit sieben Statuen, Sinnbildern der freien Künste: Baukunst, Bildhauerei, Dichtkunst, Tonkunst, Tanz, Musik, Schauspiel und Malerei. «An Schönheiten überreich, gebricht es dem Bau an Schönheit», kritisierte der zeitgenössische Kunsthistoriker Emerich Ranzoni, aber: «Prächtig sind die Stiegenhäuser, ist die Ausschmückung der inneren Räume. Van der Nüll gebührt das Verdienst, dazu die hervorragendsten Künstler herangezogen zu haben.»

Folgende Doppelseite:

Die Oper

Das repräsentative Musiktheater am Ring, im Jahr 1869 eröffnet, entwarfen die Architekten Eduard van der Nüll und August Sicard von Sicardsburg im Stil der italienischen und französischen Hochrenaissance. Beide starben, enttäuscht durch ablehnende Kritik, bevor ihr Werk vollendet war. Carl Hasenauer, Kollege und Rivale, bemerkte bitter: «Man bewunderte die Fresken von Schwind, die Bronzefiguren von Hähnel, die Plastiken von Gasser, die Fresken von Engerth im Kaisersaal und den Vorhang von Rahl – von van der Nüll und Sicardsburg sprach man aus Verlegenheit lieber nicht.»

ZENTRALSPARKASSE UND KOMM

Der Spielplan der ersten Jahre im neuen Haus gestaltet sich opulent, aber nicht unbedingt fortschrittlich. Immerhin: Richard Wagner ist in jenen Jahren umstrittener «Neuerer», an ihm scheiden sich die Geister. Im Jahr 1870 wird Johann Ritter von Herbeck als Direktor berufen. Er hat ein Jahr zuvor bereits den «Fliegenden Holländer» herausgebracht und neben der musikalischen Leitung selbst einen genau ausgeklügelten Beleuchtungsplan entworfen für das fulminante Werk. Unter seiner Ägide sieht und hört man George Bizets «Carmen», in Paris unerbittlich ausgepfiffen und von der Presse «verrissen», im Haus am Ring. Drei Jahre nach der Uraufführung, im Oktober 1875, nehmen die Wiener das Werk beifällig auf.

Im selben Jahr wird Richard Wagners romantische Oper «Tannhäuser oder der Sängerkrieg auf Wartburg» in Erstaufführung gegeben, und zwar in der Pariser Fassung, *mit* dem damals vielerorts als anstößig verschrieenen Bacchanal im Venusberg-Akt. Der Komponist selbst inszeniert sein Werk, eine umjubelte Premiere, in der nach jedem Akt stürmisch nach ihm gerufen wird. Am Schluß der Vorstellung erscheint der Maestro schließlich auf der Bühne und hält, umbrandet vom begeisterten Applaus, eine Ansprache, der noch heftigerer Beifall dankt.

Der Komponist Hugo Wolf ist an diesem triumphalen Abend im Publikum; auf seinem «alten guten Platz auf der IV. Galerie» wird er zum glühenden Wagnerianer: «Ich sag' Ihnen nur, daß ich ein Narr bin», schwärmt er in einem brieflichen Bericht, «ich applaudierte so, daß mir die Hände wund wurden. Ich schrie nur: Bravo Wagner, Bravissimo Wagner! und zwar so, daß ich fast heiser geworden bin und die Leute mehr auf mich als auf Richard Wagner schauten... Ich bin durch die Musik dieses großen Meisters ganz außer mir gekommen.»

Opernball

Alljährlich zur Ballsaison verwandeln sich Zuschauerraum und Bühne zum Festsaal. Tanz und Redoute im Opernhaus am Ring haben Tradition seit dem Zeitalter Franz Josephs I. «Alles Walzer!» mit diesem Ruf des Zeremonienmeisters endet die Vorstellung der Debütanten, werden die Tanzflächen für alle Ballgäste freigegeben.

Im Dezember 1875 studiert Richard Wagner an der Hofoper seinen «Lohengrin» neu ein – das Haus am Ring wird zur führenden Wagnerbühne Europas; an Person und Werk des Komponisten scheiden sich die Geister rabiat.
Hugo Wolf, romantischer Tondichter, der mit eigenen Opern wenig glücklich fährt und als empfindsamer Liederkomponist reüssiert, vertritt die Garde der Wagneranhänger.
Die Fronde der Gegner führt der Musikkritiker der NEUEN FREIEN PRESSE, Eduard Hanslick an. Das grimmige kleine Männchen mit gewaltiger Hakennase und buschigen weißen Augenbrauen, die er empört runzelt oder in die Höhe zieht, wenn er nur eine Note Wagnerscher Musik zu hören bekommt, wetzt seine scharfe Feder gegen Richard Wagner in unbedingter Animosität; jede Objektivität verläßt ihn, wenn er Opern des verhaßten Komponisten rezensiert, einerlei ob das Publikum jubelt oder die Sänger ihre Rollen passioniert und perfekt geben.
«Wie die Gesellschaft des neuen Wien liebte Hanslick die Kunst dort, wo sie klar, anmutig und geistreich war», notiert der Musikkritiker Max Graf. «Er hatte eine instinktive Abneigung gegen alles Phantastische und Unklare, gegen alles Geniale, das über das Heitere hinausging.»
Wagner hat dem Feind später in den «Meistersingern von Nürnberg» ein lebendiges Denkmal gestiftet:
Sixtus Beckmesser, der Stadtschreiber und «Merker» der Singerzunft, der alles, was nicht in die vorgeschriebene Tabulatur paßt, ankreidet und durchfallen läßt, boshafteste Karikatur Hanslicks, allerdings am Schluß dem Spott der Bühnen-Nürnberger preisgegeben. Das Wiener «Original» versammelt durchaus Parteigänger um sich. Johannes Brahms zum Beispiel, der «seinen schönen Bart durch die Salons der Stadt trug und mit jedem Klavierakkord Wagner zu widerlegen meinte» (Ernst Bloch), entgeht zwar nicht immer der Kritik des Gestrengen, doch in Sachen Wagner sind

sich die Herren einig. Denn: «Damals ging man mit dem Klavierauszug ausgerüstet in jede Wagneraufführung wie in eine Bataille, und man brachte auch den Klavierauszug nicht immer heim. Zuweilen ging er im Nahkampf, ausgefochten mit den Wagnergegnern, in Fetzen.»

Die große Wagner-Ära findet in ähnlicher Form statt, wie sie, bis weit in das 20. Jahrhundert, an allen großen Bühnen, auch in Bayreuth, üblich ist: getreu bis ins Detail den Regieanweisungen in den Textbüchern, denn der Komponist verfaßt seine Libretti mit genau ausgeführten Anweisungen für die Inszenierung selbst. Als er stirbt, schreibt Witwe Cosima sie bindend, wortwörtlich, vor, das Wort des «Meisters» an künftige Regisseure: «Kinder, schafft Neues!» bleibt ungehört. Gewaltige Helden in Bärenfellen, Heroinen mit Brünne und Helm, gebartete Götter, die echte Speere und Schilde schwingen und auf lebendigen Rössern auf die Bühne traben, füllen die Bühne der Hofoper.

Der Kritiker des satirischen FLOH ächzt aus gegebenem Anlaß:

«Sie ist vorüber, die schreckliche Woche, in der Richard Wagner das musikalische Wien beherrschte. Die unterschiedlich affektierten Gehörnerven fangen an, sich nach und nach zu erholen. In Wien hat Wagner sehr leichtes Spiel. Ihm stehen Hilfsmittel zu Gebote, die sonst nicht für teures Geld zu haben sind. Der Direktor unserer Hofoper, Herbeck, ist Wagnerianer mit Leib und Seele.»

Das ist erst der Anfang.

Als Nachfolger Herbecks tritt 1875 Franz Jauner ins Amt, Direktor des Carl-Theaters, der seiner alten Wirkungsstätte noch verbunden bleibt und 1880 Chef des Ringtheaters wird – das Haus der «Komischen Oper» geht wenig später im gräßlichen Flammeninferno unter.

Jauners Wagnerbegeisterung überflügelt am Ende noch jene Herbecks: Erstaufführung der «Walküre» (6. März 1877), des «Rheingolds» (24. Januar 1878); im November desselben Jahres «Siegfried», und am 14. Februar 1879 schließt die «Götterdämmerung» die gewaltige Tetralogie vom «Ring des Nibelungen» ab.

Mit Jauner kommt ein neuer Kapellmeister, schlicht, bescheiden, kein Mann der großen, genialen Pose, und doch einer der bedeutendsten Dirigenten, die Wiens Oper je besaß: Hans Richter bleibt bis zur Jahrhundertwende und erweist sich, zu Publikumsfreude und -leid, ebenfalls als Anhänger Wagners.

«Was man heute interessant nennt», lobt die Kritik einmütig, hat er «niemals besessen. Ihm fiel weder eine melancholische Locke in die Stirne, noch zeigte er beim Dirigieren an der linken Hand blitzende Brillanten; er sah nicht im mindesten nervös aus, sondern kerngesund in seiner Breitschultrigkeit, ohne jeden Zug eines aufgeregten Magnetiseurs oder dämonischen Mönchs. Am ehesten erinnerte Hans Richter an einen alten deutschen Landsknecht, stark, derb, kräftig und dabei auch schwungvoll.»

Der Mann steht auch zur Ära Wilhelm Jahns am Pult, und dieser Direktor hebt zwar noch die Wiener Erstaufführung von «Tristan und Isolde» (Oktober 1893) aus der Taufe, wendet sich dann jedoch intensiv den großen Italienern zu mit Verdi («Othello»), Leoncavallo («Bajazzo»), ebenso Massenets «Manon», und bringt im Dezember 1894 zum ersten Mal, als bemerkenswerte «deutsche» Premiere, Engelbert Humperdincks Märchenspiel «Hänsel und Gretel» heraus.

Das Opernhaus hat die stürmischen Anfangsjahre hinter sich, die Sensation des ersten fertigen Monumentalbaus am Ring ist längst im Alltag vergessen, der Betrieb läuft, doch Schlendrian und Langeweile schleichen sich ein.

Für die Oper und ihren Betrieb scheint zu gelten, was Hugo von Hofmannsthal im Jahr 1892 über die Wienerstadt grundsätzlich beklagt:

«Es ist, als hätten für eine Weile unsterbliche Hände gefehlt, als

Sehen und Gesehenwerden – Treppen, Foyers, Wandelgänge der neuen Hofoper sind Mittelpunkt gesellschaftlicher Begegnungen. Alle Kritik ist vergessen, nachdem sich der erste Vorhang gehoben hat, musikalische Erfolge und spektakuläre Inszenierungen den Ruhm des Hauses in alle Welt tragen.
Xylographie nach einer Zeichnung von Ladislaus Eugen Petrovits, 1889.

wäre niemand da gewesen, die goldenen Äpfel, die jung erhalten, vom Baum zu brechen.»

Der Mann, der neues Leben, Wagnisse, Experimente bringen wird, steht schon fast vor der Tür.

Im April 1897 kommt der Dirigent und Komponist Gustav Mahler an die Wiener Oper: Um die Stellung als Erster Kapellmeister hatte sich der engagierte, kompromißlos in seine Arbeit versessene, mit 37 Jahren nicht mehr ganz junge Musiker schon vor zwei Jahren bemüht, Kontakt zum Generalintendanten der K.K. Hoftheater, Josef Freiherr von Bezecny geknüpft und vor allem alle Freunde, Sänger, mit denen er gearbeitet hatte, Künstler, die er kannte, mobilisiert, für ihn zu sprechen, sich für ihn einzusetzen. Kapellmeister ist er nun, aber insgeheim strebt er nach dem Posten des Direktors der Wiener Hofoper.

Für dieses große Ziel, ohne Illusionen über den Geist des Antisemitismus, der in weiten Kreisen das kulturelle Leben der österreichischen Hauptstadt vergiftet, tritt er zum Katholizismus über und wird am 23. Februar 1897 in der Kleinen Michaeliskirche seines aktuellen Wirkungsortes Hamburg getauft.

Ganz pragmatisch schreibt Mahler an einen vertrauten Freund, den Komponisten Ödön von Mihalovich:

«Wie meine Informatoren mir berichten, wäre an meiner Berufung nicht zu zweifeln, wenn ich nicht – Jude wäre.»

Dem kann abgeholfen werden.

Gustav Mahler erhält den Posten und tritt am 11. Mai 1897 an.

«Ganz Wien hat mich nahezu mit Enthusiasmus begrüßt!» freut er sich bei Amtsantritt und geht dann sofort zur Sache. Den «schrecklichen Wirrwarr von Gratulationen, Besuchern usw.» schüttelt er als lästiges Beiwerk ab, denn: «Jetzt kommen nächste Woche Walküre, Siegfried, Figaros Hochzeit und Zauberflöte. Es ist kaum mehr daran zu zweifeln, daß ich in absehbarer Zeit Direktor werde... Es geht famos! Das ganze Personal ist sehr für

Mit Gustav Mahlers Amtsantritt im Jahr 1897 weht frischer Wind durch den behäbig gewordenen Betrieb im Opernhaus am Ring. «Es ist mein höchstes Glück – nicht eine äußerlich glänzende Stellung errungen zu haben; sondern mir nunmehr eine Heimat, meine Heimat errungen zu haben», freut sich der neue Hausherr, Dirigent und Komponist. Die Euphorie währt nur kurz. Sein Abschied, aus unwilliger Erkenntnis, daß Wien noch kein Forum ist für die Moderne, wird von der progressiven Kunstwelt unter Protest beklagt.
Scherenschnitt von Hans Schließmann.

mich eingenommen, und meine Position ist eine exzeptionelle, glänzende.» Sein erstes Dirigat ist Wagners «Lohengrin».
«Mit Siegfriedsallüren ist in das Opernhaus dieser Tage ein neuer Dirigent eingezogen, dem man es vom Gesicht ablesen kann, daß er mit der alten Mißwirtschaft energisch aufräumen wird», meldet Karl Kraus.
Mahler, davon ist der sonst so grimmige Kritiker überzeugt, wird bald «auf dem Direktionssessel sitzen», und dann werden «heimische Komponisten ihre Manuskripte nicht mehr ungelesen zurückbekommen (sondern gelesen) und verdiente Sängerinnen nicht mehr grundlos vor die Tür gesetzt».
Der krank und müde gewordene Direktor Wilhelm Jahn scheidet aus dem Amt – am 8. Oktober ernennt Kaiser Franz Joseph den Nachfolger zum «artistischen Direktor» – die legendäre «Ära Mahler» beginnt.
Mahler stellt allen eigenen Ehrgeiz als Komponist hintan und widmet sich mit Elan und Engagement dem Opernbetrieb.
«Ein Mann, dem Sinn und Seele an das Werk hingegeben sind wie an eine Vision», charakterisiert der Schriftsteller Felix Salten den Dirigenten. «Der berauscht davon ist, wie nur ein Dichter von einem Einfall berauscht sein kann. Und der nun dies Werk da oben auf der Bühne und hier unten im Orchester neu erschuf.»
Mahler zieht jeden, der ihn arbeiten sieht und hört, in seinen Bann: «Welch ein Mittler hier zwischen uns und den Tondichtern waltete, welch ein Führer, welch ein Schönheitsfinder.»
Der Komponist und Musiker weiß sehr genau um sein Charisma, er ist auf ganz ursprüngliche, fast naive Weise eitel und findet es selbstverständlich, daß man ihn feiert, liebt, akzeptiert.
Februar 1903: Gustav Mahler bringt Wagners «Tristan» heraus – daß nach Herbeck und Jauner auch *dieser* Chef des Hauses ein Anhänger des Bayreuther Meisters ist, regt in Wien niemanden mehr auf. Aber hier kommt etwas Neues:

«Seit Wochen bildeten in der Welt, in der man sich für Theatervorgänge interessiert», diese Neuausstattung und Neuinszenierung «den Gesprächsstoff». «Direktor Mahler hatte einen Führer der ‹Secessionisten›, den Maler Roller, mit den Entwürfen für die neuen Dekorationen betraut», schreibt das ILLUSTRIERTE WIENER EXTRABLATT.

Alfred Roller hält sich nicht mehr textbuchgetreu an die Bühnenanweisungen Wagners. *Er* faßt die Szene malerisch auf. «Symbolisches Verherrlichen der ‹Tristan-Nacht›», «selbständiges Mitwirken des Bildes also neben Drama und Musik», der Kritiker der NEUEN FREIEN PRESSE weiß nicht so richtig, ob er das gutheißen oder verwerfen muß.

Mahler macht sich im Verlaufe seiner Wiener Karriere immer weniger Freunde; einen «geistreichen Mann» mit dem festbegründeten Ruf, «der eigenwilligste und unzugänglichste aller Theaterleiter zu sein», nennt ihn die WIENER ALLGEMEINE ZEITUNG schon ein Jahr nach dem Versuch, gemeinsam mit Roller die Wagnerbühne zu «entrümpeln».

Zu Weihnachten 1905 «vergreift» sich das innovative Duo dann gar an Mozarts «Don Giovanni» und spaltet die Geister der Opernliebhaber erst recht.

Neben begeistertem Lob liest man bissigen Hohn. Mahler wird immer umstrittener. Familienprobleme (eine Tochter stirbt), ein Herzleiden, Frustration und wohl auch der Wunsch, selber wieder zu komponieren, statt das Opernhaus am Ring in Ordnung zu halten – er demissioniert im Oktober 1907.

Nach einer letzten Aufführung, er wählt dazu Beethovens «Fidelio», am 15. Oktober, beginnt sein schriftliches Abschiedswort an die Mitglieder der Hofoper:

«Die Stunde ist gekommen, die unserer gemeinsamen Tätigkeit eine Grenze setzt. Ich scheide von der Werkstatt, die mir lieb geworden, und sage Ihnen hiermit Lebewohl. Statt einem Ganzen,

Hotel Imperial

Bauherr des prachtvollen Palasts am Ring war Philipp Herzog von Württemberg, verheiratet mit Erzherzogin Maria Theresia; Heinrich Adam und Heinrich Zanetti arbeiteten seit 1862 als Architekten daran. Carl Hasenauer begegnete mit Entschiedenheit dem häufig erhobenen Vorwurf, daß «unsere Ringstraßenpalais' plutokratischen Anstrich haben»: «Wo», fragte er provokant, «soll denn das Geld herkommen, wenn nicht von dort, wo es im Überfluß vorhanden ist? Die Geldaristokratie mußte vorangehen, damit ihr die Aristokraten von Geburt folgten.»

IMPERIAL

Abgeschlossenen, wie ich geträumt, hinterlasse ich Stückwerk, Unvollendetes: wie es dem Menschen bestimmt ist.»
Er schreibt seinen Mitarbeitern, spricht vom «Widerstand der Materie» und der «Tücke des Objektes» – ein Jahrzehnt ist er Herr des Hauses, des Pultes, der Musik gewesen, Gustav Mahler geht nicht ohne Groll.
Viele Künstler, auch Kollegen von der «Burg», Theaterfreunde, Literaten, Kritiker unterfertigen Dankadressen an Mahler, betrauern sein Weggehen, hadern mit jenen, die das verschuldet haben.
«Wo Geist ist, dort ist Wirkung. Wo immer er sich festsetzt, er gerät in einen Streit mit der Materie; die Trägheit, der Halbverstand, der Mißverstand setzen sich ihm entgegen, aber er bezwingt sie, und die Atmosphäre um einen solchen Kampf herum ist schon das Interessante: hier braucht er nicht erst hineingetragen zu werden. Ein chaotisches, wahrhaft heterogenes Ganzes gliedert sich rhythmisch, und wäre es auch unter Zuckungen; die feindseligen oder stumpfen Teile treten zueinander in Verhältnis und Gegenwirkung, die kaum zu ahnen war, und der Freund der Künste wird mit Entzücken, der Philister mit staunendem Widerwillen gewahr, daß aus vielen toten Elementen ein lebendiges zu werden vermöge, aber freilich nur durch das Wunder eines schöpferischen Geistes», erkennt der sensible Kulturchronist und Dichter Hugo von Hofmannsthal und schließt kurz und apodiktisch: «Ein solches Schauspiel war die Direktionsführung Gustav Mahlers an der Wiener Oper.»
«Das ist ein Regisseur und ein Dirigent, dem der Sänger blindes Vertrauen schenken kann. Ich sehe nicht zu ihm hin, wenn er dirigiert, aber das Gefühl, daß er dirigiert, hält den Sänger und schützt ihn vor allen Fährnissen. Mahler ist ein strenger Kritiker, darum darf man sich aber seines Lobes wirklich freuen», Erik Schmedes spricht dem Ensemble aus der Seele.

Hotel Imperial

Zur Weltausstellung im Jahr 1873 diente das Palais Württemberg als Hotel und wurde zu diesem Zwecke umgebaut. Die prächtige Hauptsstiege vom Mezzanin, ein Werk Arnold Zanettis, krönt eine Kopie des «Donauweibchens» von Hans Gasser. Die Statue zum Andenken des Wassergeists, einer «Mädchengestalt in hell schimmerndem Gewand, mit weißen Wasserrosen in dem schwarzen Haar», der einer Legende nach die Wiener Bürger vor todbringendem Hochwasser der Donau warnte, steht im Stadtpark.

Am 25. Mai 1869 eröffnet van der Nülls und Sicardsburgs Opernhaus mit einer Aufführung von Wolfgang Amadeus Mozarts Oper «Don Giovanni». Blick über Zuschauerraum, Proszenium und Bühne auf einer Zeichnung von Ladislaus Eugen Petrovits, 1898.

Als Nachfolger wird Felix Edler von Weingartner berufen und damit wieder ein ganz anderes Blatt in der Geschichte des Opernhauses am Ring aufgeschlagen. Als Mahler *diesen* Namen für *dieses* Amt zu hören bekommt – da ist er bereits in Amerika –, fährt er sarkastisch auf:
«Nun gut, jetzt wird in meinem Direktionszimmer wieder Heuriger gesoffen, und auf den Borten liegen anstatt der Partituren die Glacées und Schmalrampfter der Herren Rezensenten.»

Die Ringstraßenpalais'

Steinerne Denkmale spekulativer Intelligenz

«Die projektierte Stadterweiterung», warnt schon im April 1858 die WIENER VORSTADTZEITUNG, «wird uns eine große Menge palastartiger Häuser schaffen, die eben nur für den wohlhabenden Geschäftsmann, hohen Beamten und Rentier bewohnbar sind. Was aber geschieht für das mittlere Wien, für die große Zahl von kleinen Leuten, als da sind: die Unzahl von Privatbeamten und Arbeitern aller Kategorien, den kleinen Gewerbsmann und Beamten nicht zu vergessen? Wahrscheinlich nicht viel.»

Die «Ringstraßengesellschaft» gibt dieser Vermutung später recht. Friedrich Uhl, Kritiker der PRESSE, beschleichen bereits im Herbst 1860 böse Ahnungen, wie das Planen und Bauen der Privaten am Ring im schlimmsten Fall ausfallen könnte:

«Der eine hat diese, der andere jene Parzelle gekauft. Jeder wird nach seinem Bedürfnis, seiner Laune, seinem schlechten oder guten Geschmack bauen: ‹man will wohnen an der Ringstraße› und legt sich dort an der Stätte des Gewühls Comptoir und Wohnhaus an; es werden zumeist jene Architekten die mit geschmacklosen Bauherren vereinbarten Kinder ihres Geistes

Ziegel und Mörtel werden lassen, denen wir bereits die kahlen Familienkasernen Wiens, zum Beispiel die Leopoldstadtfronten an der Donau, verdanken; wir werden eine bunte Harlekinade, und jede Straße zwanzig verschiedene Stilgattungen, oft mehrere an *einem* Hause, bekommen. Es hat den Anschein, als ob auch für Neu-Wien ein Provisorium kommen solle.»

Später erinnert sich der Autor an die schönen architektonischen Lösungen für den Wohnbau, den man in anderen Städten gefunden hat, in Berlin, in Dresden, in München: «Grünende Plätze und Alleen, wo nur irgendwie Raum vorhanden ist; stilvolle Bauten, die Monotonie durch Balkone reizend unterbrochen; das Auge angenehm berührt durch eine demselben wohltuende Farbe der Häuser; sprudelnde Brunnen, springende Fontänen; reizende Vorgärten mit duftenden Blumen und Lauben, um die sich die Ranken des wilden Weines in zierlichen Schlingungen winden», Uhl hat sich in Gedanken zurück verirrt in die Biedermeierzeit, denn die monumental geplante, kaiserliche, imperiale Ringstraße eignet sich in keinem Fall für solche Idylle, unmöglich können hier die «Reize eines angenehmen Sommeraufenthaltes in dem Ort, an den man durch Beruf und Arbeit gefesselt ist», ihr Recht bekommen, und dennoch setzt er trotzig nach: «Kurz, überall versteht man es besser, sich des Daseins zu freuen, bequem in schönen Räumen zu wohnen, als in Wien.»

Ein Chronist der Demolierungsarbeiten auf den Basteien, Reinhard E. Petermann, berichtet: «Während man an zahlreichen Punkten noch niederriß, wuchsen seit 1860 am Franz-Josephs-Kai und Kolowratring, am Kärntner- und Opernring die ersten Ringstraßenhäuser aus der Erde. Als der Kaiser am 1. Mai 1865 die feierliche Eröffnung der Ringstraße vornahm, standen schon 64 Häuser fertig – fast die Hälfte der Privatbauten, die der Ring heute zählt.»

Der Kunsthistoriker Hans Tietze ordnet dem Monumentalstil der

öffentlichen Gebäude am Ring, repräsentativen Bauten, die Wiens «via triumphalis» säumen, konsequent den übersteigerten Stil privater Häuser zu:
«Der Wohnhausbau wird durch die vergrößerten Dimensionen genötigt, den Anregungen der öffentlichen Bauten zu folgen und seine Erscheinung zu steigern, sich nicht mehr einer nachdrücklicheren Formensprache und Artikulierung zu bedienen, sondern auch die Maske höherer Bedeutung anzunehmen.»
Fassaden werden wichtiger als der Grundriß, Repräsentation wesentlicher als der Gebrauch, die Palais' an der Ringstraße sollen vor allem «den Reichtum und den gesellschaftlichen Rang ihrer Eigentümer und Bewohner zur Schau stellen»; bedenkliche Folge dieser Entwicklung: «Neu-Wien lebt nicht nur wirtschaftlich, sondern auch architektonisch über seine Verhältnisse.»
Palais' neben den Monumentalbauten, herrschaftliche Anwesen, sie gehören Privatleuten, die mit der wohlverbrämten Berufsangabe «Börsenbesucher» den Spekulanten nur mühsam zudecken, auch Bürgern, die von Kapitalzinsen leben, wohlhabenden Adeligen, Bankiers, Großhändlern, Ärzten, Industriellen, Juristen, Militärs im Ruhestand, kurz: Mitgliedern der Geld-Elite Wiens, was die neue Ringstraße beim einfachen Volk nicht eben populärer macht.
Als die Oper fertig, das Ringtheater noch unversehrt und das Burgtheater vollendet ist, suchen sich, ganz plausibel, Künstler ihre Quartiere in der Nähe ihrer Bühnen: Schauspieler, Sänger, Tänzer, Musiker, aber sie sind Mieter, denn Engagements, Gastspiele, Neuverpflichtungen verlangen Mobilität des Wohnsitzes.
Ganz allgemein gilt, was der Schriftsteller Heinrich Walden satirisch in seinen «Wiener Skizzen» vermerkt: «Was auf Eleganz Anspruch erhebt, gravitiert nach dem Ring. Es gehört zum ‹cachet›, auf dem Ring zu wohnen, oder wenigstens dort gewohnt zu haben, oder doch künftig dort zu wohnen.»

Ohne Frage: Wer kein Geld hat im Wien der zweiten Hälfte des 19. Jahrhunderts, bekommt gar keine Chance, an den Ring zu ziehen, es sei denn als Dienstbote, Köchin, Hauslehrer, allenfalls arme Verwandtschaft oder Erzieherin.

«Die verschiedenen ‹Ringe› sind durch die neuen ‹Ritter› zu einem stattlichen, weltstädtischen Aussehen gekommen. Mancher von ihnen hat gleich acht bis zehn solcher steinerner fünfstöckiger Denkmale seiner spekulativen Intelligenz hingebaut», mokiert sich kritisch der Schriftsteller Michael Klapp in seinem Buch «Wiener Bilder und Büsten», das im Jahr 1867 erscheint.

Wie man wohnt, wo man wohnt, zu welchen Bedingungen man es tut, ist streng nach Klassen geregelt im Zeitalter Franz Josephs und der Gründerjahre.

Der Arbeiter lebt auf rund 35 Quadratmetern Wohnfläche in einem Zimmer und Küche, und das ist bereits sehr fortschrittlich. Nicht immer verdiente er so viel, um überhaupt eine eigene Familie zu gründen und sich einzumieten, selbst unter bescheidenen Bedingungen. Bad und Toilette sind in diesen Behausungen auf dem Gang. Die Kleinst-Wohnung als Mini-Häuslichkeit wird Schauplatz des gesamten Familienlebens – Gäste, Besucher, Sexualität, Kinderaufzucht, alles in drangvoller Enge, ohne die geringste Möglichkeit, Intimsphäre herzustellen oder zu bewahren. Diese «Kleinst- und Mittelwohnungen», schreibt Elisabeth Lichtenberger in einer Studie zum Wohnungsproblem im Wien jener Zeit, «mit ihrer für die heutigen Vorstellungen von Wohnhygiene ganz unzureichenden Ausstattung und Bauweise müssen freilich aus der damaligen Situation der Wohnungswirtschaft und vor allem auch von den damaligen Ansprüchen der Bevölkerung an die Wohnung her verstanden werden.»

Auf der mittleren Etage, beim Bürgertum, sieht es bereits komfortabler aus. Man lebt, mit Gängen und Nebenräumen, auf zirka 120 Quadratmetern, trennt nach Möglichkeit den repräsentativen

Bereich (Salon, Eßzimmer) vom privaten (Schlafzimmer) und den Wirtschaftsräumen (Küche, Speisekammer, Dienstmädchenzimmer); man beschränkt sich, wenn es denn sein muß, im Konsum und der Anzahl seiner Kinder, um sich eine ordentliche Wohnung samt Einrichtung leisten zu können – der auch mühsam gewahrte Schein bürgerlicher Prosperität gilt als wichtig, wichtiger jedenfalls als der Braten am Sonntag, denn daß man an ihm spart, das sieht der Nachbar nicht.

Der Großbürger nun, und dies betrifft die Bewohner der Ringstraße, hat ungefähr 600 Quadratmeter zur Verfügung. Der repräsentativ genutzte Wohnraum spielt darin die Hauptrolle; Musik-, Speise-, Empfangszimmer oder -saal, Wintergarten, sogar ein besonderer Raum für Tanz, Redoute oder Ball sind fast obligatorisch. Wer ein Haus, einen Palast wie an der Ringstraße sein eigen nennt, legt Wert auf geräumige Treppenhäuser; Ein- und Aufgänge sowie großzügige Dekoration weisen den Stolz des Bewohners, seinen Reichtum, aus.

Die Familie «wohnt» vielleicht bescheidener, gewiß aber das Gesinde. Die Dame des Hauses verfügt über ihre persönlichen Räumlichkeiten: Schlafzimmer, Ankleidezimmer, Boudoir; der Hausherr über Arbeitszimmer, Bibliothek, Rauch- und Spielsalon; aus dem Kinderzimmer wird mit dem Heranwachsen der Söhne und Töchter der eigene Bereich. Dienstboten- und Wirtschaftsräume bleiben streng getrennt von diesen häuslich-privaten Zonen, oft sind sie auf einer Extra-Etage etabliert, die «Mägdestiege» findet sich nicht ohne Grund als Requisit der Vorstadtkomödie. Gouvernante oder Rechenlehrer wohnen in einer Kammer.

Zu den Bauherren der Palais' am Ring gehören auch reiche Juden der Stadt Wien.

Der latente Antisemitismus der Gründerjahre, der vor den Redaktionsstuben liberaler Blätter und den Schreibtischen begabter Literaten nicht halt macht, läßt es zu, daß den jüdischen Speku-

lanten, Börsianern, Wohlhabenden genauer auf die Finger geschaut wird als anderen Leuten.
«Wien und die Wiener aus der Spottvogelperspektive» von Franz Friedrich Masaidek ist eigentlich ein satirisches, amüsantes Traktat auf Sitten und Unsitten der Hauptstadtbewohner.
Aber darin steht zu lesen:
«Die Ringstraße ist heute die prachtvollste Straße der Kaiserstadt. Die Paläste, welche dieselbe schmücken, sind fast durchgehendes Eigentum von Millionären des ‹auserwählten Volkes›; bloß einige wenige sind im Besitze von christlichen Eindringlingen.»
Die berühmten Architekten der Ringstraße beschränken sich natürlich nicht nur auf öffentliche Bauten, sie wollen und müssen viel Geld verdienen, und da bedient sie das Großbürgertum mit reichen Händen.
Freistehende Palais' und endlose Häuserfluchten bewahren die Gesetze des Historismus, mindestens in großen Zügen.
Anempfinden der historischen Stile ist da Gebot, Barock das Hauptvorbild neben Renaissance und Klassizismus.
Klare Gliederungen der Geschosse, Gesimse, harmonisches Gleichgewicht in der Betonung von Horizontale und Vertikale, Hervorheben des Untergeschosses durch Balkone, reich dekorierte Portale und Fensterumrahmung, Fassadenschmuck und Erker lassen Spielraum für das historische Baugesetz, mit Stilmitteln der Vergangenheit die Gegenwart lebendig zu machen und in die Zukunft zu weisen.
Die Außenfronten der Ringstraßenhäuser, oft protzig, aufwendig, angeberisch, sind es in guten und besten Beispielen nicht. Da herrscht wohl Gleichklang und Ebenmaß der Proportionen, sieht man schlichte Eleganz oder, das Gegenteil, überladene Wohlausgewogenheit. Gelassenere Journalisten als jene Auguren, die alles, was am Ring geschieht, gedacht, gebaut wird, zum Teufel wünschen, relativieren gelegentlich das allzu herbe Urteil:

«Der Geschmack hat sich sehr gehoben, die Millionäre, welche vor etwa einem Jahrzehnt die Ringstraße mit Zinskasernen verstellten und sich damals nicht genug darauf zu Gute tun konnten, daß sie trotz Architekt und Baumeister, Teuerung des Arbeitslohnes, der Ziegel usw., dennoch klug genug gebaut, um ‹auf ihre Kosten zu kommen›, schämen sich heute der von ihnen begangenen Sünden; sie fühlen, daß der Reichtum ebenso sehr verpflichtet... Sind doch einige unserer modernen ‹Krösusse› so weit gegangen, sich gegenüber ehrlich genug ihre volle Inkompetenz in Geschmackssachen zu bekennen», wundert sich Emerich Ranzoni in seiner Schrift WIENER BAUTEN, die im Jahr 1873 zur Weltausstellung herauskommt.
Als die Stadterweiterung beginnt, hat mancher vieles gehofft: bis hin zum Gedanken, an diesem Boulevard des Reichtums könnten auch Ärmere wohnen, in Warenhäusern oder Magazinen preiswert einkaufen, würde die Wohnungsnot gelindert, weil Leute aus der Innenstadt hinausziehen und den raren Wohnraum freigeben. Daraus wird nichts. Carl von Vincenti bringt im Jahr 1876 sein Buch «Wiener Kunst-Renaissance» heraus; er bemängelt:
«Beim Beginn der Erweiterungs-Ära fehlte unseren Architekten offenbar der Mut, ihre Phantasie frei walten zu lassen; sie arbeiteten nüchtern und schüchtern ohne Frische der Konzeption und lieferten nach ‹bestellten› Inspirationen große Bauobjekte, im besten Falle so tadellos wie akademisch frisierte Kunst.»
Innenräume der Gründerzeit sind ein Problem für sich.
Bei den Fassaden haben die Architekten auf Einheitlichkeit, das Umfeld, den Nachbarn, das Gegenüber zu achten. Wenn der Bauherr auch auffallen will mit seinen Wünschen, aus dem Rahmen fallen kann er nicht, jedenfalls nicht grundsätzlich.
Im Hausinneren ist, wenn nicht statische Unmöglichkeiten davor sind, jedem extravaganten Wunsch des künftigen Bewohners Tor und Tür geöffnet.

Wer das Geld hat, «schafft an», die Stiegenhäuser, Vestibüle, Salons, Empfangszimmer präsentieren sich in übermäßiger Pracht.
Wie in echten «Palästen» wollen die Inhaber der «Palais'» ihren Reichtum darstellen, ausgeschmückte Zimmerfluchten ihr eigen nennen, wie es die Fürsten des Barockzeitalters taten, prachtvolle, bis fast zum Boden reichende Lüster, reich stukkierte Decken, Säulen, die zwei Etagen übergreifen, kassettierte Plafonds, vergoldeten Stuck, Reliefs in den Sopraporten, riesige Kandelaber, farbenfrohe Deckengemälde, Kamine, Spiegel – und all das in jenen Räumen, die gesehen werden.
Vielleicht ist ja das Privatkabinett des Hausherrn moderat ausstaffiert, *der* Raum, und zwar jeder einzelne, in den Gäste eintreten, muß Eindruck machen. Der «Makartstil» trägt solchen Wünschen nach Repräsentation Rechnung.
Der Maler, der einer ganzen Epoche seinen Namen gab, Hans Makart, Meister der Augentäuschung und des Augenschmauses, der gefeierte Künstler des Pseudo-Barock, Rubens' und Tizians zweites Ich, steht Pate bei den opulenten Salons und Empfangsräumen, Speisezimmern und «Beletagen», Bibliotheken und Musikzimmern, in denen Samtportieren den Schritt dämpfen, Schnitzwerk, Gold, Tapisserien, Wandteppiche, Gobelins und schwellende Polsterstühle den Besucher einladen ins Reich des schönen Scheins.
«Wie reich die Phantasie bei Makart sprudelte, das haben besonders jene erfahren, die den Künstler bei seiner Arbeit gesehen haben», staunt Rudolf von Eitelberger; und Ludwig Hevesi, künftiger «Bannerträger» der Wiener Secession, weiß, daß alles «Makartsche ein Phantasiekostüm, Traum, Schaum, Seifenblase» ist.
«Die Kunst Makarts, im vielgestaltigen Leben wurzelnd, hat auch auf dieses selbst die fruchtbarste Wirkung geübt. Und so sahen wir,

Theophil Hansens Handschrift am Ring prägt unverwechselbar die Architektur der Gründerjahre in Wien. Vor allem seine Vorliebe für farbige Effekte der Fassaden seiner Bauten wird diskutiert. Hansens Parlamentsgebäude gibt dem Klassizismus Gewicht, als Rarität unter den historistischen Bauwerken steht es in klarem Kontrast zu den Ringstraßenpalais, die der Architekt im Auftrag der Großbürger schuf.

bald bewußt, bald unbewußt, daß die Geschmacksrichtung Makarts in den weitesten sozialen Kreisen von entscheidendem Einflusse war. Die Spuren, welche dieser Künstler zurückläßt, werden niemals schwinden», der Nachruf im Wiener Gemeinderat, als der Künstler 1884 stirbt, hallt nach bis in die Paläste der Ringstraße.

Theophil Hansen erbaut von 1861 bis 1863 den Heinrichshof auf sechs Bauparzellen des Glacisgrundes vor dem Kärntnertor. Der Wettbewerb für die neue Oper ist noch nicht entschieden, aber der Ziegelfabrikant Heinrich Drasche, Ritter von Wartinberg, läßt gegenüber dem künftigen Prachtgebäude am Ring ein riesiges Zinshaus errichten. Der aus Brünner Kaufmannsfamilie stammende Mann besitzt Kohlegruben in Österreich, Böhmen und Ungarn, Ziegeleien und eine Terrakottafabrik; mit den Gewinnen seiner Unternehmen beteiligt er sich maßgeblich an der Stadterweiterung, bemüht sich aber auch um soziale Verbesserungen und Einrichtungen in seinen Betrieben. Hansen wählt eine architektonische Lösung, welche die mächtige Baumasse in Gestalt eines Palais' faßt: dreigegliedert, breit hingestreckt, im Stil der Renaissance harmonisch in den Proportionen.

«Hof» bedeutet Wohnhof; der Begriff leitet sich ab von der Wiener Tradition der Klosterhöfe mit Mietwohnungen. Der Heinrichshof mußte nach dem Zweiten Weltkrieg wegen allzu schwerer Beschädigungen abgetragen werden, gilt aber doch im Zuge der privaten Bebauung des Ringes als exemplarisches Beispiel und, dank Hansens großem Können, für ein gelungenes obendrein.

Das Grand Hotel, ein Werk von Karl Tietz, entsteht in den Jahren 1866 bis 1869 (Innenausstattung und Erweiterung). Es empfiehlt sich als Herberge der gehobenen Luxusklasse allen Wien-Reisenden, die zwar an der wachsenden Ringstraße wohnen möchten und neugierig die Baugruben und das Fertiggestellte

betrachten, nahe dem spektakulären Unternehmen der frühen Gründerjahre, aber dennoch auf noble Unterkunft nicht verzichten wollen.

Der 200 Quadratmeter große Speisesaal, der sogenannte «Weiße Saal», elegante Gesellschaftsräume, ein glasgedeckter Hof mit Bronzefontänen machen den Aufenthalt an der riesigen «Baustelle Ring» komfortabel.

Seit dem Jahr 1861 baut Ludwig Förster (nach dem Tod seines

Der Heinrichshof, mit einem winzigen Ausschnitt seiner Fassade links im Bild, war das prächtigste «palastartige» Zinsgebäude am Ring; es mußte nach dem Zweiten Weltkrieg, stark beschädigt, abgerissen werden.
Die Opernkreuzung mit dem vollendeten Bau August Sicard von Sicardsburgs und Eduard van der Nülls, Blick in die Kärtnerstraße. Aquarell von Franz Alt, 1873.

Vaters vollendet Emil Förster, 1863) für Eduard Freiherr von Todesco und dessen Bruder Moritz, zwei sehr wohlhabende Kaufherren, ein an drei Seiten freigestelltes, mächtiges Palais; breit und monumental, wuchtig im Äußeren, innen überreich ausgestattet mit glasgedecktem Wintergarten, wird vor allem ein riesiger, goldüberladener Festsaal Attraktion der noblen Wiener Gesellschaft. Er ist ein Meisterwerk Theophil Hansens: der überwältigende Raum mit schwerer Kassettendecke, vergoldeten Kandelabern und weiten Ausmaßen bildet das prächtige Herzstück der Beletage und stellt alles in den Schatten, was am Ring je an repräsentativen Räumen für *private* Geselligkeit, Fest und Tanz gebaut worden ist. Im Plafond sind tanzende Amoretten des Malers Gustav Gaul eingelegt. Im ebenfalls reich dekorierten Speisesaal hat Carl Rahl mit einem «Urteil des Paris» sein Hauptwerk geschaffen – er und seine Schüler sind die bedeutendsten Monumentalmaler Wiens, bevor Hans Makart die atemberaubende Karriere in der Stadt antritt.

Die Todescos führen ein äußerst gastfreies Haus, Leute aus besten und gebildeten Kreisen geben sich die Klinke in die Hand, die Zusammenkünfte haben nicht selten den Charakter eines literarischen Salons. Künstler, Dichter, Gelehrte kommen auch von auswärts: Franz von Lenbach, Henrik Ibsen, Anton Rubinstein.

Der große Saal dient als imposante Kulisse für «Lebende Bilder», die Damen und Herren aus der Gästeschar mit besonderer Passion stellen und lebhaftest applaudiert werden.

Gegen Ende des Jahrhunderts versetzt ein junger, unter Pseudonym publizierender Poet die literarische Welt Wiens in bewunderndes Erstaunen: «Loris'», so Stefan Zweig, «Unfehlbarkeit in der Bemeisterung der Sprache», «Weite der ideellen Beschwingtheit», «Durchdrungensein mit poetischer Substanz bis in die zufälligste Zeile» verblüfft die Kollegen.

Sein Ruhm findet den Weg in die Salons der Ringstraße, man

rezitiert die Verse und lyrischen Dichtungen des interessanten Unbekannten in den Cercles der Metropole, und als ihn Gräfin Sophie Todesco im Jahr 1893 zu Gast lädt, kennt man bereits den richtigen Namen: Hugo von Hofmannsthal.

Die großbürgerliche Gesellschaft hat ein Idol, und auch Hofmannsthal ist durchaus angetan von jenen wohlhabenden gebildeten Menschen, die eine Epoche verkörpern, in der er sich selbst zuhause fühlt.

Den Zauber, den der narzißtisch gestimmte junge Mann ausstrahlt, «frühgereift und zart und traurig», nach eigener Einschätzung, reklamieren Zweig und Bahr, Kraus und Salten, die wenig im Sinn haben mit den Todescos oder Ephrussis und Dumbas, für ihre Ideale. Das literarische «Jung Wien» sammelt sich unter ihren Fahnen, und diese Secession der Dichter und Schriftsteller sucht und findet in dem neuen Genie «Verfeinerung der Kunstmittel» – da ist «*eine* Gestalt, die uns faszinierte, verführte, berauschte und begeisterte, das wunderbare und einmalige Phänomen Hugo von Hofmannsthal, in dem unsere Jugend nicht nur ihre höchsten Ambitionen, sondern auch die absolute dichterische Vollendung in der Gestalt eines beinahe Gleichaltrigen sah» (Zweig).

Beim ersten persönlichen Auftreten des Umworbenen sind seine Bewunderer zunächst verwirrt. Hermann Bahr glaubt: «... ein alter Mann gewiß, der in Jahren und Jahren seine Erkenntnisse schweigsam gekeltert hat und in geheimnisvoller Klausur die sublimsten Essenzen der Sprache zu einer fast wollüstigen Magie kultiviert. Und solch ein Weiser, solch ein begnadeter Dichter, lebte in derselben Stadt», und der berühmte, gesuchte Literaturpapst «hatte nie von ihm gehört». Bahr verabredet ein Treffen im Café Griensteidl am Michaelerplatz, dem «Hauptquartier der jungen Literatur». Und «plötzlich kam mit leichten Schritten ein schlanker, noch unbärtiger Gymnasiast mit kurzen Knabenhosen an seinen Tisch, verbeugte sich und sagte mit einer hohen, noch

Eduard Todesco, einer der wenigen Großbürger der Zeit, der immensen Reichtum, Grundstücks- und Börsenspekulation und Kunstsinn auf einen Nenner zu bringen versucht. In seinem Ringstraßenpalais treffen sich Künstler, Gelehrte und Mitglieder der Wiener Gesellschaft der Gründerjahre.

nicht ganz mutierten Stimme knapp und entschieden; ‹Hofmannsthal! Ich bin Loris.›» Bahr vermag, berichtet Zweig weiter, nicht glauben, was er sieht und hört: «Ein Gymnasiast, dem solche Kunst, solche Weisheit, solche Tiefsicht, solche stupende Kenntnis des Lebens *vor* dem Leben zu eigen war!»

Der Wunderknabe, bald Wundermann, entscheidet sich schließlich gegen die Palais' an der Ringstraße für die «Schriftsteller-Schwemme» Griensteidl.

Dort im Café liegen so viele nationale und internationale Gazetten auf, daß man, so die Ansicht der interessierten Gäste, «einen ganzen Monat lesen möchte». Hier residiert «Jung Wien», debattiert, intrigiert, streitet sich, haßt sich auch von Herzen.

«Gestern abend», notiert Arthur Schnitzler, «hat Salten im Kaffeehaus noch den kleinen Kraus (der auch ihn angegriffen), geohrfeigt, was allseits freudig begrüßt wurde.»

Das Griensteidl wird im Januar 1897 geschlossen und «demoliert». Die «treuen Stammgäste», klagt das ILLUSTRIERTE WIENER EXTRABLATT, «feierte» den Untergang des Lokales mit einem großartigen Leichenschmaus. Nach Mitternacht waren sämtliche Vorräte an Speis' und Trank vergriffen, und es wurden nur noch Ohrfeigen verabreicht.»

Was den Literaten im Café recht ist, scheint den Ringsträßlern billig. Schläge setzt es dort nicht. Das «goldene Haus» der Todescos preist der Dichter und Novellist Ferdinand von Saar als Inbegriff der Gastlichkeit; aber der Ringstraßenarchitekt Theophil Hansen ärgert sich lautstark, wenn das aufgelegte Tischtuch ihm mißfällt, der «scheußliche Lappen» sein Stilgefühl kränkt: «Sie verschandeln mirs' ganze Lokal!» Eduard von Todesco eilt um besseren Ersatz, und der ist immerhin Bankier und berühmter Börsenkenner: «Er legt sich mit dem Ohr auf die Erde und hört schon von weitem die Kurse traben», das Wort des Ministers Josef von Unger trägt dem Magnaten den Beinamen «Indianer» ein.

Arnold Zanetti und Heinrich Adam erbauen von 1863 bis 1865 ein monumentales Palais für Philipp Herzog von Württemberg und seine Gemahlin, Erzherzogin Maria Theresia.
Der reiche Fassadenschmuck, Skulpturen und Reliefs, besonders die Betonung des prächtigen Portals zeichnen das Gebäude vor manchem anderen an der Ringstraße aus.
Eine herrliche Stiege führt vom Mezzanin empor, der große Saal im Erdgeschoß ist exemplarisch für den «schönen» Stil der frühen Gründerjahre.
Die Erzherzogin zieht im Jahr ihrer Hochzeit mit dem Württemberger in ihr prächtiges Heim ein.
Im Jahr 1873 wird das Palais, gerade rechtzeitig zur Weltausstellung, in ein Hotel umgewandelt und trägt nun den stolzen Namen «Imperial».
Für den Kunstkritiker Carl von Lützow, der selbst allezeit kommentierend, beratend, gelegentlich auch begütigend in Zeitungsartikeln begleitet, was am Ring geschieht, baut Hasenauer im Jahr 1870 ein wohlproportioniertes, in sich geschlossenes Domizil. Die herrschaftliche Beletage wird unaufdringlich gestaltet und durch ein breites Portal betont. Im Inneren des Palais' Lützow wohnen Herrschaft und Dienerschaft im Erdgeschoß, im Mezzanin und der ersten Etage, im zweiten Stock befinden sich vornehme Mietwohnungen, die über eine besondere Treppe zu erreichen sind – der oft negativ besetzte Begriff Zinshaus ist nobel gelöst. Die Innenräume, vor allem den Hauptsaal der Beletage, hat Hasenauer zurückhaltend dekoriert mit zarten Rocaillen in Weiß und wenig Gold.
Das Palais für den Erzherzog Ludwig Viktor baut Heinrich Ferstel in den Jahren 1863 bis 1869. Der unverheiratete Bruder des Kaisers hat für sein nobles Heim extravagante Wünsche. Dem Renaissance-verliebten Architekten kommt es sehr entgegen, daß ein Palais im Stil des italienischen Palazzo verlangt wird, nach drei Seiten

Angewandte Kunst

Das Museum für angewandte Kunst, 1864 eröffnet, logierte zunächst im ehemaligen Ballhaus, seine 2000 Exponate waren ausgeliehene Beispiele alten Kunstgewerbes. Zwischen 1886 und 1871 baute dann Heinrich Ferstel das repräsentative Haus in Formen der italienischen Renaissance. «Architektur und Kunstgewerbe», so Albert Ilg, gehörten zu den beiden wichtigen Bereichen, denen sich die Epoche Franz Josephs I. zuwandte. «Auf dem Gebiet des letzteren gesellte sich zur Kunst die Wissenschaft, der Gedanke einer prüfenden Rezeption der alten Stile und der Neubelebung der Techniken im Handwerk tauchte aus dem Boden der Forschung auf, und durch die Schöpfung des Österreichischen Museums für Kunst und Gewerbe wurde durch Eitelberger auf geniale Weise eine neue Ära eröffnet.»

ANTI-KÖRPER

freistehend, dreigeschossig, wobei der vorspringende Mitteltrakt die seitlichen imposant dominiert, sowohl was seine Breite als auch Gliederung und Schmuck der Fassade betrifft.
Der Erzherzog hat sich nie vermählt, dennoch läßt er, auf alle Fälle, Räume für eine künftige Erzherzogin reservieren, und seinem hohen Stande gemäß, legt er besonderen Wert auf prächtige Repräsentation.
Vestibül, Hauptstiege vom Mezzanin aufwärts, der Salon in der Beletage und vor allem der Festsaal, in Weiß und Goldgelb gehalten, entfalten höfische Pracht. Üppig und delikat gestaltet, bedeckt feinster Goldstuck den Plafond; ausladende Lüster und Kandelaber sorgen für festliche Abendbeleuchtung, hohe Fenster vor der Loggia empfangen verschwenderisch das Tageslicht. Dem Palais des «Allerhöchsten Bauherrn» müssen sich, wegen des außerordentlichen Ranges, die Ringstraßengegebenheiten anpassen. «Der Bau», schreibt Rudolf von Eitelberger, nicht ohne Genugtuung, «nahm auch auf die Physiognomie eines Teiles der Ringstraße einen bedeutenden Einfluß. Das Palais dominiert seiner ganzen Lage nach den Schwarzenberg-Platz; es nötigte die Bauherren des ganzen Platzes, sich an die Hauptlinien und an den Stilcharakter des Palais' zu halten», und so «hat der ganze Schwarzenberg-Platz einen wohltuend einheitlichen Charakter».
Theophil Hansen, der später das im Stil der griechischen Klassik ausgeführte Reichsratsgebäude am Ring bauen wird, ist Architekt des Palais' (1864 bis 1867) für Erzherzog Wilhelm, seit Juni 1863 als Großmeister des Deutschen Ordens im Kaisertum Österreich im Amt.
Ein solch hoher Titel bedarf eines repräsentativen Hauses, eine «der Würde des Großmeisters angemessene Residenz» will er haben.
Hansen entwirft eine Dreiflügelanlage, der Mitteltrakt ein Geschoß höher als die Seiten, die flachen Dachbalustraden mit

Blick über die Ringstraße

Mächtig und repräsentativ erheben sich Sempers und Hasenauers Bauten – Zeitgenossen, so der Korrespondent der AUGSBURGER ALLGEMEINEN ZEITUNG im Jahr 1875, beobachteten die Arbeiten: «1200 Arbeiter sind bei den beiden Gebäuden beschäftigt und in den beiden Steinmetzhütten 120 Steinhauer mit der Bearbeitung der harten Oszloper Quadern betraut, aus denen der wuchtige Sokkelbau bereits gefügt ist. Unermüdlich arbeiten die mechanischen Hebekrane mit ihren kleinen Waggons, die auf den Gerüstschienen hingleiten, und Block fügt sich fast geräuschlos auf Block, wie festgewachsen in der Masse.»

reichem Statuenschmuck besetzt; die freistehenden Figuren stellen Hochmeister des Ordens dar, die Kayatiden im Attikageschoß Ordensherolde.
Hansen betont in der Hauptfassade die Beletage extrem, dort, wo die Herrschaft wohnt, umrahmen ruhig und gleichmäßig sechs Säulen die hohen Fenster hinter eleganten, niedrigen Loggien.
«Manche werden einwenden, daß Hansen in den Formen nichts Neues geschaffen, daß die Sprache bekannt sei, mit welcher der Künstler durch sein Werk sich an seine Zeitgenossen wendet», kommentiert die NEUE FREIE PRESSE, aber: «Kein denkender Künstler wird, wenn ihm die Aufgabe zufällt, einen Palast bauen, versuchen, sich in neuen, vielleicht bizarren Formen zu erschöpfen, wo ihm die besten, glänzendsten Vorbilder zu Gebote stehen. Der Palast ist eine Aufgabe des Zivilbaues... Zeugt es nicht von gutem Geschmacke und feiner Bildung, wenn ein Künstler bei einer Aufgabe, welche keiner weiteren Entwicklung in unserer Zeit fähig ist, seine Individualität den großen Vorbildern der Vergangenheit unterwirft?»
Das Palais Dumba, 1865/66 geschaffen von Johann Romano Ritter vom Ringe und August Schwendewein, Ritter von Lonauberg, erweckt in den Gründerjahren weniger seiner Fassade noch der Ausstattung wegen insgesamt höchstes Erstaunen und allgemeine Bewunderung. Man preist den Hausherrn glücklich, weil er ein «Makart»-Zimmer par excellence sein eigen nennt. Viele ahmen das später nach, und wer sich keinen ganzen Raum leisten kann oder will, hängt sich wenigstens das berühmte «Makart»-Bouquet aus getrockneten Blumen, Palmblättern und Samt- oder Seidenband an die Wand.
Die Bibliothek des Nikolaus Dumba ist Alptraum und Wunderwerk zugleich. Bücher spielen darin die geringste Rolle – die kostbaren eingebauten Regale samt Inhalt sind Schmuckstücke, integrierter Teil der Gesamtausstattung mit schweren, reichge-

Das Makartzimmer im Palais des Industriemagnaten und Kunstmäzens Nikolaus Dumba war die Sensation als Innenausstattung eines Ringstraßenpalais. Wer immer es sich leisten konnte, bestellte zur Repräsentation ähnliches. Das Original (Dumbas Witwe ließ es später ins Museum bringen) in seiner überreichen Pracht an Malerei, Schnitzerei, Mobiliar und Zierat ist nie wieder erreicht worden. Aquarell von Rudolf Alt, 1877.

schnitzten Sesseln, Arbeitstischen und dem riesigen tapetengleichen Wandgemälde, das die Tür umrahmt.
Zu Dumbas Arbeitszimmer wallfahrten rezensierend die Kunstkritiker: «Die Verstandesarbeit [Makarts] tritt nirgends in störender Nüchternheit hervor», lobt die NEUE FREIE PRESSE im November 1871, und «ist künstlerisch anmutig durch den Reiz der Linie und

Farben verhüllt.» Der Hinweis scheint nicht verfehlt, denn Dumba ist kein Privatier, sondern ein hart arbeitender Industrieller mit vielseitigen künstlerischen und gesellschaftlichen Interessen (Allegorien von Musik, Malerei, Wissenschaft, Handel, Industrie und Landwirtschaft verweisen darauf), der im Makart-Zimmer ernsthafter Beschäftigung nachgeht.

«Das Makartzimmer ist ein wahres Denkmal des damaligen Wiener Prunkstils», schreibt Ludwig Hevesi. Das Eckzimmer im ersten Stock des Hauses am Parkring wird Anziehungspunkt für Ringstraßenpromenierende, zu dem «sich abends, wenn es beleuchtet ist, das Auge jedes Vorüberschreitenden erhebt, Fremde bleiben vollends überrascht stehen und schauen hinauf in jene

himmelblaue Plafondluft, in der sich farbenflimmernde Formen wiegen, und suchen einen Zipfel der dazugehörigen Wandgemälde zu erhaschen». Das ist «eine der merkwürdigsten Häuserecken Wiens. Dieses Studierzimmer eines Wiener Bürgers verzauberte in das Empfangszimmer eines Nobile.»

Der Hausherr hatte im Testament bestimmt, daß sein Prunkzimmer komplett erhalten bleiben möge, seine Witwe hat diesem Wunsch nicht entsprechen können.

In den Jahren 1867 und 1868, als schon schwer die Enttäuschung über die schlechte Akzeptanz ihres Opernhauses auf dem Architektenpaar Eduard van der Nüll und August Sicard von Sicardsburg lastet, bauen beide dem Grafen Johann Larisch von Moennich ein auffallend heiteres, mit Erker, Gesimsen, Dachaufsätzen phantasievoll gestaltetes Palais. Der Bau orientiert sich an der französischen Renaissance, erinnert in vielem an die anmutigen Schlösser im Loiretal und bildet, auch mit der kühnen Hauptstiege im Inneren, Abwechslung und Ausnahme in der historistischen Palaisarchitektur der Ringstraße. Nach dem tragischen Tod der so ungerecht verkannten, assoziierten Baumeister vollendet (Karl?) Stattler das Bauwerk.

Je weiter der Ringstraßenausbau fortschreitet, desto teurer wird der Baugrund und damit auch das Wohnen.

Wer Geld hat, der baut, wer gebaut hat, vermietet *und* wohnt selbst. Ignaz Ritter von Ephrussi, wohlhabender Bankier, sucht, wie viele Bauherren am Ring, diesen doppelten Nutzen: Er selbst möchte komfortabel-hochherrschaftlich wohnen und doch mit dem kapitalverschlingenden riesigen Palais auch verdienen. Hansen entwirft 1872/73 ein Hausmodell für ihn, das von außen seine Eigenschaft als Zinshaus elegant verbirgt. Im Obergeschoß der Sockelzone etabliert sich der Hausherr, darin befinden sich Vestibül, Prachtstiege, Wohnung der Ephrussis, aber das sieht man in diesem Fall der gleichmäßigen Fassade nicht an. Wer die Kon-

«Ein Abend bei Johann Strauß» – der Walzerkönig ist Liebling der Promenadekonzerte, Bälle und Redouten zur Ringstraßenzeit, seine Operetten werden, mit Beifall überschüttet, auch im Opernhaus gegeben. Der Musiker führt ein gastfreies Haus, Kollegen und Künstler anderer Disziplinen versammeln sich in seinem Salon. Auf dem Ölgemälde von Franz Bayros sieht man, unter vielen anderen links im Bild, hinter Strauß und seiner Frau neben dem Klavier, Johannes Brahms und, auf dem Sofa, den Maler Joseph Fux.

struktion, die Aufteilung von Herrschafts- und Mietwohnung, nicht kennt, kann diesem «Nobelzinshaus» seinen Zweck nicht prima vista ablesen.
Hansen errichtet ein überdimensionales Palais, das auf der Beletage palastmäßig ausstaffiert ist: der Salon mit farblich in Braun-Gelb gehaltenen Wänden und reichem Plafond aus Goldstuck, phantasievoller in Gliederung aus Kassetten und Medaillons, mit Gemälden eingelegt, von dem ein kaskadenförmiger Lüster aus Kristall, verbrämt mit Gold, den Raum beleuchtet.
Das Heim der Ephrussis wirkt dezenter als andere am Ring, zierlicher in den Formen des Dekors; eher «Rokoko» als «Barock» hat Hansen dafür gewählt.

Das Museum für Kunst und Industrie

Kunstprinzip im Gewerbe

Das erste Museum an der Ringstraße ist nicht etwa das frequentierte Kunsthistorische Museum oder sein Zwilling, das Naturhistorische.

Gottfried Semper, der Architekt dieser beiden vielbewunderten Bauwerke, besucht im Jahr 1851 die Weltausstellung in London und kommt von dort mit neuen Ideen zurück.

«Öffentliche Sammlungen von Kunstgegenständen» müsse man auch auf dem Kontinent einrichten «als mächtige Hilfsmittel für die nationale Erziehung».

Das Museum als didaktische Einrichtung – das ist ungewöhnlich. Die nächste Weltausstellung 1862 in der britischen Metropole bringt die Sache in Gang: der Kunsthistoriker Rudolf von Eitelberger erhält durch Ministerpräsident Erzherzog Rainer den Auftrag, sich über die Gründung eines Kunstgewerbemuseums Gedanken zu machen und ihm seine Überlegungen dazu vorzutragen.

Das Victoria and Albert-Museum in London könnte dafür die Vorgabe sein.

Eitelberger legt am 2. Juli 1862 seine Denkschrift vor: Das gedachte Museum, so schreibt er, möge durch Exponate von

Kunstwerken aus der Vergangenheit die Künstler der Gegenwart animieren. Die «große Kunst» soll dabei das Kunstgewerbe dominieren.

Am 31. März 1864 erhält Eitelberger die Ernennung zum Direktor des Museums. Zuvor war durch kaiserliches Handbillett die Gründung eines Österreichischen Museums für Kunst und Industrie angeordnet worden. Die Ausführung des Baues hat noch Weile. Erst im Jahr 1866 geht an Heinrich Ferstel die ehrenvolle Order, einen Entwurf zu präsentieren; bis dahin hatte man die Überlegung sondiert, ob die Sammelgebiete nicht in die künftigen Hofmuseen im Zuge des geplanten Kaiserforums zu integrieren seien.

Im Dezember 1867 hat Ferstel seine Planung abgeschlossen, der Kaiser prüft sie in seinen Appartements und genehmigt im März 1868.

Zwischen Grundstein- und Schlußsteinlegung geht dann alles sehr rasch: Herbst 1868 bis November 1871, andere Projekte am Ring werden da schon wesentlich längere Bauzeiten in Anspruch nehmen! Ferstels Backsteinbau im Monumentalstil mit repräsentativen, an Gebrauch und Nützlichkeit orientierten Innenräumen, ist das älteste kontinentale Kunstgewerbemuseum – ein ausladender Bau; Groteskenfriese, Majolikamedaillons, Sgraffiti (Karl Karger und Ferdinand Laufberger) schmücken die Fassaden.

Ein Kritiker von größtem Ansehen, geradezu «Kunstpapst» in Wien, nimmt sich mit Engagement des neuen Hauses an.

Emerich Ranzoni lobt:

«Ein recht erfreuliches Werk des so vielfach tätigen und mehr als einem Stil gerechten Meisters ist auch das Museum für Kunst und Industrie auf dem Stubenring. Den geistigen Impuls zu diesem Bau hat bekanntlich der um unsere Kunstindustrie so hochverdiente Direktor von Eitelberger gegeben. Der einfach profilierte Bau ist Ziegelrohbau mit sparsamer Anwendung von Quaderstein,

Mozartdenkmal

Die Statue des Komponisten Wolfgang Amadeus Mozart stand zuerst auf dem Albrechtsplatz und wurde im Jahr 1896 enthüllt. «Nur selten», schrieb das WIENER TAGBLATT, *«ist ein so warmer Hauch von kaltem Marmor ausgegangen als gestern, da Tilgners Werk zum erstenmal in seiner Vollendung uns überraschte. Wärme, reiche Phantasie, geläuterter Geschmack, edelster Formensinn und vornehmer monumentaler Stil sind die Qualitäten» dieser Arbeit des Bildhauers.*

Folgende Doppelseite:

Maria-Theresien-Denkmal zwischen den beiden Museen

Das gewaltige Monument, an dem der Bildhauer Caspar Zumbusch den Sockel entwarf – dreizehn Jahre lang arbeitete Hasenauer –, wurde im Jahr 1887 vollendet. Der Architekt Camillo Sitte schrieb kurz nach der Enthüllung: «Die mächtige Architektur der Hofmuseen, die riesigen Ausmaße des Platzes, die freie Aufstellung des Monuments forderten hier ein ganzes, volles Können heraus. Es glückte alles. Selbst der Umriß des Denkmales steht in harmonischem Einklang mit den vorherrschenden Kuppeln der beiden Museen.»

welcher auf den Sockel, das Portal und die Fensterrahmungen beschränkt blieb. Das Haus erhebt sich auf einem sechs Fuß über dem Straßenniveau erhöhten Souterrain, in zwei Geschossen; es gliedert sich in Mittelbau, der in drei Geschossen aus dem zweigeschossigen Hauptgebäude in ziemlich starker Ausladung vorspringt, und in die Eckbauten, welche über den zwei Geschossen des Hauptgebäudes noch ein Halbgeschoß haben. So schmucklos und einfach, trotz der Anwendung der Sgrafito und Majolikamedaillons im Fries des Äußeren, so prächtig ist das Innere, dessen Einteilung und Einrichtung ein wahres Muster von Zweckmäßigkeit genannt zu werden verdient. Durch ein leicht und frei gedachtes Vestibül gelangt man über eine schöne Treppe in den prächtigen Arkadenhof, den ersten, der in Wien in neuerer Zeit gebaut wurde.»

Ferstels heute so genanntes «Österreichisches Museum für angewandte Kunst» versammelt in seinen Räumen kostbarste Stücke der Möbelkunst des 18. Jahrhunderts, Keramik, Porzellan, Gläser von der Renaissancezeit bis ins 19. Jahrhundert, Textilien, Kunstgewerbe des Orients, Ostasiatica – keine Rede von Eitelbergers Gedanken, daß das «belebende Kunstprinzip im Gewerbe durch die Richtungen des Stiles der großen Kunst bedingt ist».

Längst haben die Schaustücke dieses Museums ihren eigenen Kunstrang, einerlei ob Alt-Wiener Porzellan, italienische Majoliken oder Fayencen der Barockzeit, Gläser aus Böhmen und Schlesien oder gotische Bildteppiche.

Rudolf Eitelberger von Edelberg, so der ganze Name des verdienten Mannes, hat der Bildhauer Hermann Klotz an der Hauptstiege des Museums mit einer Bronzebüste geehrt.

Dem Museum ist die Kunstgewerbeschule angegliedert, 1875 bis 1877 ebenfalls nach einem Entwurf Ferstels ausgeführt und mit verwandtem Fassadenschmuck versehen.

Die Mauer mit Brunnen und Mosaik der griechischen Pallas

Denkmal Maria Theresias

Das gewaltige Monument der Kaiserin, umgeben von den bedeutendsten Staatsmännern, Militärs, Künstlern und Wissenschaftlern ihrer Regierung ist ein Werk Caspar von Zumbuschs. Der Künstler erhielt den «allhöchsten Auftrag, eine «sitzende Kolossalstatue» der Herrscherin zu schaffen, «das Antlitz der Burg zugewendet, das Haupt mit einem Diadem geschmückt, die rechte Hand zum Gruße an das Volk erhoben, mit der linken auf die Urkunde der Pragmatischen Sanktion sich stützend, 5,88 m hoch»; es wurde im Jahr 1888 enthüllt.

Athene von Antonio Salviati aus Venedig (1873) verbindet die beiden Gebäude.
Spätere Kollegen Ranzonis, etwa der Kunsthistoriker Richard Kralik, stellen die Sammlung selbst, ihre Bedeutung und Wirkung, ins Zentrum der Betrachtung: «Die historischen Richtungen der Wiener Kunst erhielten im ‹Österreichischen Museum›, von Eitelberger 1863 angeregt und geleitet, einen Mittelpunkt. Die Wiener Kunstindustrie fand dort vielfältige Anregung, freilich etwas einseitig in der Richtung der historischen Stilgerechtigkeit; aber auch das ist nur scheinbar. Was sowohl auf dem Gebiet der Kunst wie der Kunstindustrie weiterhin Dauerndes geleistet wurde, geschah durch die unzerstörbare Kraft der Wiener Heimatnatur, der Wiener Phantasie, des Wiener Geschmacks, des Wiener Stils, nicht nur Stilgerechtigkeit im Kopiersinn.»
Eitelberger freut sich der Ehre, das ihm anvertraute Institut erwirbt und genießt hohen Ruf vor allem Dank seiner Arbeit.
Aber seine Gedanken gelten oft sehnsüchtig begleitend den Kollegen, die aktiv an Konzept und Bau der Ringstraße, tätig sind. «Was für Wien die Monarchie ist, das ist die Hofburg für Wien, der eigentliche Mittelpunkt der Stadt», weiß er, lange bevor Semper und Hasenauer ihr «Kaiserforum» offerieren: «Der Grund-Schlußstein der Stadterweiterung wird dort gelegt werden.»

Denkmäler am Ring

Ehrenschulden der Vergangenheit

Wer am Ring promeniert, trifft überall und allezeit prominente Bekannte, nicht etwa nur lebende – die Großen der Vergangenheit grüßen von ihren Podesten: zu Pferde, stehend, sitzend, bald hoheitsvoll, bald jovial schauen sie auf den Betrachter herab.

Volksgarten, Stadtpark, Burggarten beherbergen ganze Versammlungen berühmter Männer.

Zur Gründerzeit bilden die Künstler (und formen die Gießer) das Bild noch als Abbild, es sind die originalen Züge, freilich feierlich überhöht, keineswegs naturalistisch und platt, man will die hohen Herrschaften lebensecht, mit typischen Insignien oder Gebärden.

Wer also auf der Ringstraße spazierengeht, erblickt Majestäten, Dichter, Musiker, Gelehrte, Wissenschaftler, doch auch Götter und Helden der Antike so getreulich, daß man ihnen unbefangen Reverenz erweisen könnte, stiegen sie von den Sockeln herab und flanierten mit.

Dabei sind Denkmalsenthüllungen zur Ringstraßenzeit durchaus feierliche, «ernste» Angelegenheiten, die oftmals der Kaiser persönlich vornimmt.

Man erscheint würdig gekleidet, spricht getragen, Dichter, auch der um sein altes Wien trauernde von Saar, verfassen gehobene Reime, die Ansprachen klingen ehrerbietig, als sei der Mann auf dem Sockel identisch mit dem längst schon toten Großen.
Denkmale erscheinen gelegentlich sogar als spätes Zeichen einer Wiedergutmachung, wenn der so Gewürdigte zu Lebzeiten nicht genügend Ehre erfuhr oder zu lange in Vergessenheit geraten ist.
Denkmale bedeuten auch Geldfragen – es muß gestiftet, gesammelt werden. Berühmte Leute schreiben dann Spendenaufrufe, und wer schon seinen Obolus gegeben hat, setzt seinen Namen mit darunter. Ein Mann wie der Kunstmäzen Nikolaus Dumba ist oft in mehreren Fördervereinen, Gremien, Stiftungsgesellschaften auf ein Mal und hält seine protegierende Hand über die Monumente von Radetzky, Mozart, Makart, Raimund, Erzherzog Albrecht und Brahms.
Allerdings hat die Denkmal-Manie auch ihre heftigen Gegner. Als die martialischen «Feldherren» am Heldenplatz reiten, verlangen Bürgerproteste stürmisch nach Büsten und Monumenten der Dichter, Denker und «Bürgerlichen».
Der streitbare Ferdinand Kürnberger wendet sich in der PRESSE vehement gegen den «Terrorismus des Denkmal-Bettels», dessen «poetisch-ökonomische Schädlichkeit» und «soziale Lästigkeit und Unanständigkeit» nicht zu vertreten sei, vor allem, da «die öffentliche Meinung dem Denkmal-Bettel von Herzen gram ist».
Der Denkmalkult am Ring hält an bis weit über die Jahrhundertwende hinaus. Überall wird enthüllt, eingeweiht, gefeiert, wachsen neue erzgegossene Berühmte auf ihren Postamenten wie Pilze aus dem Boden.
Das Denkmal für Erzherzog Albrecht, den Sieger von Custozza im Juni des Jahres 1866, ist ein Werk Caspar von Zumbuschs (1898/99). Würdig und gelassen reitet der Feldherr, ein vollkommenes Bild aus Harmonie und Selbstbewußtsein.

Der Tod der Kaiserin in Genf durch Attentat eines Anarchisten verzögert den festlichen Tag der Einweihung: «Infolge des erschütternden Ereignisses des Ablebens Ihrer Majestät Kaiserin Elisabeth», bedauert der Hof, «wurden die Jubiläumsfeierlichkeiten allerhöchst abgesagt und geruhen Se. Majestät die in Aussicht genommene Enthüllung hinauszuschieben.»
Die ruhige Gelassenheit des Siegers umgibt Feldmarschall Fürst Carl zu Schwarzenberg (von Ernst Julius Hähnel, 1867) – den Führer der Alliierten in der Völkerschlacht bei Leipzig, populärer Feldherr der Befreiungskriege gegen Napoleon.
In Gedanken versunken sitzt Johannes Brahms in seinem ein wenig plumpen Sessel über massiven Stufen; zu seinen Füßen lagert die trauernde Muse mit dem Saitenspiel (Rudolf Weyr, 1908 enthüllt). Bei beiden Monumentalfiguren spricht bereits der unpathetische Stil der Secession mit – von den anderen Denkmälern am Ring unterscheiden sie sich weder durch heroische, noch dramatische Pose, sondern durch kontemplative Ruhe.
Peter Paul Rubens in ganzer Gestalt, ausgeführt von Victor Tilgner zwischen 1879 und 1882; der Maler, den der in den Gründerjahren epocheprägende Makart sich zum Seelenverwandten auserkoren hat, schaut geradezu spöttisch, in herrisch-arroganter Pose, auf seine Nachfahren im Künstlerhaus. Den weiten Mantel drapiert der im Leben reiche und erfolgreiche Mann elegant um sich, der in der künstlerischen Bedeutung seines Denkmals wichtigste unter den Kollegen: neben ihm, links vor dem Künstlerhaus, «Bramante» von Emmerich Alexius Swoboda; «Tizian» von Johann Scherpe; «Dürer» von Anton Schmidgruber. Rechts vom Eingang: «Leonardo da Vinci» von Edmund Hofmann von Aspernburg; «Michelangelo» von Anton Paul Wagner; «Raffael» von Johann Silbernagl; «Velasquez» von Anton Brenek.
Ludwig van Beethoven, ein Werk von Caspar von Zumbusch, 1880 enthüllt, sitzt auf seinem Denkmal in sich versunken, fast

abweisend, wie er es im Leben tat. Der Lorbeerkranz auf dem Haupt verliert sich in den wilden Locken. Zu seinen Füßen spielen neun Kinder, sie verkörpern die Anzahl der Sinfonien, die der Komponist geschrieben hat. Der gefesselte Prometheus und Viktoria, die den Kranz reicht, sitzen rechts und links vom Sockel. Am Einweihungstag hält Michael Walz eine erhebende Rede, die ihm unversehens zum Hymnus auf den Ring insgesamt gerät: «Glückliche Jugend von Wien! Du hebst dein Auge auf vor diesem Denkmal, und ringsum fällt es auf Werke monumentaler Schönheit!» Denn: «Welche Straße der Erde wird sich an Fülle schöner Architektur an deiner vollendeten Ringstraße messen.»
Ergriffen fährt der Redner dann fort: «Welche Tempel sind schöner als diese ‹Hymnen aus Stein›.»
Prinz Eugen, der edle Ritter – das Reiterdenkmal des Prinzen von Savoyen, stolzem Türkenbezwingers und Herr des barocken Belvedereschlosses, ist ein Werk Dominik Fernkorns, gegossen 1863/65. Der Heros auf dem Heldenplatz wird durch kaiserliches Handschreiben schon im Oktober 1860 in Auftrag gegeben.
Zur Denkmalseinweihung schreibt der Poet Joseph Weiler dann ein in der PRESSE publiziertes Gedicht, in dem es heißt:

«Dreier Kaiser treuer Diener,
in der Schlacht ein Löwe schien er;
nach dem Siege – mildgesinnt; –
war den Künsten hold, nicht minder,
hatt' nicht Weib und hatt' nicht Kinder.
Österreich war sein Weib und Kind!»

Erzherzog Carl, der Sieger von Aspern, Bezwinger Napoleons (1859 vollendet), erhält sein Reiterdenkmal auf Initiative des jungen Kaisers Franz Joseph persönlich. «Nachdem ich die Ausführung des Monuments meines verewigten Herrn Großoheims, des Feldmarschalls Erzherzog Carl, nunmehr definitiv beschlossen habe», läßt er Order ergehen, es «nach dem Entwurf des Herrn Fernkorn in voller Größe» anfertigen und die Bezahlung in Raten vorab aus «meiner Privatkasse überweisen zu lassen».

Bei der Enthüllung im Mai 1860 preist ein Gedenkblatt den Verherrlichten als «einen der größten Feldherren aller Zeiten und zugleich den besten, glücklichsten Hausvater der Welt»: Die «flatternde Fahne will künden, daß Österreich, als Deutschlands Freiheit bedroht, zum Kampf sich erhoben auf Leben und Tod». Der kritische Rudolf von Eitelberger wendet allerdings mäkelnd ein, es fehle dem Monument an plastischer Geschlossenheit und Harmonie, und es sei eigentlich nur eine «ins Kolossale vergrößerte Statuette».

Das große vielfigurige Monument für Maria Theresia (ein Werk Zumbuschs, 1888 enthüllt) sollte auf Wunsch Alfred von Ameths, Direktor des Haus-, Hof- und Staatsarchivs, «die große Kaiserin nicht als einsam thronende Herrscherin, sondern umgeben von den besten Männern ihrer Zeit, den Stützen ihres Thrones», zeigen.

Und so sitzen zu ihren Füßen Allegorien der Herrschertugenden: Weisheit, Kraft, Gerechtigkeit und Milde; auf prächtigen Pferden kühn davontrabend die Feldherren Graf Daun, Freiherr von Laudon, Graf Traun und Graf Khevenhüller; im Sockel als Halbrelief Staatsmänner aus Gesetzgebung, Militär, Kunst und Wissenschaft und als Freistatuen Staatskanzler Wenzel Graf Kaunitz, für die Gesetzgebung Graf Haugwitz, für das Militär Fürst Wenzel Liechtenstein und für die Medizin der Leibarzt van Swieten – fast alle getreuen Mitstreiter der Kaiserin sind hier um sie versammelt. Die Architektur des großen Denkmals hat Hasenauer entworfen.

Friedrich Freiherr von Schmidt, Baumeister des umstrittenen gotischen Rathauses, eine Arbeit von Edmund Hofmann von

Aspernburg aus dem Jahr 1896, steht, gleich zweifach erhöht, auf einer Balustrade, von der sich der Sockel erhebt. Der abgeklärte Greis mit dem mächtigen Rauschebart hält in seinen Händen selbstbewußt die Attribute des Architektenstandes, Waage und Maßstab.

Ferdinand Raimund, ur-wiener Volksdichter, geschaffen von Franz Vogl, 1898 enthüllt, nimmt sitzend eine sehr breite Bank ein und schaut eher tiefsinnig, vielleicht auch irritiert, denn eine überlebensgroße geflügelte Muse in ganzer Figur neigt sich hinter ihm geradezu besitzergreifend herab und scheint ihn in Betrachtungen zu stören.

Ferdinand von Saar hält ihm in Odenform eine abbittende Eloge bei der Einweihung des Monuments:

«Das neue große Wien tilgt nunmehr die Ehrenschulden der [Vergangenheit].
Vergeßne Gräber sucht es forschend auf, versunkne Werke fördert [es ans Licht]
und schlingt verständnisvoll die Dauerkränze verdienten Ruhmes [um der Toten Stirn].
So leuchtet jetzt auch Raimunds Denkmal auf.»

Der Volksdichter Ludwig Anzengruber, bärtig, knorrig, im langen Mantel, ein Werk von Johann Scherpe und im Jahr 1905 enthüllt, tritt in fast naturalistischer, jedenfalls sehr eindrucksvoller Pose seinem Beschauer entgegen.

Neben ihm, in kunstvoll aufgeschütteten Steinbrocken, sitzt der Steinklopferhans, eine Figur aus seinem «Kreuzelschreiber».

Für diesen Kollegen hat sich der populäre Verfasser der Geschichten vom «Waldbauernbuben», Peter Rosegger, engagiert und findet einfühlsame Worte, um potentiellen Spendern für das Monument das Geben leichter zu machen.

Auf der Treppe des Künstlerhauses

Der große Festzug zur Silberhochzeit des Kaiserpaares fand unter Regie des berühmtesten Malers der Zeit, Hans Makart, statt; tausende Wiener Bürger wirken, kostümiert im Stil Albrecht Dürers und Peter Paul Rubens', an der Feierlichkeit auf der Ringstraße mit. Der Kunsthistoriker Werner Hofmann nannte Gebäude an Wiens Nobelmeile selbst einen «Makart-Festzug der Baustile».

KÜNSTLERHAUS

Künstlerhaus

Die Statuen vor der Fassade des Hauptbaues waren ursprünglich fest mit der Architektur verbunden. Das Haus erfuhr manche Umgestaltung, Erweiterung, Veränderung, stets der Idee dienlich, es möge ein Heim der Künstler und ihres Publikums sein. Walther Maria Neuwirth schrieb 1961 zur Hundertjahrfeier: «Die damals größte städtische Bauplanung der Welt, die neue, vier Kilometer lange Palaststraße, die Ringsstraße, das Herzstück der Stadterweiterung», war größtes Verdienst der Künstlergesellschaft im Künstlerhaus; «Ihre Bildhauer und Maler sind die Begründer des baulichen, plastischen und malerischen Ringstraßenstils. Die ganze Ringstraße des neuen Wien ist ein Werk des nun jubilierenden Künstlerhauses.»

In seinem Appell an die Geldbeutel der Wohlhabenden aus dem Jahr 1899 heißt es, nun sei es an der Zeit, «Bausteine zusammenzutragen, damit unserem Ludwig Anzengruber in Wien ein Denkmal errichtet werde», deshalb richte er seine Bitte an die «Zahllosen, die den Schöpfungen des gewaltigen Tragikers und Humoristen zugejubelt haben, an alle Schätzer der Bühne, die ein Spiegel und eine Kanzel des Lebens geworden ist».

Der kritische Dichter Anastasius Grün ist mit einer Büste auf hohem Sockel, weiß, mit vergoldeten Bronzefestons, vertreten. Karl Schwerzek hat sie im Jahr 1891 geschaffen, ebenso das Pendant, die Stele des spätromantischen Poeten Nikolaus Lenau. Ludwig Anzengruber hatte bereits im Jahr 1877 in einem Beitrag zu den Schriften des studentischen Anastasius-Grün-Denkmals-Comité gefordert, es mögen «die Bildnisse der Helden und Märtyrer, die für den Geist gestritten und gelitten haben» sein, «welche wir als *unsere* Heiligen an den Straßen und Wegen aufstellen».

Der bürgerliche, in der Jugend ungebärdig-revolutionäre «Schiller» (von Johannes Schilling, 1876 enthüllt) steht hochaufgerichtet, mit visionärem Vorwärts-Blick, auf dem Postament.

An den Ecken des Sockels leisten ihm Sitzfiguren der Lebensalter Gesellschaft, an den Seiten ein geflügelter Genius mit Fackel, eine Frauengestalt mit Sternenkranz im Haar, Wahrheit und Dichtung; auf Reliefmedaillons sind Pegasus, Minervas Kopf, ein Pelikan und das Haupt der Medusa dargestellt.

Es sei «dringende Ehrenpflicht», dem «Apostel der Freiheit ein würdiges Denkmal» zu errichten, hat es im Spendenaufruf geheißen. Der im Leben nicht sehr wohlhabende Dichter steht großzügig mit Symbolen seines Ruhmes umgeben am Ring. Spottvögel bringen nach Einweihung des Monuments eine Karikatur in Umlauf, auf der Schiller, aus dem Sarge heraus, ganz verdutzt feststellt: «Ich muß doch wirklich ein sehr staatsgefährlicher

Mensch gewesen sein, daß man nach so vielen Jahren zur Enthüllung meines Denkmals eine solche Armee von Polizisten kommandiert.»

Goethe, der Dichterfreund gleich gegenüber, hat es da ärmlicher getroffen, sein Monument ist karg.

Lässig, wie sich der «Geheimde Rat» im steifen Alter niemals gehen ließ, lehnt er sich auf Edmund Hellmers Denkmal (1900 enthüllt) zurück. Stufen, die hinaufführen, sind elegant und leicht, doch unnahbar thront der «Olympier» im schweren Sessel.

Dabei hatten wirkliche Goethekenner bis zuletzt für einen stehenden Dichterfürsten plädiert, nicht nur aus Gründen der Parität – Goethe haßte es, sitzend zu dichten oder zu diktieren, er benutzte ein Stehpult oder ging im Zimmer auf und ab.

Johann Graf Radetzky, dem Strauß Vater den flotten Marsch nach Noten geblasen hat, reitet als Denkmal Caspar von Zumbuschs, enthüllt 1892, frontal dem Beschauer entgegen. Den Feldmarschall begleitet das berühmte Grillparzerwort: «In Deinem Lager ist Österreich...» Dem Kriegshelden erweist Franz Joseph selbst die Reverenz, die Denkmalseinweihung wird zur Hof-Zeremonie. In der Urkunde der Übergabe des Denkmals an die Stadt Wien heißt es respektvoll:

«Mit der soeben über Allerhöchsten Befehl in der beglückenden Gegenwart Seiner kaiserlichen und königlichen Apostolischen Majestät vollzogenen feierlichen Enthüllung erachtet das zu diesem Ende im Jahre 1886 von Seiner kaiserlichen und königlichen Hoheit dem durchlauchtigsten Herrn Feldmarschall Erzherzog Albrecht berufene Comité seine Aufgabe als vollendet» – so kompliziert umschreibt sich ein sehr schlichter Sachverhalt im späten Kaiserreich: die Aufgabe ist erledigt!

Trotz aller losen, spöttischen Reden von Kritikern wie Kürnberger, der ohnehin kein begeistert Claqueur der Ringstraßengesellschaft ist, bleiben Denkmale lange auch «Fehdehandschuh» der Gesin-

Das Mozartdenkmal des Bildhauers Victor Tilgner, im Jahr 1896 enthüllt, stand ursprünglich auf dem Albrechtsplatz. Die Kritik weiß unisono nur Lobendes zu sagen über das in Marmor ausgeführte Meisterwerk des Künstlers. «Die bewunderungswürdige Grazie der Linien, mit denen die Kindergruppen die von dem unteren Postament und dem Sockel gegliederten Ecken ausfüllen», hebt das WIENER TAGBLATT *hervor.*

nung: Wer «hinauf» soll, muß, darf, wird sehr heftig diskutiert. Der «Erfinder» der Schiffsschraube, Josef Ressel (Fernkorn, 1862), wird ohne weiteres achtungsvoll akzeptiert – als in den zwanziger Jahren Karl Lueger mit einem Standbild (J. Müllner) geehrt werden soll, erinnert sich mancher mit Murren der mangelnden Ehrerbietung, die dieser Bürgermeister doch der Allerhöchsten Majestät schuldig geblieben war.
Die Monumente, die an der Wiener Ringstraße stehen, bemerkt der Kunsthistoriker Gerhardt Kapner, sie «lächeln nicht. Sogar an Johann Strauß nimmt man kein Lächeln wahr. Was er geigt, ist kein Walzer, sondern offenbar eine Violinsonate von Beethoven, die falschen Noten scheinen aufgelegt. Die meisten dieser Figuren stehen, und wenn sie sitzen, verdrehen sie, wie Schubert, die Augen unter dem Weihekuß der Muse, oder sie regieren, wie Maria Theresia auf dem Thron, oder sie halten Cercle wie Goethe, der sich's zwar kommod macht, aber mit aller Distinction des feinen Herren. Sie sehen aus, als wären sie böse auf die Heiterkeit. Was für eine unwienerische Haltung!» Nein, «all die Dichter und Musiker, die hier verewigt sind, bekennen sich vielleicht nicht zu ihrem irdischen Abbild an der Wiener Ringstraße, sie dementieren möglicherweise im Olymp die Aussagen, die hier auf Erden in Erz und Stein über sie gemacht worden sind. Der Erdenbürger vonheute jedoch, besonders der Wiener, sollte sich zu ihnen bekennen, ihn sollte nicht die Furcht vor ihrer erhabenen Attitüde ergreifen. Er wird sie zwar nicht zum Lächeln bringen, vielleicht aber wird er selbst ein wenig lächeln lernen, wenn er erfährt, wieviel menschliche Bedrängnis, Sorgen und Problematik hinter diesen hochfahrenden Gesten verborgen waren.»

Vom Künstlerhaus zur Secession

Markthalle und Krauthappel

Das im Stil einer italienischen Villa erbaute Künstlerhaus von August Weber ist Ergebnis einer «Künstlerinitiative». Ein Memorandum des ehemaligen Albrecht Dürer-Vereins gemeinsam mit dem Künstlerbund «Eintracht», die sich zur «Genossenschaft der bildenden Künstler» zusammengetan hatten, fordert im Jahr 1861 ein Künstlerhaus in Wien. Anderenorts, so argumentieren die Wortführer, zu denen Friedrich Stache und Rudolf von Alt («Dürer») sowie Josef Selleny und Friedrich Friedländer («Eintracht») zählen, fördere der Staat die Kunstschaffenden wesentlich tatkräftiger, und wo man für eine solch aufwendige Stadtsanierung Mittel hätte, müßte für Künstler auch ein Weg sein.

Die Sache verzögert sich. Die Ausschreibung findet immerhin auch Ferstel unter den Bewerbern, in der Jury sitzen unter anderen Schmidt, Rahl, Hansen und Sicardsburg.

Weber gewinnt.

Spenden befördern das Unternehmen. Der Bauplatz zwischen Handelsakademie und Musikverein zählt nicht unbedingt zu den «Filetstücken» im Bauprojekt Ringstraße, doch im August 1865 kann der erste Spatenstich für das Künstlerhaus getan werden. Im Januar 1866 ist bereits das Modell zu besichtigen. «Mag es nüchterner Anschauung unmöglich sein, dem kühnen Gedankenflug des Herrn Stache zu folgen: daß ein Ausstellungsgebäude für Wien dringend nötig», kommentiert die PRESSE, so «wird man ihm besonders in einem solchen Momente bereitwillig zugeben». Das Haus ist, man weiß es von Anfang an, zu klein, aber Mangel an Geld erlaubt kein größeres Gebäude.

Kaiser Franz Joseph setzt am 1. September 1868 den Schlußstein. Im Laufe der Jahre werden Anbauten nötig, finden sich Mäzene, auch der Stadterweiterungsfonds bleibt «Sympathisant» des Anliegens der Künstler. Nachbarn zeigen sich nicht immer glücklich, als sich das Domizil der Künstlergenossenschaft mehr und mehr ausdehnt, aber es wird schließlich akzeptierte Institution in Wien. Statuten vom April 1862 haben ausdrücklich die Komponente «Geselligkeit» festgeschrieben:

«Zweck der Genossenschaft ist die Förderung der Standesinteressen der Künstler Wiens und deren gesellige Vereinigung unter sich und Kunstfreunden», dazu dient die «Erbauung und Erhaltung eines Künstlerhauses für Kunstausstellungen und für Vereinszwecke durch gesellige Zusammenkünfte der Künstler und Kunstfreunde und regelmäßige Geschäftsversammlungen.»

Erste «Staatskünstler» Wiens zählen um die Jahrhundertwende dazu Maler, Xylographen, Stecher, Graveure, Bildhauer, Medailleure, Architekten; und das Publikum kommuniziert zwanglos mit ihnen. Im großen Repräsentationssaal des Erdgeschosses plaudert, man grüßt sich, trifft Verabredungen. Im Clubzimmer des Casinos steht ein Billardtisch.

Die hohen Säle mit den schweren Kassettendecken wirken theatralisch-erhaben.

«Künstlerhaus» – der Name klingt fröhlich, nach Wettbewerb und gemeinsamen Festen, geselligem Treffen, fruchtbarer Kommuni-

kation, und Künstlerzusammenkünfte gibt es auch in den immer zahlreicher werdenden Sälen, Galerien und Nebenräumen. Unterhaltungsabende, Theateraufführungen, Konzerte, Bälle und sogenannte «Gschnasfeste» finden regsten Zulauf.
Man dekoriert und kostümiert sich aufwendig wie für Theateraufführungen: zu antikem Fest in strenger Toga, zum Dürerfest im Stil Altnürnbergs. Zur «Niederländischen Kirmes» stolzieren die Teilnehmer in Rubenstracht, mit Halskrausen und Manschetten, Samtbaretten und hohen Hüten der Zeit einher, aber nicht unbedingt fallen die Veranstaltungen in die Zeit des Faschings.
Im Künstlerhaus ausstellen zu dürfen gilt als höchste Ehre. Wenn neue Expositionen ausgeschrieben werden, bricht eine unvorstellbare Bilderflut herein; nicht nur aus Wien und Österreich, aus ganz Europa avisieren Künstler ihre Werke. Die Jury vermag oft ihrer nicht Herr zu werden, hängt zu viel auf, dann wirken die Wände wie gepflastert, tapeziert mit Bildern, und niemand sieht sie richtig.
Spreu von Weizen zu sondern wird noch häufiger unmöglich, dann hängt das Mittelmaß, Gutes wird zurückgewiesen; gelegentlich steht *zu* viel wirklich künstlerisch Gelungenes zur Wahl, und davon das Beste auszuwählen wird zur schweren Entscheidung – irgendein Kollege ist immer gekränkt.
Im Jahr 1875 entschließt man sich, eine Jury zu berufen, um durch Auszeichnungen mit Medaillen halbwegs Gerechtigkeit herzustellen; freilich, zwei Preisträger stehen von vornherein fest – Lenbach und Makart, und so hält sich die Spannung der Kunstinteressierten in Grenzen.
Die KUNSTCHRONIK kommentiert:
«Die Erwartungen, welche an die Eröffnung der sechsten großen Ausstellung im Wiener Künstlerhaus geknüpft wurden, waren nicht gering. Man wußte, daß die neue Leitung der Wiener Künstlergenossenschaft vom besten Willen erfüllt sei, das im

Abnehmen begriffene Interesse des großen Publikums für die Schicksale des Künstlerhauses wieder frisch zu beleben.»

«Heile» Welt Künstlerhaus! Mit Vorliebe werden große, repräsentative Bilder, Historiengemälde, Landschaften, edle Porträts gezeigt. Dekorative Goldrahmen sind obligatorisch. Improvisation ist verpönt. Zu manchen Ausstellungen herrscht eine solche Fülle an Exponaten, daß sogar die großen Fenster geschlossen und verhängt werden, um Ausstellungsfläche zu gewinnen. Dann aber, besonders im Winter, muß man nach Sonnenuntergang schließen.

«Das Neueste ist übrigens», meldet am 20. Februar 1879 die KUNSTCHRONIK, daß die Ausstellung im Künstlerhaus «auch bei bengalischer – Pardon! – bei elektrischer Beleuchtung gezeigt wird. Man macht Experimente, das liebe Sonnenlicht, wenn schon nicht gar zu verdrängen, so doch zu ersetzen und unnötig zu machen.»

Die Elektrizität schafft neue Probleme – Beleuchtungskörper müssen aufgehängt werden und stören den freien Blick auf die Gemälde, reflektieren Öl und Firnis. An der Böschung zum Wienfluß entsteht ein eigenes Kraftwerk zur Stromgewinnung.

Ein solches Haus, mit diesem Programm, ausstaffiert wie eine prunkvolle Kulisse der edlen Malkunst, bildet das ureigenste, naturgemäße Forum für den theatralischsten Maler, den Wien je gesehen hat. Hans Makart ist König des Künstlerhauses, nach seinen Entwürfen sind dort Säle ausgemalt.

Der Meister des raschen Pinsels hat zwar sein pompöses Atelier an der Gußhausstraße, aber das Künstlerhaus wird ihm zweite Heimat. Hier stellt er aus, findet er Bewunderer, Zulauf, den richtigen Rahmen für die meist großformatigen Bilder, die auf Extrastaffeleien gesondert gezeigt werden.

«Jeder war erstaunt», so der Wiener «Kunstpapst» der Gründerjahre, Rudolf von Eitelberger, «mit welcher Leichtigkeit, mit

Neujahrskonzert im Musikverein

Im großen goldenen Saal, einem Meisterwerk Theophil Hansens, werden die großen Orchesterkonzerte aufgeführt. Das Gebäude des Musikvereins wurde im Jahr 1870 eingeweiht: «Fürwahr, es hat der Architekt Hansen ein gediegenes, ein wohldurchdachtes Werk geschaffen, wir wüßten keines in Wien, das es diesem an Gelungenheit gleichzutun vermöchte», lobte die Kritik.

Folgende Doppelseite:

Schubertdenkmal

Das Monument des romantischen Komponisten Franz Schubert im Stadtpark, 1872 enthüllt, ist ein Werk Karl Kundmanns; die Entstehungsgeschichte gestaltete sich schwierig, denn es zeigte sich, so das Schiedsgericht des Schubertkomitees schon im Jahr 1866, daß «zwischen der Persönlichkeit Schuberts, wie sie noch in der Erinnerung vieler lebt, und jenem gewaltigen Liederfürsten, als den ihn die Welt würdigt, eine Kluft liegt».

welcher Sicherheit dieser Künstler konzipierte und mit welcher Schnelligkeit er gearbeitet hat ..., wie er jeden Augenblick bereit war, eine große Figur aus einem Gemälde herauszunehmen und eine andere an deren Stelle zu setzen, wenn er dies als nötig empfunden hatte.»

Das Künstlerhaus ist nach seiner Eröffnung lange Zeit *das* Forum, auf dem neueste Schöpfungen der bildenden Künstler ausgestellt, präsentiert, kritisiert, prämiert werden. Der bissige «Spottvogel» Friedrich Masaidek bedenkt es 1873 nur mit mildem Hohn: «... das neue Künstlerhaus, das sich neben den riesigen Zinspalästen wie ein Portiers- oder Gärtnerhäuschen ausnimmt.»

In den Gründerjahren gibt es da sicherlich nicht viel Revolutionäres zu sehen, Konservativismus gilt geradezu als Programm; wie in aller Welt scharren auch hier die Jungen, die Erneuerer, die Avantgardisten mit den Hufen und müssen draußen bleiben vor der Tür – das ist in Österreichs Hauptstadt nicht anders als in München oder Paris.

Im offiziellen Kunstwien nimmt man diese würdige Heimstatt der schönen Künste hinter dem Kärntnerring ernst und wichtig; Fachjournalisten loben im hochgestimmten Pathos des späten 19. Jahrhunderts, wenn dort etwas für die Zeit Außerordentliches geschieht.

Die «Erste Internationale Kunst-Ausstellung», Frühjahr bis Herbst 1882, zum Beispiel, stellt ein Plakat von Hans Makart vor. Der Maler, der ganz Wien berauscht hat mit seinem prunkvollen Neo-Barockstil und den großen Katzenjammer hinterläßt, als er wenige Zeit nach seinem Tod schon außer Mode kommt, ist noch immer Idol der Etablierten.

«Mit Spannung», berichtet das NEUE WIENER TAGBLATT am 1. April 1882, «sieht die Wiener Kunstwelt dem heutigen Tage entgegen: ein ernstes, großes und schönes Unternehmen tritt ins Leben, die Institution von in vierjährigen Zwischenräumen abzu-

Im Stadtpark

Die Anlage auf dem ehemaligen Wasserglacis gehört zu den beliebten Erholungs- und Flaniergebieten an der Wiener Ringstraße; um seine endgültige Gestaltung wurde debattiert, ja gestritten. Der engagierte Stadtrat Ignaz Kuranda wettert gegen Gitter, die den freien Zugang zum Stadtpark versperren sollten: «Hinein und hinaus muß man in unseren sagenhaften schönen Stadtpark zu jeder Zeit können. Laßt das Paradies offen, so lange darin nicht gesündigt worden, Gott hat es mit dem ersten Stadtpark der Welt ebenso gemacht.»

haltenden internationalen Kunstausstellungen.» In «regelmäßigen Pausen» soll die Angelegenheit kontinuierlich fortgeführt werden, denn so wird sie «nutzbringend sowohl für die künstlerische Produktion wie für die Kunstfreunde, denn nur dann lassen sich auf vergleichendem Wege ein Fortschritt oder Rückschritt konstatieren».

Blanker Hohn in den Ohren jener Avantgardisten, die sich später als «Secession» verstehen und vom üblichen Kunstbetrieb abwenden.

Im Katalog ihrer ersten Ausstellung werden die künftigen Secessionisten grollen: «Es ist nicht mehr auszuhalten, durch Säle wandern zu müssen, bis man durch den Wust von Mittelmäßigkeit erdrückt, die Frische für den Genuß des wenigen Guten eingebüßt hat.»

«Das Künstlerhaus ist eben eine Markthalle, ein Bazar; mögen da die Händler ihre Waren ausbreiten!» ärgert sich Hermann Bahr und fährt fort: «Um der alten Kunst der Malerei zu dienen, wird man in Österreich auf andere Mittel sinnen müssen. Es wird nicht anders gehen, als daß sich endlich einige Kunstfreunde vereinigen, irgendwo in der Stadt, ein paar helle Säle mieten und dort in kleinen, intimen Ausstellungen die Wiener sehen lassen, was in Europa künstlerisch vorgeht», ahnungsvolle Betrachtungen, denn genau das tun wenig später die Mitglieder der Wiener Secession.

Die Secessionisten werden noch drei Jahre vor der Jahrhundertwende, 1897, abgewiesen, als sie ihr eigenes Kunstgebäude an den Ring bauen wollen. Das findet der Gemeinderat zu modern, lehnt kurz und bündig ab, daß die Prachtstraße «durch ein Gebäude verunstaltet werde, welches den künstlerischen Anforderungen nicht entspricht».

Die Parzelle, die die unwillkommenen Bewerber beanspruchen wollen, am heutigen Karl-Lueger-Ring, ist klein, doch hervorragend gelegen; zu gut für ein paar Leute mit verdächtigen neuen

Ambitionen – sie müssen mit einem Ersatzgrundstück vorlieb nehmen und dort ihre programmatische Bleibe gründen.
Anstoß zur «Ausrufung» der Wiener Secession wird die Zurücksetzung ihrer späteren Mitglieder im Künstlerhaus. Es gibt keine spektakulären Zwischenfälle, eher Nadelstiche der Juroren, die nichts allzu Modernes, «Gewagtes» dulden wollen. Das Grundproblem stellt sich zwar, wie in anderen Kunststädten auch, aus dem immer virulenter werdenden Gegensatz von Alt und Jung, Tradition und Fortschritt. So verwehrt man in Paris den Impressionisten den Zutritt zum Salon, wird in München der «Blaue Reiter» mit Abwehr betrachtet werden – nicht die progressiv Weiterstrebenden wollen eigentlich die Zentren der Ausstellungen und schlußendlich auch des Verkaufs meiden, die «Platzherren» verteidigen ihr Revier, und aus Solidarität mit den Refüsierten machen sich Gleichgesinnte dann auf den eigenen, meist dornenreichen, jedenfalls mit geringeren Pfründen, Honoraren gepflasterten Weg.
Aber auf dem Banner der Wiener Secessionisten steht, expressis verbis, noch ein anderes Ziel, Bahr, ihr unermüdlicher Vorkämpfer schreibt es ihnen zum Vademecum:
«In München und Paris ist es der Sinn der Secessionen gewesen, neben die ‹alte› Kunst eine ‹neue› Kunst zu stellen. Das Ganze war also ein Streit in der Kunst um die bessere Form. Es war ein Streit der Schulen, der Doktrinen, der Temperamente, oder wie man es nennen will. Das ist doch bei uns nicht so. Nein, bei uns ist es anders. Bei uns wird nicht für oder gegen die Tradition gestritten, wir haben ja gar keine. Es wird nicht zwischen der alten Kunst, die es bei uns ja gar nicht gibt, und einer neuen gestritten. Es wird nicht um irgendeine Entwicklung oder Veränderung in der Kunst, sondern um die Kunst selbst gestritten. Das ist der Streit: Geschäft oder Kunst, das ist die Frage unserer Secession.»
Ein solches Manifest ist natürlich ein Schlag ins Kontor all jener, die unter der Flagge des Historismus in Wien malen, bauen,

Denkmäler entwerfen, ja die ganze Ringstraße konzipieren und ausführen; Affront sogar gegen den Kaiser, der so unermüdlich Grundsteine legt, Monumente enthüllt, Bauten einweiht – was da geschaffen worden ist, Manifestationen einer glänzenden Epoche, teuer, groß, schön, erhaben – das *ist* doch nach dem Verständnis ihrer Schöpfer Kunst.

Und nun treten da auf einmal neue, nicht einmal mehr so junge Leute auf den Plan und stellen alles, wirklich alles ohne Kompromiß, in Frage!

Eigentlich will man mit der Institution Künstlerhaus nicht brechen, erwägt, als eigener «Staat im Staate» dabei zu bleiben, ergreift dann aber die Gelegenheit, unabhängig eigene Ideen zu verwirklichen, und sagt adieu.

Im Jahr 1897, fast in einem Atemzug mit der Lossagung, wird die Secession geboren, Gustav Klimt, ihr erster Präsident, entwirft das Plakat zur «I. Kunstausstellung der vereinigten bildenden Künstler Österreichs, Secession», das von März bis Juni 1898 einlädt in den «Parkring 12, Gebäude der k. k. Gartenbaugesellschaft». Durch die ‹Hintertür› zeigt sich die Secession nun doch präsent am Ring.

Franz Joseph I. besucht diese vom Publikum mit skeptischer Neugier aufgenommene Ausstellung und wird durch Klimt willkommen geheißen. Es sind nicht etwa junge, kühne Rebellen, die da die Majestät begrüßen; brav gewandet, comme il faut im dunklen Cut, die Hüte in ihrer Linken, stellt Klimt die Kollegen, an der Spitze den fünfundachtzigjährigen Vedutenmaler und Ehrenpräsidenten der neuen Vereinigung, Rudolf von Alt, vor; es verneigen sich die Secessionsmitglieder Josef Engelhardt, Otto Friedrich, Carl Moll, Adolf Hölzel, Hans Tichy, Kolo Moser, Joseph Maria Olbrich und Rudolf Jettmar.

Verwundert fragt der Kaiser den Doyen der Gruppe, ob er denn nicht etwas zu alt sei für solch ein modernes Wagnis, und dieser antwortet, ein scherzhaftes Wortspiel mit seinem Namen:

Zur Eröffnung der ersten Ausstellung der «Wiener Secession» im Gebäude der Gartenbaugesellschaft von links nach rechts des Kaisers Adjutant, Franz Joseph I., Gustav Klimt, Rudolf von Alt, Otto Friedrich, Carl Moll, Adolf Hölzel, Hans Tichy, Koloman Moser, Jospeh Maria Olbrich, Rudolf Jettmar (oder Eugen Jettel?). Bleistiftzeichnung von Rudolf Bacher.

«Alt war ich schon immer, aber ich bin immer noch jung genug, um etwas dazuzulernen.»

Die Kritik reagiert überwiegend positiv. Der «Wiener Kunstfrühling», der bis ins Jahr 1905 dauern soll und in den Jahren vor dem Ersten Weltkrieg langsam welkt, findet allseits Interesse und Lob. «So eine Ausstellung haben wir noch nicht gesehen! Eine Ausstellung, in der es kein schlechtes Bild gibt! Eine Ausstellung in Wien, die ein Resümee der ganzen modernen Malerei ist!» frohlockt der den Secessionisten allerdings sehr geistesverwandte Hermann Bahr und setzt andächtig hinzu: «Ein Wunder!»

Im April 1898 wird der Grundstein zum eigenen Haus gelegt.

Olbrich, künftiger Meisterarchitekt des Jugendstils, hat nur sechs Monate für den Bau gebraucht.
«Der Zeit ihre Kunst, der Kunst ihre Freiheit» – diese Aufschrift prangt als stolzes Motto an der Stirnseite über dem Portal, Hevesi hat es formuliert.
Das kugelförmige goldene Emblem, das statt einer Kuppel den Überbau der gleichmäßig um ein Viereck angelegten Nutzbauten krönt, nennen die Wiener bald mit freundlichem Spott «goldenes Krauthappel».
Das neue Haus, rühmt der unermüdliche Herold der Moderne in Wien, Bahr, «ist geschaffen worden wie ein gutes Rad geschaffen wird: mit derselben Präzision, die nur an den Zweck denkt und die wahre Schönheit im reinsten Ausdruck des Bedürfnisses sucht».
In einem Nachruf auf den Architekten des Secessionshauses schließt Otto Wagner den Kreis zwischen einem anderen Großen aus der Zahl der Ringbaumeister, der wie Olbrich unbequem war, weil er Mittelmaß nicht leiden mochte: «Zu all seinen Eigenschaften gesellte sich ein bedeutender Ehrgeiz, der ihn, unterstützt von seinem Können, unbarmherzig auf die engeren Kollegen herabblicken ließ. Eine Eigenschaft, die ich, wenn auch in größerer Stärke, nur bei Gottfried Semper beobachtete, dessen Verkehr mit der Kunstwelt, leider mit ziemlichem Rechte, darin kulminierte, daß er mit niemandem mehr sprechen wollte, ‹weil ihm die Menge zu dumm sei›.»
Konservative Kritiker stehen dem eigenwilligen Bau allerdings kritisch bis ablehnend gegenüber und wetzen die Federn zugleich auch gegen jene, die dort künftig ausstellen wollen.
Ausgerechnet vis à vis der berühmten Karlskirche, einem «Kunstwerk von Weltruf, errichtet zur Ehre Gottes», wundert sich das DEUTSCHE VOLKSBLATT, «erhebt sich in bescheidenen Verhältnissen ein sonderbarer, kühner Bau, ein fremdartiges neues Wahrzeichen Wiens, auch ein Kunstwerk, vorderhand ohne Weltruf,

Karl Kraus, Herausgeber der Zeitschrift DIE FACKEL, beleuchtet unerbittlich und unbestechlich, mit grimmiger Ironie, die Kulturszene Wiens am Fin de siècle. «Ich setze meine Feder an den Österreichischen Leichnam, weil ich immer noch glaube, daß er Leben atmet». Solche Bonmots irritieren die sich mitten im üppigen Leben wähnende Ringstraßengesellschaft zutiefst.
Gemälde von Max Oppenheimer.

errichtet zur Heimstätte ‹moderner› Kunst von einem Häuflein willensstarker Künstler als Ehrenschuld gegen sich selbst.»
«Sowohl die Anlage des Gebäudes als auch seine Außenwirkung ist nur auf das Verblüffen von Passanten und Besuchern berechnet», schilt die REICHSPOST.
«Sie hätten ihr schreckliches Bauprojekt vorerst zur Beurteilung öffentlich ausstellen sollen», klagt die WIENER ABENDPOST. «Nun haben sie zu dem Schaden auch noch den Spott, und es gibt gewisse Sünden gegen den Geist der Kunst, für welche schwer Vergebung zu erlangen ist.»
«Die Knöpfe unter der Aufschrift ‹Ver sacrum› gehören nicht zum Zuknöpfen des Gebäudes. Sie verraten dem Eingeweihten bloß, daß der belgische Maler Knopffh auch unter den Ausstellern ist», höhnt das NEUE WIENER TAGBLATT und: «Ein so hervorragender Platz an der neuen glänzenden Wienzeile – und was haben sie hingebaut? Einen mißratenen ägyptischen Tempel mit einer durchbrochenen Kuppel aus vergoldetem Blattwerk über den Pylonen und Glasgiebeldächern über den sonstigen heiligen Hallen. Was haben die ‹Jungen› gezetert über die ‹Alten›, die sich an den Stil verflossener Jahrhunderte anlehnten! Aus seiner Zeit heraus müsse das Kunstwerk entstehen und seine Zeit müsse es für die Nachkommen widerspiegeln. Diesen Satz kann man getrost unterschreiben. Wie führt ihn aber die ‹Jugend›, die bauende wenigstens, aus? Sie greift gleich um etliche Jahrtausende zurück und erwischt nicht etwa griechische Vorbilder, sondern hält sich an die architektonische Fibel der Felsentempel, setzt ihnen einen Pfeifendeckel als Kuppel und das Glasdach eines Vogelbadehäusels auf – und der moderne Musterbau ist fertig. Wenn «das» den Inhalt unserer Zeit andeuten soll, dann sind wir wahrhaftig recht arme Teufel, denen so wenig einfällt, daß sie bei versunkenen und versandeten Kulturanfängen Anleihen machen müssen. Wenn «das» der moderne Baustil sein soll, dann hat das pomphaft

angekündigte Unternehmen Bankrott gemacht, ehe es noch Zeit hatte, sich recht zu etablieren.»

Wie hätten Hasenauer und Semper, Nüll und Sicardsburg, der rauschbärtige «Gotik»-Schmidt oder der griechische Eklektiker Hansen sich an solchen Worten delektiert! Die Jünger des Fortschritts «historischer» als jeder Historistiker der Ringstraße!

Der Spott trifft daneben! Die Künstler der Secession und ihre Freunde «suchen» die alten Stile nicht absichtlich, wie das die Kollegen Ringstraßenbaumeister tun. man bürdet ihnen das Päckchen «Nachahmung» auf und macht sich dabei lustig über Leute, die solch ein Etikett nicht verdienen.

Nachschaffen der Vergangenheit – Programm, Arbeitsprinzip der Stadterweiterungsarchitekten! Die Jungen haben andere Pläne.

Bereits seit Januar 1898, mit Eröffnung ihres neuen Hauses, erscheint die Monatszeitschrift der Secession, VER SACRUM.

Manches Gassenmaul der Vorstädte, falls ein Name wie dieser ihm überhaupt geläufig wird, grummelt hier: Sakra!

Aber den Mitarbeiter am «Heiligen» Zukünftigen gilt sakraler Ernst, ungeachtet aller höhnischen Kommentare:

«Brechen wollen wir endlich mit der alten Gepflogenheit österreichischer Künstler, über das mangelnde Kunstinteresse des Publikums zu klagen, ohne einen Versuch zum Wandel zu machen; Mit feurigen Zungen vielmehr euch immer und immer sagen, daß Kunst mehr ist als ein äußerer, pikanter Reiz, mehr als bloßes entbehrliches Parfum eines Daseins, daß sie vielmehr die notwendige Lebensäußerung eines intelligenten Volkes ist, so selbstverständlich und unentbehrlich wie Sprache und Sitte. An uns soll es sein, euch voranzuschreiten. Auf unsre Fahnentreue mögt ihr bauen, haben wir uns doch mit unserer ganzen Kraft und Zukunft, mit allem, was wir sind, geweiht zum HEILIGEN FRÜHLING.»

Das ist ein hochgestimmter, ein ernster Ton, er erreicht auch das Ausland.

Als Gäste stellen Jugendstilkünstler wie Franz von Stuck, der Münchner Malerfürst, oder Max Slevogt mit aus.
Die Ausstellungen wechseln sehr schnell, neue Namen, neue Exponate folgen, auch der als obszön und suspekt verschriene Egon Schiele schließt sich viel später (1918) an.
Das neue Unternehmen wirkt wie frischer Wind am Ende des 19. Jahrhunderts, ein Hoffnungsträger, der in das kommende hinüberweist.
«Am 3. April waren es zwei Jahre», konstatiert Ludwig Hevesi 1899, «daß jene Neunzehn sich aus jenen Hunderten loslösten – herausdividierten, könnte man sagen – und in die weite Welt gingen, die Kunst zu suchen. Die Leute sahen zu, kopfschüttelnd oder spottend, und gaben die paar Abenteurer verloren. Ein Jahr verging in stiller, rastloser Arbeit. Das zweite Jahr erst konnte praktische Sezession bringen, Ausstellungen, das fertige Haus... Die Leute staunten, lachten, rissen schlechte Witze, stimmten zu, lobten, waren begeistert... Innerhalb eines Jahres ist dieser große Umschwung eingetreten... In diesem einen Jahr ist ganz Wien ‹sezessionistisch› geworden.»
Klimt, der «König der Secession», bekommt trotz aller Anerkennung Ärger mit dem Ringstraßenprogramm.
Seine Fakultätsbilder für die neue Universität finden Ungnade bei Jury, Ministerium und Professorenschaft gleichermaßen, und damit ist die ganze Secession samt ihren Mitgliedern «out» für alles, was nach der Jahrhundertwende noch geschieht im Rahmen der Stadterweiterung.
Die «Mittelmäßigkeit», höhnt Karl Kraus, Herr der kritischen FACKEL, «revoltiert gegen die Zweckmäßigkeit. Die selbstlosen Hüter der Vergangenheit, die sich lieber unter dem Schutt baufälliger Häuser begraben sehen als in neuen leben möchten», verstehen die Welt nicht mehr.
«Du wirst die Mauern nicht bauen dürfen, auf welche ich meine

Fresken nicht werde malen dürfen», prophezeit Klimt düster seinem Freunde Wagner, der als Ringbaumeister, jedenfalls in der Blütezeit des Historismus, gescheitert war.
Wagner baut doch neuartige «Mauern» für die Ringstraße, jene der Postsparkasse, aber das ist ein Werk ganz jenseits des Programms, messerscharf getrennt durch die Zeitenwende, in der alle Künste grundsätzlich andere Gestalt gewinnen werden.
Das gute alte Künstlerhaus wird später, Jahre nach seiner Gründung, mildere Stimmen, nachträgliche Gerechtigkeit finden. In der Festschrift aus dem Jahr 1961 heißt es:
«Wer, wie es vor kurzem Gang und gäbe war, den Ringstraßenstil als einen Eklektizismus abtat, irrte. Er vergaß, daß jeder Stil Anleihen in der Vergangenheit macht, wie zum Beispiel auch das Empire bei der Antike. Außerdem lassen solche Kritiker die Ganzheitsbetrachtung außer acht. Waren doch die Architekten des Künstlerhauses Zeitgenossen eines vielsprachigen Großstaates, der seit jeher dazu ausersehen war, Kunst und Kultur der Völker in sich aufzunehmen, zu harmonisieren und gemäß der lokalen Klangfrage zu veredeln. Abgewandelt ins lebensbejahende Menschliche, wirkten die Kunstwerke des Wiener Bodens mit einem kosmopolitischen Vorzeichen und erfüllt von Phantasie, Wärme und Reichtum wieder nach außen», und auch «die Maler des Künstlerhauses fügten sich mit hingebender Liebe zum großen Werk in die Gemeinschaftsarbeit ein» als «Hüter der Tradition und als Element bodenständiger Entwicklung».

Im Musikvereinsgebäude

Mittags präcise um Halbeins

«Die Promenadenkonzerte im Musikvereinsgebäude», weiß ein reisender Journalist im Jahr der Weltausstellung, «werden vornehmlich von der sogenannten besseren Gesellschaft besucht.»

Theophil Hansen ist Baumeister des Gebäudes, und in seiner Pracht und Schönheit und den gewaltigen Ausmaßen (mehr als 3000 Quadratmeter bebaute Fläche) gilt es als eines der Haupt- und Meisterwerke des Künstlers: erbaut von 1867 bis 1869, in kürzester Frist für solch eine monumentale Schöpfung.

Aber wie bei vielen Bauten, die für den Ring in Konkurrenz ausgeschrieben und öffentlich diskutiert werden, erhebt sich schon im Vorfeld, bevor das Werk überhaupt beginnt, abwertende Kritik. In der ÖSTERREICHISCHEN WOCHENSCHRIFT bemäkelt Karl Weiß im Jahr 1864: Am Musikvereinsgebäude «ist es der schwankende Stilcharakter in der ganzen Architektur, welcher einigermaßen im Unklaren läßt über die eigentlichen Zielpunkte des Künstlers und die Bedeutung eines Werkes mehr schwächt als kräftigt.»

Der Kaiser selbst hatte den Grund geschenkt. Die feierliche

Schlußsteinlegung erfolgt im Januar 1870. Die Zeremonie – oft geübte Routine. Die Majestät schwingt den Hammer, unterschreibt die Urkunde, spricht allen, die am Bau beteiligt waren, seinen huldvollsten Dank aus. Von der Hofloge aus lauscht er dann dem Gedicht, das Josef Weilen geschrieben hat und der Hofschauspieler Josef Lewinsky vorträgt; es schließt emphatisch, wie alle der Ringstraße und seinen Bauten gewidmete Poesie der Gründerjahre:

«Ein Weckruf sei der edelsten Gefühle
die Harmonie, die diesen Saal durchklingt,
in der Partei'n verwirrendem Gewühle
ein Zufluchtsort, der ein'gend uns umschlingt.
Und wie, wenn felsenabwärts schießt die Flut,
auf diesen Wogen, welche niederrollen,
als Bleibendes, im ewig Wechselvollen,
der Sonne Glanz in bunten Farben ruht:
So glänz' verweht mit uns'rem ganzen Sein,
als bester Lebensschmuck und Sonnenschein,
wie auch des Schicksals Wogen wechselnd gleiten:
Begeist'rung für die Kunst durch alle Zeiten!»

Das klingt erhaben und schön und feierlich, in die hochgestimmte Ergriffenheit des Augenblicks erschallt Händels «Halleluja» aus dem Oratorium «Der Messias», Herbeck, Direktor der Hofoper, leitet eigenhändig den Singverein.

Die «Blätter der Erinnerung an den Bau und die Eröffnung des neuen Hauses der Gesellschaft der Musikfreunde in Wien 1870» rühmt, von der Fassade bis zu Installation und Heizung den «Prachtbau», besonders aber die raffiniert und sorgsam berechnete Akustik des großen Saales, «eine auf allen Punkten und nach allen Richtungen vortreffliche», denn: «So groß der Raum, so vernimmt man auch in dem fernsten Winkel die schnellsten Figuren mit

Am 5. Januar 1870 legt der Kaiser im Großen Musikvereinssaal feierlich den Schlußstein: «Der Tonkunst in Schule und Meisterschaft geweiht soll dieses Haus sein und bleiben: ein Kunstwerk an sich, eine Heimat der Musik, eine Zierde der Stadt und des Reiches. Dess' walte Gott!»
Xylographie von Vincenz Katzler, 1870.

man auch in dem fernsten Winkel die schnellsten Figuren mit voller Klarheit und präzisester Abgrenzung. Nirgends die geringste Spur eines Nachhalles. Sowohl die Menschenstimme, als Streich- und Blasinstrumente bekommen in diesem Raum einen eigentümlich schmeichelnden, weichen doch hellglänzenden Klang. Jedes Timbre ertönt in seiner eigensten und doch veredelten Charakteristik.»

Am 15. Januar findet ein festlicher Ball statt; beinahe 4000 Gäste tanzen zu Klängen Johann Strauß': «Freut euch des Lebens» heißt

sein eigens zum großen Ereignis komponierter Walzer und die Devise des Abends.
Vier Tage später geht eine Brandkatastrophe gnädig am neuen Haus vorbei: Clara Schumann konzertiert im Kleinen Saal des Musikvereinsgebäudes, und ausgerechnet da, während des Gastspiels der gefeiertsten Pianistin ihrer Zeit, bricht in den Garderoben Feuer aus. Einen Monat lang ruht der Veranstaltungsbetrieb, um die Brandschäden zu beheben.
Dann aber integriert sich Hansens Meisterwerk bruchlos ins'

Der Komponist und Opernchef Gustav Mahler dirigiert im Musiktheater am Ring und im Musikverein; seine Aufführungen und Konzerte sind stets Ereignis und jedenfalls immer außerhalb jeder Konvention. «Tradition ist Schlamperei», nach diesem die Ringstraßengesellschaft provozierenden Motto wird Mahler dann, sich selbst konsequent getreu, die Stadt verlassen.
Radierung von Emil Orlik, 1902.

kulturelle Leben Wiens und jenes der Ringstraße, wird frequentiert und bewundert, Sehenswürdigkeit für Fremde, von den Einheimischen stolz vorgewiesen als glänzende Heimstatt der Musik, die ja doch, jedermann weiß es, «daheim» ist in der Stadt an der Donau. Das gelblich und ziegelrot polychrom gehaltene Äußere schon, der wuchtig vorspringende Mittelbau mit Loggien und Statuen, wirkt monumental, doch sehr «italienisch» heiter.

Beim Eintreten empfängt ein weites, zweischiffiges Vestibül den Konzertbesucher. Zur Entstehungszeit finden die Veranstaltungen am Nachmittag statt, deshalb fällt in die großen Musiksäle auch helles Tageslicht.

Die Säle des Musikvereinsgebäudes, vor allem der Große Saal, gehören zu den schönsten, ausgewogensten und dekorativsten Beispielen historistischer Innenausstattung. Goldene Karyatiden tragen die Empore, goldene Kassetten bedecken den Plafond, golden sind die Emporenbrüstungen, schimmert der Orgelprospekt – als hätte ein König Midas des 19. Jahrhunderts Hand angelegt und nahezu jedes Baumaterial in das edle Metall verwandelt.

Die Abmessung von 18,96 Metern Breite, 51,2 Metern Länge und 17,6 Metern Höhe imponiert, aber «erschlägt» nicht. Die weltberühmte Akustik dieses gewaltigen Konzertsaals, der eigens für Chor- und Orchesterkonzerte entworfen worden ist, lockt Publikum in Scharen an; gar ein Abonnement zu besitzen ist mehr wert als manche Bankaktie, und es wird von Generation zu Generation weitervererbt.

Hansens Musikvereinsgebäude birgt auch ein Konservatorium und Platz für Sammlungen.

In diesem glänzenden Rahmen will man freilich nicht nur studieren und hören, sondern vor allem gesehen werden.

Ein Haus, ein Saal für großes Orchester! Mozart, Beethoven, Brahms, Bruckner, Wagner mit seinen gewaltigen Besetzungen,

verheißen opulente Musikerlebnisse und gesellschaftliche Ereignisse allemal.
Johannes Brahms' spätromantischer Klang tönt besonders schön in der Weite des Saales. Der Wagnerantipode sonnt sich in der Gunst des Musikpapstes Eduard Hanslick. «Keuschheit», «inneren Adel» lobt der Gestrenge an Brahms' Musik: nichts «von Gefallsucht oder bespiegelnder Affektion, alles redlich und wahr». Am 2. November 1873 dirigiert der Komponist seine populären Haydn-Variationen, die zehn Jahre zuvor Uraufführung hatten in Wien, zum ersten Mal selbst im Musikverein und wird dankbar gefeiert.
Von 1872 bis 1875 wirkt er als Dirigent und artistischer Direktor der Gesellschaft der Musikfreunde und nimmt sich, neben populären Werken der Wiener Klassik, besonders der «alten» Musik an; Bach liegt ihm dabei besonders am Herzen, doch als er die Arbeit als Konzertdirektor beendet, verabschiedet er sich «progressiv» mit Max Bruchs «Odysseus» als Wiener Erstaufführung.
Konzertbesucher der Gründerjahre erweisen sich als Genießer; sie kommen gern, sie kommen zahlreich, applaudieren heftig und erleben so «angenehme» Stunden.
Sie gehen auch in die Oper und wissen, daß drüben, im Opernhaus am Ring, ein neuer Kapellmeister, wenig später Direktor, eingezogen ist.
Gustav Mahler macht von sich reden, bringt frischen Wind in das Wiener Musikleben, entrümpelt wohl auch ein wenig die Bühne, schafft Mißstände ab, «reinigt» Partituren von fremden Zutaten oder macht «Striche» darin wieder auf – bravo, solange das nicht zu weit geht, unbequem für die Ohren, irritierend für das genießerische Gemüt wird.
Gustav Mahler, den man ganz unter der Hand, hämisch, weil er gelegentlich doch des Neuen zu viel tut, «Gustav Malheur» nennt, übernimmt in der Saison 1898 auf 1899 die Leitung der Wiener

Ringtheater in Flammen

Ein schreckliches Brandunglück während der Vorstellung legte im Jahr 1881 die komische Oper in Schutt und Asche und kostete vielen im Publikum das Leben. «Inzwischen hatte sich das Feuer Bahn durch das Dach gebrochen und schoß in weithin leuchtenden Garben zum Himmel», beschreibt das Wiener FREMDEN-BLATT die Katastrophe, «die schauerliche Szene mit gelbem Licht beleuchtend und den Schrecken unter den noch im Haus befindlichen Zuschauern vermehrend.»
Kolorierter zeitgenössischer Stich.

Folgende Doppelseite:

Tempel der Kunst

Die mächtige Fassade des Kunsthistorischen Museums läßt die Dimensionen ahnen, in denen sich das Kaiserforum hätte erstrecken sollen. Die Verbindung von Herrschermacht und Kunst, visionäre Idee der Baumeister Hasenauer und Semper, vom Kaiser abgesegnet, wurde nie realisiert.

Philharmoniker und gibt am 6. November 1898, «Mittags präcise 1/2 1 Uhr» im «großen Saale der Gesellschaft der Musikfreunde» das «1. Abonnement-Concert» mit einem ganz konventionellen Programm: Beethoven und Mozart.

Die Veranstaltung wird ein Erfolg. Nur verhohlen wird gemunkelt, Mahler habe bei Beethovens 3. Sinfonie, der «Eroica», ein wenig an der Instrumentation retuschiert, aber es mäkeln daran nur besonders Eingeweihte. Solange es nicht schlimmer kommt!

Es kommt schlimmer.

«In der Musikpflege galt der halb verheißende, halb drohende Grundsatz ‹Wien bleibt Wien›», schreibt der Kritiker Hans Weigel. «Als die Hofoper und das Musikvereinsgebäude eröffnet wurden, waren die Klassiker schon klassisch, die Vorklassiker wurden allmählich wiederentdeckt, Brahms, Bruckner, Hugo Wolf, Gustav Mahler waren zumindest schon auf der Welt.»

Aber modern, so richtig neutönend, will man es lieber nicht hören.

«Gustav Mahler war ein Heiliger. Jeder, der ihn nur einigermaßen kennt, muß das gefühlt haben. Verstanden haben es nur wenige» – der das gesagt hat, der Komponist Arnold Schönberg, fällt das musik-kulinarische Wien unversehens an mit seiner nicht tonalen Musik. Aufgebrachtes Publikum will die Säle lüften, in denen Werke von ihm erklungen sind.

Schönberg mag man nicht hören im offiziellen Wiener Konzertbetrieb, einen Mann, der sich rühmen wird, «alle Schranken einer vergangenen Ästhetik durchbrochen zu haben», dem sogar «der Hitzegrad der Auflehnung» des zeitgenössischen Publikums nichts anhaben kann, den akzeptiert man nicht.

Im Herbst 1904 gründet der Verschmähte, zusammen mit dem Kollegen Alexander von Zemlinsky, die «Vereinigung schaffender Tonkünstler», die großen Zulauf erhält von Gleichgesinnten. In ihrem Manifest heißt es:

Nachts am Naturhistorischen Museum

Den Tritonbrunnen aus Carraramarmor vollendete der Bildhauer Anton Schmidgruber im Jahr 1890.
Der Künstler trat selten mit freistehenden Plastiken hervor im Stadtbild Wiens, arbeitete aber erfolgreich am bauplastischen Programm der Museen mit. Auch im Jahr des schrecklichen Börsen-Zusammenbruchs mußte die Künsterschaft sich nicht sorgen um Aufträge und Honorare. «Gerade zu jenen Zeiten der Not», schrieb der FLOH 1873, «entstanden die herrlichsten monumentalen Gebäude, und gerade damals haben sich die Wiener Meister ihre schönsten Lorbeeren geholt. Man mag über das Börsianer-Mäzenatentum denken wie man will, gewiß ist, daß die Kunst, die damals nach Brot ging, ein glänzendes Dasein fristete.»

«Im musikalischen Wien finden Werke der zeitgenössischen Komponisten, insbesondere der Wiener, nur sehr geringe Berücksichtigung, wenn man von der Operette absieht, auf deren Gebiet unsere Stadt zweifellos führend ist» – den ingrimmigen «Schnabelhieb» auf das Lieblingskind des breiten Publikums nimmt dieses übel und verschließt seine Ohren erst recht vor den Neutönern. Mahler ernennen sie zum Ehrenpräsidenten, solidarisch übernimmt er das Dirigat des ersten Orchesterkonzerts am 25. Januar im Großen Musikvereinssaal in Wien.

Die Herren können von Glück sagen, daß Publikum und Presse moderat reagieren.

Der goldene Saal Hansens taugt den Wienern schlecht für solche Experimente. Sie sind glücklich, wenn der schöne Raum angefüllt ist mit Harmonie: elegante Zuhörer, Melodien, die nicht Gehörnerven strapazieren, und auch die Musiker, mindestens bis zum Jahrhundertende, freuen sich, wenn sie die Werke spielen dürfen, die ihnen vertraut sind und sicheren Beifall einheimsen. Wienbesucher von auswärts zeigen sich vom Großen Saal des Musikvereinsgebäudes manchmal stärker beeindruckt als vom Opernhaus: überschaubar, in großen, edel dimensionierten Proportionen, nimmt er die Gäste auf. Und der kleine, der Brahmssaal, wirkt ebenso imponierend, nur intimer, weniger monumental.

«Gern trete ich auf an der herrlichen Hofoper», bekennt artig die preußische, aus Wien gebürtige Sängerin Pauline Lucca nach einem gefeierten Gastspiel im Interview der WIENER ZEITUNG, und setzt sehnsüchtig hinzu: «Aber *singen* tät' ich zu gern im Goldenen Saal.»

Im Runde des Stadtparks

Eine der beliebtesten Anlagen ist der Stadtpark, in dem die Wiener zwischen den Porträtstandbildern ihrer «Berühmten» lustwandeln können.

Wo immer Pläne für Bauten, Gärten, überhaupt Projekte am Ring gemacht werden, gibt es heftige Debatten bei den Verantwortlichen, aufgeregte Reden und Gegenreden, läuft nichts unkompliziert.

Die Hofgärtner fürchten, daß Laien ihnen ins Gehege kommen könnten; Berufsfremde entwerfen am grünen Tisch die schönsten Grundrisse, ohne rechte Ahnung, wie diese sich umsetzen lassen. Man schwärmt von prachtvollen Gärten anderswo, den französischen Parks bei Versailles und den Schlössern der Loire, exakt rabattiert und gezirkelt, mit Brunnen, Statuen, Bosketten und Labyrinthen reich geschmückt oder, im Gegensatz dazu, den scheinbar zufällig der Natur belassenen, freien englischen Gärten auf der britischen Insel.

Die Kommune besitzt ein großes Grundstück am Wasserglacis, 25 000 Quadratmeter, und die Meinung, die öffentliche, städtische und sogar jene der Presse, neigt sich der «englischen» Lösung zu.

Keinesfalls möchte irgend jemand eine ungegliederte, langweilige Allee-, Baum-, Strauch-, Rasenanlage mit phantasielos verlaufenden Wegen, aber zu geschnörkelt, verspielt, nur dem gefälligen Aussehen dienlich, soll es auch nicht sein.
«Die phantasievolle Vorstellung der Gärten der Semiramis, die man uns verspricht», mahnt Stadtrat Ignaz Kuranda, «hat mich doch etwas stutzig gemacht, und das Bedenken in mir erregt, ob man dabei auch auf unsere Kinder Rücksicht genommen hat.»
Kinderspielplätze, Karussells gar, ein zweiter Prater am Ring – die Vorstellung läßt manchen Diskutanten grausen.
Am 29. November 1861 findet im Gemeinderat die Generalaussprache statt. Man berät auch über das Schicksal des Kursalons, der seit 1818 besteht, Witwe Amalia Pyrker hat für ihn lebenslang verbrieftes Schankrecht, signalisiert aber Bereitschaft zu verkaufen.
Die Debatte verbeißt sich in den Plan des Landschaftsmalers Josef Selleny.
Der Architekt und Gemeinderat Ferdinand Feller erhebt Einwand: «Ich muß diesem Projekt meine Zustimmung versagen», denn: «Wenn ich von einem englischen Park spreche, so denke ich an einen englischen Park ohne alle Spielereien. Da ist ungeachtet der schattigen Gruppen eine Perspektive vorhanden. Anders ist es in dem vorliegenden Plan gehalten. Hier sieht man den Wald vor lauter Bäumen nicht. Von der Ringstraße ist der Durchgang zur Brücke ganz vermauert, mit Fels und Gesträuchen. Ich glaube daher, man solle diesen Gegenstand ... von praktischen Männern beurteilen lassen.»
Gegenrede, Zustimmung; Widerspruch von Ludwig Förster, dem berühmten Wiener Architekten: «Es sollen freie Durchsichten sein und schattige Partien, Wasserwerke, Fontänen, kurz, ich glaube, man solle nicht nach dem System, welches der Maler vorgelegt hat, vorgehen.»
Die Situation gerät in eine Sackgasse.

Im Feuilleton der PRESSE setzt Friedrich Uhl die ganze Macht seines gewandten Wortes ein *für* die artifizielle Lösung: «Nach diesen Prinzipien sind die berühmtesten Gärten der Welt von Künstlern angelegt und von Gärtnern ausgeführt worden. Die Gartenkunst hat eine gewisse Beziehung zu jeder der drei bildenden Künste: Sie zeichnet, baut und ziert mit Bildwerken, und nur ein Künstler, kein Gärtner, vermag Natur und Kunst zu einem einheitlichen harmonischen Ganzen zu vereinen.»

Neue Kontroverse bricht über die Frage Gitter oder nicht, Umzäunung oder freie Öffnung, aus.

«Wem Gott Phantasie gegeben, der konstruiere uns seinen Feenpark so phantastisch wie immer, wenn – der Gemeinderat nichts dagegen hat», donnert Kuranda in der OST-DEUTSCHEN POST, deren Herausgeber er ist. «Werde er wie immer, nur mögen die alten Geister des Wasserglacis mit seinem Kursalon, seinen schlechten Feuerwerken, seiner schlechten Musik für immer fern bleiben. Grotten und Felsen, Teiche und alles Maurische seien verziehen, aber Friede sei mit der Umfriedung. Hinein und heraus muß man in unseren sagenhaften schönen Stadtpark zu jeder Zeit können.» Umsonst! Das Gitter wird beschlossen!

Im August 1862 bekommt das Publikum erstmals Eintritt in den Park, der noch recht provisorisch wirkt und jedenfalls noch weit entfernt von seiner Vollendung ist.

«Eine Musterkarte von allem Gesträuche,
krumme Gänge, Wasserfälle, Teiche,
Pagoden, Höhlen, Wieschen, Felsen und Klüfte,
eine Menge Reseda und andres Gedüfte,
Weinmutsfichten, babylonische Weiden, Ruinen,
Einsiedler in Löchern, Schäfer im Grünen»,

reimt parodierend und gewiß übertreibend der Möchte-gern-Satiriker J. Gaiger in WALDHEIM'S ILLUSTRIERTER ZEITUNG.

Nach und nach «möbliert» sich der Stadtpark, bald kann man im Winter darin schlittschuhlaufen, Sellenys Plan geht zwar nicht ungeschoren, doch in großen Zügen und zu des Künstlers Zufriedenheit durch, vor allem was den Rhythmus der Bepflanzung nach dem Jahreslauf angeht: Zu jeder Saison blüht etwas auf Beeten und in Sträucherensembles.

Spielplätze für die Kinder kommen hinzu, aber die Schönheit der guten alten Zeit bleibt unvergessen, verklärt sich im Laufe der Jahre.

«Und das heißen sie einen Kindergarten. Du dichter Wiesenteppich des alten Glacis, wo bist du hingeraten», seufzt die PRESSE angesichts des hoffnungsvollen Nachwuchses der Stadt Wien, der sich «im Sand und Staube tummelt».

Der neue Kursalon und vor allem zahlreiche Statuen, die den Park so berühmt machen, kommen erst später hinzu, bis an die Schwelle der Jahrhundertwende entstehen Denkmäler, aus dem so hitzig umstrittenen englischen Garten wird ein versteinerter Hain der großen Toten, die Österreichs Namen Unsterblichkeit verliehen.

An Stelle des Schankkiosks der guten Witwe Amalia erhebt sich der schloßartige Bau von Johann Garben mit seinen harmonischen Rundarkaden vor der Gartenfassade, 1867 eröffnet, im Inneren von kühler Eleganz. Auch seine Entstehungsgeschichte begleiten Zänkereien. Lästerzungen vergleichen die vier Eckkuppeln mit einer türkischen Moschee. «Mineralwasser-Arsenal» ist noch der freundlichste Spott, und der Erbauer hat «die Tüchtigkeit der Zierlichkeit vorgezogen» (FIGARO).

Dem Publikum ist es einerlei, ob der Kursalon schön ist oder häßlich. Wenn der Walzerkönig Johann Strauß dort den Taktstock hebt, strömt es zuhauf in den Stadtpark, die Promenadenkonzerte ziehen auch Fremde an, der Platz wird bald Lieblingstreffpunkt der Wiener aller Schichten.

Der Stadtpark, Lieblingspromenade der Wiener, nachdem die Spazierwege der Basteien der Ringstraße zum Opfer gefallen waren, wird nach Plänen des Stadtgartendirektors Rudolph Sieböck angelegt. Im eisernen Pavillon am See finden Konzerte statt, im Kursalon ebenfalls musikalische Darbietungen, aber auch große Defilées und Empfänge der Stadt. Aquarell von Franz Alt, 1872.

Die Denkmäler berühmter Künstler geben dem Stadtpark besonderes Leben. Von Sockeln grüßt eine Versammlung, fast Gesellschaft von Büsten und Standbildern ehrwürdiger Männer, selten in «Damenbegleitung» wie der Komponist Anton Bruckner von Victor Tilgner und Fritz Zerritsch (1899 enthüllt), vor dessen Postament hingegossen eine halbnackte Muse mit der Leier die Arme emporhebt. Franz Schubert, nachdenklich, in ganzer sitzender Gestalt, die aufgeschlagene Partitur auf seinem Knie, ist eine Arbeit Carl Kundmanns (1872 enthüllt); streng blickt die Büste

des Malers Friedrich von Amerling, geschaffen durch Johannes Benk (1902), gelassen Rudolf von Weyrs Standbild Hans Canons (1905) – der großartige Historienmaler bildet deutlich Kontrast zum Denkmal für Hans Makart (Tilgner/Zerritsch 1898): Beachtung heischend, aufwendig gekleidet, den wallenden Künstlerbart herausfordernd gehoben, blickt er vom Sockel; gemütlich hingelehnt dagegen Edmund von Hellmers monumentale sitzende Ganzfigur des Landschaftsmalers Emil Jacob Schindler (1895 enthüllt).
Johann Strauß Sohn im Halbrund, umringt von lauschenden Frauengestalten, ebenfalls von Hellmer geschaffen, findet erst in den zwanziger Jahren Platz. Besonders beliebt und Treffpunkt der Pärchen im Park ist Hans Gassers Donauweibchen (1865).
Der Stadtpark wird von den Wienern rasch angenommen als Ort der Erholung, Kommunikation, Zuflucht aus dem Getriebe der Stadt. Wer sich die Sommerfrische nicht leisten kann oder mag, macht es sich im Schatten der Bäume bequem, wie der Dichter Ferdinand von Saar, der 1893 eine Ferien-Ode aufmüpfig mit «Ich bleibe» betitelt:

«Andere mögen dich jetzt im steigenden Sommer verlassen,
ich doch bleibe dir treu, strahlendurchfunkelte Stadt...
Quälen auch Hitze und Staub, gibt's doch Oasen genug.
Wohlig schlürft sich am Morgen der Kaffee im Runde
[des Stadtparks,]
liebliches Blumenarom mengt der Zigarre sich bei.
Brennt die Sonne dann heißer, so find' ich schattige Gärten,
wo ein erquickliches Buch still und gesammelt man liest.»

Lange Zeit bleibt die Ringstraße noch, wie einst die Basteien, Trennungslinie zwischen der inneren Stadt und den Vorstädten. Viele Reisende kommen nur bis zum «Ring», wenn sie die alte

Im Kunsthistorischen Museum

Vom Vestibül im Erdgeschoß führt die majestätische Treppe hinauf in die Schauräume – auf dem Absatz der Stiege die Theseusgruppe von Antonio Canova. «Es gibt neuerdings den Glaubenssatz, die Ausstattung von Museumsräumen müsse möglichst einfach sein, um die Werke der Kunst zur vollen Wirkung zu bringen», bemerkt Carl von Lützow, Kunstkritiker der Ringstraßenzeit, doch: «Bei der Anlage des Wiener Kunsthistorischen Museums wurde vielmehr das Prinzip eingehalten, den Juwelen der alten Meister die denkbar glänzendste Fassung zu geben.»

Bannmeile besichtigt haben, lassen dort Zeit und Geld, fahren wieder heim und erzählen, nun kennen sie Wien und die Wiener. Freilich, es ist in den siebziger, achtziger, neunziger Jahren auch viel geboten an der Nobel-Häuserzeile der Residenzstadt, sind Neuigkeiten zu bestaunen.

Die Ringstraße ist nun mit Geschäften, Cafés, Restaurants bestückt, man kann ins Museum gehen unter tags und abends in die Oper oder ins Burgtheater. Das Künstlerhaus mit wechselnden Ausstellungen lädt zu Besuchen ein, die Börse zum Spekulieren, manche Grünanlage zum Verweilen.

Ein anonymer Reisender gegen Ende des Jahrhunderts beobachtet das mit leichtem Bedauern und nicht ohne spöttischen Nebenklang:

«Wer in der ‹Stadt› selbst bleibt, worunter man immer noch bloß den von der Ringstraße umschlossenen Kern versteht, der kommt allerdings nicht mit den echten Wienern ‹vom Grund›, sondern nur mit der Hautevolée in Berührung, die sich am Donnerstag (Nobeltag!) vor dem Kursalon im Stadtpark oder im Volksgarten, wo täglich die Strauß-Kapelle spielt, trifft.»

«Star» in Stadtpark und Volksgarten ist tatsächlich seit Mitte der siebziger Jahre Johann Strauß Sohn, der Walzerkönig. Als die Basteien fielen, hat der Vater den Wienern die flotte «Demolierer-Polka» geschrieben, mit dem Walzer «An der schönen blauen Donau» der «Junior» Österreichs heimlicher Nationalhymne Noten gegeben und mit dem «Kaiserwalzer» der Majestät gehuldigt. Seine berühmteste Operette, die «Fledermaus», hat im April 1874 im Theater an der Wien Premiere:

«Der Komponist leitete sein Werk in eigener Person, und rauschender Beifall empfing ihn, als er am Dirigentenpult erschien», berichtet die Neue Freie Presse.

Strauß und Wien, Strauß und die Wiener – eine Liebeserklärung ohne Ende – der in späten Jahren füllig gewordene Meister des

Im Naturhistorischen Museum

Der Kuppelraum im Hauptgeschoß mit seinen prächtigen Balkonen gehört zu den architektonischen Höhepunkten des Ensembles. Die beiden Baumeister harmonierten minder gut als ihre Schöpfungen. Semper übergab im Jahr 1875 dem Hof dem Hof- und Gerichtsadvokaten Freiherr von Haerdtl sogar eine Klageschrift contra Hasenauer, der «ohne Rücksicht auf meine Stellung, mein Alter und meine Leistungen verletzend» gegen ihn aufgetreten sei und sich durch «teils Anerbiederungen, teils Drohungen» mit eigenen Planungen durchsetzen wolle.

Walzers, saturiert mit seinem kühnen Knebelbart und wallender Künstlermähne, dirigiert auch das «Strauß-Orchester» im Volksgarten, aber dies nicht en passant. Er kennt Rang und Würde, die dem Erfolgreichen zustehen.

Anläßlich der Weltausstellung, auch um dem Publikum den schwarzen Tag des Börsenkrachs aus den Köpfen zu fiedeln, konzertiert der Maestro, selbstverständlich in glänzendem Rahmen:

«Bei dem großen Fest, das die Gemeinde Wien im bengalisch beleuchteten Stadtpark gab», so die PRESSE, und «zu dem zweitausend Einladungen ergingen, im Kursalon ein kaltes Buffet den Gaumen reizte und Johann Strauß, der «Herold des Wiener musikalischen Ruhmes» (Eduard Hanslick), persönlich für den Ohrenschmaus sorgte», hört man allerdings «keine Gespräche über den unglücklichen Mai.»

«Volkes Stimme» artikuliert später im Mundartcouplet, was *sie* zum Erholungsgebiet Stadtpark zu sagen hat:

«Wann ma muaß im Stadtpark für
an Stuhl zwa Kreuzer zahln,
was gwiß net schön, uns macht es nix;
wir lassen uns viel g'falln.»

Andreas Zelinka, von 1861 bis 1868 Bürgermeister Wiens, erweist sich als großer Förderer der Stadtgartenplanung.
Lithographie von Adolf Dauthage, 1868.

Die Börse

Crash am Schwarzen Freitag

Schwindelring mit seinen zahllosen Banken, Börsenkomptoirs und ähnlichen Geldschnapp-Geschäften» nennt der Satiriker Franz Friedrich Masaidek das Finanzviertel an der Ringstraße in seiner Schrift «Wien und die Wiener aus der Spottvogelperspektive», erschienen im Weltausstellungs- und Börsenkrachjahr 1873, und fährt fort:
«Hier baut auch das neue Jerusalem seine prächtige Zionsburg, die den Namen Börse führen wird.»
Der deutlich ausgesprochene Antisemitismus ist in den Gründerjahren Wiens mächtig angewachsen. «Sozialismus des dummen Kerls», brandmarkt der demokratische Abgeordnete im österreichischen Parlament Ferdinand Kronawetter zwar die breit im Volk verwurzelte Abneigung gegen jüdische Rasse *und* Religion. Aber auch im Reichsrat findet sich ein Kontrahent: Georg Ritter von Schönerer wettert im Jahr 1887: «Wir Deutschnationalen» sehen den «Antisemitismus nicht als bedauerliches Symptom oder als eine Schmach, sondern vielmehr als einen Grundpfeiler des nationalen Gedankens».
Kaiser Franz Joseph verfügt kurz und bündig: «Ich dulde keine

Judenhetze in meinem Reiche. Jede Antisemitenbewegung muß sofort in ihrem Keime erstickt werden» – es ist umsonst. Mit einem eher melancholischen Aperçu versucht er später die Frage eines Gastes: «Majestät sind doch nicht Philosemit?» zu relativieren. «Freilich», erwidert der Kaiser, «bin ich es und mit gutem Grunde! Waren doch die Päpste seit jeher die besten Beschützer der Juden! Und sollte ich da katholischer sein als der Papst?»

Am «Schwarzen Freitag» des Börsencrashs 1873, als ganz Wien sich eigentlich uneingeschränkt auf die große Schau in der Praterrotunde und das 25jährige Thronjubiläum, das der Kaiser im Dezember begehen wird, freut, schiebt man nach dem ersten Schock Schuld daran und die Folgen unverzüglich den reichen Juden der Stadt in die Schuhe: Spekulanten, Börsenhaie, Geldschieber, Inflationstreiber ruft es selbst auf der Ringstraße, und manch einer blickt erbittert und scheel nach den Zinshäusern der Nobelmeile. Als das «leicht, seicht ausgelassene Geldjudentum» bezeichnet später der Maler Anton Faistauer die Bewohner der «inneren Stadt».

«Der provisorische Bau am Schottenring», meldet ein ortsansässiger Augenzeuge, «in dem die Wiener Börse untergebracht bleibt, bis ihm gegenüber Hansens Renaissancepalast für die Abwicklung der Börsengeschäfte fertig sein wird, ist Freitag, den 9. Mai 1873 Schauplatz eines Dramas, welches das gesamte Wirtschaftsleben Österreichs erschüttert und an das sich noch spätere Generationen mit Schaudern erinnern.»

Um ein Uhr mittags schließt die Polizei die Börse; bis zu siebzig Prozent verlieren Aktien ihren Kurswert, Banken gehen in Konkurs, Fabriken geraten in Zahlungsschwierigkeiten, müssen Arbeiter entlassen oder die Produktion einstellen; der Pleitegeier schwebt über manchem einfachen Ladeninhaber oder sogar Baufirmen, die Aufträge am Ring haben. Auch kleine Sparer müssen fürchten um ihre Einlagen.

Börsenkrach kurz nach Eröffnung der Wiener Weltausstellung -Verzweiflungsausbrüche auf der Ringstraße; ruinierte Firmeninhaber, Spekulanten, aber auch kleine Leute, die ihr sauer Erspartes eingebüßt haben, debattieren, schimpfen, weinen am 9. Mai 1873 um ihre verlorenen Reichtümer. Der Bauboom hatte Millionäre geschaffen, der «crash» macht viele von ihnen bettelarm, Banken, Industrieunternehmen brechen zusammen – frivol schallt das Echo aus Johann Strauß' Operette «Die Fledermaus» zurück: «Glücklich ist, wer vergißt, was doch nicht zu ändern ist!»
Xylographie nach einer Skizze von Josef Eugen Hörwarter, 1873.

Die Ringstraße sieht Szenen grenzenloser Verzweiflung; vermögende Leute, binnen Stunden bettelarm geworden, stürzen händeringend aus der Börse; Banken, Lokale, viele Stätten der Vergnügungen schließen. Gewaltige Summen gehen verloren, reiche Familien stehen vor dem Ruin; wo sich sonst gemessen der Ringkorso bewegt, rennen, weinen, schluchzen die Menschen, scharen sich ratlos, erschrocken, debattierend in Gruppen. Stadtfremde begreifen rasch die Katastrophe, die «Gründerkrise» bleibt ja nicht auf Wien beschränkt, ist eine europäische Angelegenheit.

Der Berliner Journalist Julius Rodenberg, Gast in der österreichischen Hauptstadt und am Abend zuvor noch fröhlich mit Freunden im Restaurant zusammen, notiert: «Das Lokal geschlossen, Fenster und Läden gesperrt, mitten in der Stadt, dem Opernhause gegenüber. Palastartige Hotels, die wir aus der Erde wachsen hatten sehen, standen verödet, ehe sie fertig geworden.»
Offen und versteckt artikuliert sich der Vorwurf, die Juden sind an allem schuld! Selbst honorige Zeitungen, so das humoristische Volksblatt KIKERIKI, können sich derb-antisemitische Karikaturen nicht verkneifen.
«Eine Katastrophe ist über die Börse hereingebrochen, wie sie eine unheilbrütende Phantasie nicht drastischer ersinnen konnte», leitartikelt die NEUE FREIE PRESSE am 10. Mai. «Die Wirkungen der Überspekulation sind eingetreten, ohne wahrnehmbaren Anlaß, wie von Dämonengewalt erfaßt, ist das Gebäude zusammengebrochen, welches aus Aktien gebaut war.»
Im Jahr 1873 bringen sich in Wien 152 Menschen um, im folgenden gar 214 – ein Pleitier, der all sein Geld verspielt hat und besonders schlau sein will, fingiert seine Selbstentleibung gar, um so den Gläubigern zu entkommen.
Prompt erhebt sich argwöhnisches Getuschel: «Dös war a Jud'.»
Eine lange Parodie auf Schillers «Lied von der Glocke» zum Thema Börsengeschäft und seinen Usancen beginnt harmlos fröhlich:

Festgemauert in der Erden
steht ein Haus, die Börs' genannt,
wenn ihr Lust habt, reich zu werden,
dann ihr Leute kommt gerannt.
Man gewinnt mit Wertpapieren
nur wenn andere verlieren.
Holde Börse, edengleicher
Ort wo man kann werden reicher!

Der Ton des Spottes verfällt jäh in bösartige Schmähung:

In der Landsleut' Mitte hausen,
Knoblauch schmausend,
krummbenaste magre Scharen,
kommen brüllend,
hier die leeren Taschen füllend.

Nicht nur als Börsenspekulanten werden Juden in der Metropole verächtlich gemacht. «Antisemitismus in Wien» beklagt der Dichter Arthur Schnitzler als verbreitetes Phänomen, auch bei der akademischen Jugend, und so verwundert es niemanden, wenn Juden, «müde, die Unverschämtheiten und Beleidigungen der Gegenseite erst abzuwarten», ihrerseits «nicht selten provozierend» auftreten.

Spekulanten rennen in Panik dem Kaiser zur Audienz die Türe ein um Hilfe, aber der äußert ungnädigstes Mißfallen über ihre unseriösen Machenschaften, rüffelt Parlamentarier, Kommunalpolitiker, Adelige, die ihre Hände mit im Spiel hatten oder auch nur Protektion übten an zwielichtigen Börsengeschäften Prominenter.

Der «Freiherr» oder nur das «von» vor dem Namen wird er fortan spärlicher ausgeben, schuldlos Betroffene entschädigt ein «Franz-Josephs-Fonds zur Unterstützung der Wiener Gewerbeleute».

Manche nicht so heftig Gebeutelte, Journalisten und Kommentatoren der Gazetten zumal, sehen in dem Börsenkrach sogar ein heilsames Fegefeuer:

«Seit gestern können ehrliche Leute wieder über die Straße gehen, und Menschen, welche arbeiten, werden nicht mehr Dummköpfe genannt», schreibt zufrieden der eher «links» angesiedelte Schriftsteller Ferdinand Kürnberger. «Seit gestern heißt ein Dieb wieder Dieb und nicht mehr Baron. Nie hat ein schöneres Gewitter eine verpestete Luft gereinigt.»

Der Mann hatte sicher keine Aktien bei der Bank, sein Hohn richtet sich gezielt auf Krösusse.
Die sonst so satirische Zeitung DER FLOH wendet ihr Augenmerk auf die wirklich hart Betroffenen, denn im Börsengebäude, dem alten Haus am Schottertor, «aus dem immer ein sinnverwirrendes Locken und Rufen an die leichtblütige Stadt erging, ist es unheimlich stille geworden. Die Sirene hört auf, die höchsten Kurse zu singen. Wie am Tage der Zerstörung Jerusalems blicken die Getäuschten und Verlierenden dort der entschwundenen Pracht nach, die schimmerndsten Luftschlösser stürzen zusammen, und leuchtende Namen erlöschen plötzlich am Börsenhimmel. Während vor dem Spielhause eine klagende Menge sich erging, unter welcher auch manches blasse Frauengesicht gar beweglich die Wandlung irdischen Glückes malte, vollzog sich in den inneren Räumen eine Katastrophe nach der anderen.»
Auch «bessere Leute» geraten in die Strudel der Pleite.
Die Familie Hugo von Hofmannsthals sieht sich von ihnen ergriffen, und auch Arthur Schnitzler erinnert sich später des Unglücks, das sein Elternhaus getroffen hatte:
«Näher berührte mich... die ökonomische Katastrophe, die unter dem Namen ‹Der große Krach› berüchtigt geblieben ist, in der mit manch anderen unschuldigen Opfern auch mein Vater alles verlor, was er bis dahin erspart hatte.»
Im Jahr der Weltausstellung werden in Wien Cholerafälle gemeldet; die Offiziellen der Komitees und der Kommune bemühen sich nach Kräften, das geheim zu halten: Sollten denn die Gäste, die bereits in der Stadt sind, abreisen, die Anreisenden umkehren?
Es gibt auch Wiener, die alles im rosigsten Licht sehen. Der Schauspieler Adolf Wilbrandt notiert in seinen Memoiren das Jahr 1873:
«Es war eine Wendezeit, die einen fröhlich Werdenden wohl ergreifen und festhalten konnte; ich glaube, ein schöneres Jahr-

Abends am Ring

Das Denkmal des Siegers von Aspern, Erzherzog Carl, schuf Dominik Fernkorn im Jahr 1859. Dem Bildhauer war, nach eigenen Worten, die «Aufgabe gestellt, den Erzherzog in einem der ruhmwürdigsten Momente seines tatenreichen Lebens darzustellen, mit der Fahne in der Hand, wie er im Augenblick der höchsten Gefahr seinen Kriegern die Bahn der Ehre anweist. Mit inniger Begeisterung schloß ich mich dieser Idee an.»

Folgende Doppelseite:

Am Heldenplatz

Die Kolonnaden der Neuen Hofburg, Wahrzeichen kaiserlicher Repräsentation am Ring, wurden erst nach dem Ende der Monarchie vollendet. Zwanzig Steinfiguren Sinnbilder der Hauptepochen und -träger der Geschichte Österreichs, schmücken die Fassade. An der Ostseite verkündet eine lateinische Inschrift: «An diesem Hause hängt die einhellige Liebe des Volkes!»

OLMENA

zehnt als die Siebzigerjahre hat Wien kaum gesehen. Ein Frühling, der Unendliches versprach, war ins Land gekommen. Die Hauptstadt Wien schritt voran; die Stadterweiterung gab ihr eben ein neues Gesicht, neue Reize, alle künstlerischen Kräfte reckten sich, das Geld ‹lag auf der Straße›.»

Theophil von Hansens neues Börsengebäude erlebt dennoch ein Jahr später den ersten Spatenstich und wird im März 1877 durch den Kaiser feierlich eröffnet.

«Zuerst muß der Künstler den Zweck der Aufgabe, die er zu lösen hat, vor Augen haben», so lautet die Arbeitsdevise des Architekten, und im Fall «Börse» stellte sich diese Aufgabe ganz klar: den Crash vergessen lassen, den Anlegern wieder festes Vertrauen geben in ein prächtiges neues Haus – denn das Provisorium, das Heinrich Ferstel in den Jahren 1856 bis 1860 an der Ecke Herrengasse-Strauchgasse errichtet hatte, war erstens zu klein ausgefallen und überdies nur auf Zeit gebaut.

Der wachsame «Spaziergänger» Daniel Spitzer bespöttelt das unsolide Bauwerk des Übergangs: «Die Menge bewunderte das bunte Farbenspiel, sie gab dem schaumgeborenen Luftschiff Vermögen, Lebensglück und Ehre mit für seine Luftfahrt in das Reich des Märchens», und endet seine Betrachtung in schwärzestem Pessimismus:

«Dort am Börsenring standen die gemalten Dörfer des Potemkin, das Spiel als Arbeit, der Schwindel als Aufschwung, das Agio als Wohlstand maskiert, kein Asyl für diesen Jammer als das Irrenhaus und das tiefe Wasser.»

Das «Irrenhaus» wird für einen der Börsen- und Ringstraßenbaumeister schreckliche, direkte Wahrheit.

Am Wettbewerb für den Börsenbau beteiligen sich unter anderen Kollegen auch Semper und Förster; Hansen und der mit ihm befreundete Karl Tietz arbeiten gemeinsam einen Plan aus und bekommen den Auftrag. Das Honorar wollen sich die beiden

Die Hofburg, aus der Luft gesehen

Ein gewaltiges Kaiserforum sollte nach Wunsch der Baumeister auf dem Areal um die kaiserliche Burg entstehen – der Traum ist Fragment geblieben. Die Zusammenarbeit der im Grundsatz rivalisierenden Architekten blieb nicht ungetrübt. Die «Kollegialität» Hasenauers gegen Semper, klagte der Sohn Manfred Semper, wechselte rasch «zu absichtlichen, schweren Kränkungen», zur Gewohnheit, ihn wie einen lästigen Untergebenen zu behandeln, ihn nicht mehr zu grüßen», sich «als Chef und Leiter der Arbeiten zu benehmen».

einträchtig teilen, doch bereits 1872 vereitelt ein schreckliches Schicksal die Kooperation: Tietz wird wahnsinnig und muß unter Kuratel gestellt werden.

Die Börse, ein repräsentatives, typisch für den Stil des Historismus als «Gruppenbau» in einzelne Baukörper gegliedertes Gebäude, läßt, als es vollendet, stattlich und prächtig wie ein Palast der Renaissance dasteht, den schwarzen Freitag und alle daran geknüpfte Demagogie vergessen. Eine breite Freitreppe, besetzt mit feierlichen Säulen, lädt jedermann ein, sein Geld in die schön und kostbar ausgestatteten Räume zu tragen. Statuen auf den Dachbalustraden und im Inneren grüßen Banker und Kunden. Als «Tanzsaal des Mammons» bestaunt man den großen, 56,5 mal 25,5 Meter messenden Saal, 22 Meter hoch, dem die gleichmäßigen Bögen der Doppelarkaden und die schwere Kassettendecke Ebenmaß und Bedeutung verleihen.

Hansen muß vom Bau- und Finanzamt immer wieder gebremst werden in seinem Eifer, nur das Kostbarste und Beste für die Innenausstattung zu wählen. Rottöne und Gold dominieren, teuersten Stuckmarmor verwendet er auch für die pompösen Stiegenhäuser, Vestibüle und den an der Ringstraße gelegenen Vorraum.

Der Kaiser weiht diesen Bau, wie so viele am Ring, persönlich ein, im Jahr 1877 ist die Börse voll in Betrieb und markiert eine weitere großangelegte Etappe im Fortschreiten des Ringstraßenprojekts.

Der Brand der Komischen Oper

Feuer am Ring!

Das Ringtheater ist als Pendant und Ergänzung zum Opernhaus am Ring gedacht: dort der elegante Bau, der sich an den Schloßstil Italiens oder Frankreichs anlehnt, hier üppiges Barock, die große Oper in freundschaftlicher Rivalität mit der leichten Muse, der Operette, und auch mit Stücken des Sprechtheaters.
Der Architekt Emil Förster beginnt im Februar 1873. Geschickt überwindet er ein Handicap, die sehr enge Parzelle, auf der sich das Haus in überreich gegliederter Fassade im Stil des Neo-Barock erhebt.
Das repräsentative Gebäude am Schottenring, als «Komische Oper» von den Wienern geliebt, ist am 17. Januar 1874, knapp ein Jahr nach Baubeginn, vollendet; daß es eigentlich bereits zur Weltausstellung fertig sein sollte, interessiert niemanden mehr.
Sein Innenraum präsentiert sich schlichter als das Äußere: ein traditionelles Logentheater mit unüblich erhöhtem Auditorium.
Der verhängnisvollste Fehler gerät später zur Katastrophe: Statt der ursprünglich geplanten Eisenkonstruktion des Dachstuhls wählt man Holz, und dies aus einem mehr als banalen Grund: Die Lieferfirma hätte vier Monate Zeit gebraucht; der Bauträger, eine Aktiengesellschft, will nicht mehr länger warten, drängt auf mög-

lichst rasche Bespielbarkeit des neuen Hauses, und so baut man den üblichen Holzdachstuhl.
Das neue Theater reüssiert zunächst nicht, trotz aller Pracht – die Ornamente sind mit echtem Gold belegt – gibt es bereits im Sommer 1874 Finanzprobleme, man erwägt, den Musentempel zu einer Schaubude zu degradieren oder zum Gotteshaus, einer Synagoge, zu erhöhen. Pächter wechseln sich in rascher Folge ab, der Stadterweiterungs-Fonds hilft, das totale Desaster abzuwenden.
Wien hat viele Bühnen, die miteinander konkurrieren, wetteifern, aber das geschieht nicht verbissen in Rivalität.
Gastspiele von außerhalb können an jedem Haus stattfinden, auch das ehrwürdige alte Hoftheater in der Burg «mischt» mit. Sein kleiner, intimer Raum eignet sich mehr für's Kammerspiel – leise Töne tragen bis hinauf zum billigsten Platz unter der Decke. Man «leiht» sich gelegentlich sogar prominente Schauspieler und Sänger gegenseitig aus – der Star wird dann mit einem Gastspiel feierlich angekündigt und rezensiert – ein Wiener, eine Wienerin gastiert in Wien!
So tritt zum Beispiel im Jahr 1879 die große Tragödin der «Burg», Charlotte Wolter, am Ringtheater auf. Taktvoll und klug wählt sie keine ihrer imposanten Heldinnenrollen, nicht Iphigenie, Maria Stuart, Lady Macbeth oder Kleopatra – «Wo immer Frau Wolter auftritt, das Publikum strömt ihr zu, und so war gestern auch das Ringtheater überfüllt. Frau Wolter zählt das ‹Das Weib aus dem Volke› zu ihren besten Rollen. Man kann nicht einfacher, wahrer, realistischer und doch ergreifender, erschütternder sein als Frau Wolter [als Marie-Anna]. Mit so geringem äußeren Aufwande so tiefe Wirkung hervorzubringen, vermag nur ein Reichtum an Empfindung, der jedes Wort, jede Bewegung durchdringt. Frau Wolter feierte einen seltenen schauspielerischen Triumph», begeistert sich die WIENER ABENDPOST. Dabei ist die Künstlerin in

ihrem persönlichen Lebensstil und auf der Szene durchaus ganz wohlhabende Diva.
Hans Makart malt sie als Messalina und stattet eigenhändig die Tragödie für sie aus.
Obwohl «die Wolter» nicht am Ring wohnt, sondern in einer Villa in Hietzing, möbliert sie sich ganz im Prunkstil der Makartzeit; als ihr Nachlaß versteigert wird, liest man im Auktionskatalog:
Sie umgab sich «mit tausenderlei Gegenständen der Kunst, welche sie, zunächst unter Anleitung ihres Gatten, dann selbständig mit sicherstem Geschmacke zu wählen verstand, mit der feinen Witterung des gewiegten und glücklichen Sammlers zu finden wußte. Ihre große Schatzkammer», die Villa nämlich, präsentiert sich als ein «förmliches Museum»; Werke der «Malerei und Skulptur, kostbares Geschmeide, vornehmer Hausrat, schimmernde Töpferei, buntfröhliches Porzellan, die kleine und große Kunst, eine ganze Welt voll edler Augenweide umfing hier die Tragödin, und in dieser Welt zu atmen, in ihr sich zu erholen und für neue Arbeit zu stärken, war ihr zum geistigen Bedürfnis geworden».
1880 kommt ein neuer Intendant ans Haus am Ring. Franz Jauner, ewiger Vagabund, Ahasver an den Bühnen Wiens, ist erst Schauspieler am Burgtheater (von 1853 bis 1856), dann geht er auf dreizehn Jahre zum Dresdener Hoftheater, kehrt zurück, um 1872 Leiter des Carl-Theaters zu werden, wechselt 1875 zur Hofoper und anschließend an die Komische Oper.
Die interessante Wirkungsstätte wird nur ein Jahr nach Amtsantritt Schicksalsstätte für den zum «Ritter von» geadelten, hochverdienten Mann. Der spektakuläre Theaterbrand vernichtet seine Hoffnungen, stürzt ihn in Schulden und, Jahre später, in den Tod durch eigene Hand.
«Feuer!»
Das Ringtheater hat keinen Eisernen Vorhang, sondern nur ein

Drahtgeflecht, dessen Mechanismus zu allem Unglück eingerostet ist; die Ventilation funktioniert nicht, die Bühnenarbeiter sind in diesem Beruf nicht ausgebildete Laien und vor allem: Es gibt keine Notbeleuchtung.

Der Intendant hat bereits Schlimmes erwartet und Feuerwehrleute postiert – nur zwei, und die Männer sind völlig überfordert.

Am 8. Dezember 1881 ist Jacques Offenbachs Oper «Hoffmanns Erzählungen» angesetzt, das Haus fast bis auf den letzten Platz ausverkauft.

Um sieben Uhr soll die Aufführung beginnen. Kurz davor gibt es Kurzschluß in der Gasbeleuchtung der Bühne, der eine Explosion des Beleuchtungskastens zur Folge hat. Feuer greift auf die Dekorationen über, breitet sich auf dem Schnürboden aus, zum Unglück reißt jemand eine Tür ins Freie auf und so brennt auch gleich der Bühnenvorhang vor der Drahtcourtine.

Panisch, kopflos, reagiert das Bühnenpersonal – einem späteren Gerücht zufolge hat hinter der Szene vielleicht auch keiner etwas bemerkt vom Theaterpersonal und nur das Publikum ergreift hektisches Entsetzen –, man versucht zu löschen.

Bei der Feuerwehr läuft schwacher Alarm ein: «Dachbrand am Schottenring», da schlagen aber bereits die Flammen hoch. Schauspieler und Angestellte werden gerettet, nur die Musiker nicht. Man schleppt Kulissen, Garderobe, sogar die Abendkasse heraus.

«Endlich, nach zehn wie eine Ewigkeit langen Minuten, ertönten Hornsignale der Feuerwehr. Spritzen auf Spritzen, Wasserwagen auf Wasserwagen rasselten an, die Rettungsrequisiten wurden herbeigebracht», berichtet der Reporter des WIENER FREMDENBLATTES am 9. Dezember 1881, und weiter:

«Durch die Finsternis in den Gängen ward die Verwirrung im Publikum bis zum Entsetzen gesteigert, und es war nicht möglich, die Ausgänge zu finden. Von den Galerien wurden nur jene Personen gerettet, die schnellfüßig als die ersten die ihnen bekann-

ten Stiegen hinabeilten. Unter den Zurückgebliebenen entspann sich um die Rettung ein verzweifelter Kampf.»
An die Zuschauer denkt keiner. Gaffer finden sich auf der Straße ein, eine Depesche an den Kaiser, der in Ungarn weilt, lautet: «Alles gerettet!»
Das Unglaubliche, Unbegreifliche geschieht: Alle, Beteiligte, Feuerwehr, Zaungäste des Unglücks sind sich gewiß, das Publikum im Saal hätte sich in Sicherheit gebracht.
Den grausigen Irrtum beschreibt ein anderer zeitgenössischer Bericht:
«Erst einige Minuten später bemerkte man auf dem Balkon in der Hessgasse eine Menge Leute, die jammernd um Hilfe riefen. Viele Zuschauer wollten nun in das Gebäude eindringen, um zu helfen; diese wurden von der Sicherheitswache daran gehindert, weil es angeblich niemanden zu retten gäbe. Erst ein zweiter Polizeikommissär brachte die Meldung, daß die Stiegenaufgänge zur zweiten und dritten Galerie voll von Toten seien. Nun drangen die Löschmannschaften ins Gebäude ein und brachten immer mehr Leichen heraus.»
Die Menschen auf dem Balkon werden lebend geborgen: «Schreckliche Sekunden verstrichen, bis das Sprungtuch entfaltet war und zuerst die auf dem Balkon wartenden 84 Zuschauer der Reihe nach herabsprangen, die Weiber und Kinder unter schrecklichem Geschrei zaudernd und doch zuletzt durch die Angst zum Sprunge getrieben» (FREMDEN-BLATT).
Doch starke Rauchentwicklung verhindert, daß Löschtrupps ins Innere gelangen, ihre Fackeln verlöschen. Die Opfer werden in gigantische Höhen gerechnet, bis zu 1500 Tote melden Gerüchte – am Ende sind es «nur» zwischen 300 und 400, aber noch Wochen später finden sich immer neue Leichen in den Trümmern; der Brand glost noch am 7. Januar 1882.
In einem vielbeachteten Prozeß wird Jauner, der das Theater nicht

nur geleitet, sondern in Eigenverantwortung gepachtet hat, zu vier Monaten einfachen Arrests verurteilt und das verliehene Adelsprädikat aberkannt.

Die Toten werden in *einer* Grabstätte, von der Stadt Wien zur Verfügung gestellt, beigesetzt.

Am Platz eines so fürchterlichen Unglücks will niemand ein neues Theater haben – auf persönlichen Wunsch des Kaisers entsteht eine Gedächtniskapelle, in der alljährlich mit Gottesdienst der Opfer gedacht wurde. Dieses «Sühnhaus» von Friedrich Schmidt existiert nicht mehr.

In der Folge führt die Katastrophe zu gesetzlich vorgeschriebenen Sicherheitsmaßnahmen in allen Theatern und deren strengste Kontrolle. Die «Wiener freiwillige Rettungs-Gesellschaft» wird von Baron Jaromir Mundy gegründet. Bereits im Januar '82 ziehen Pferde den ersten Ambulanzwagen durch Wien und über den Ring.

Herbst im Kaiserreich

Das Denkmal für Franz Joseph I. im Burggarten, eine Arbeit Josef Tuchs, wurde 1957 aufgestellt. Der Entwurf stammt von Johannes Benk, einem Bildhauer der Ringstraßenzeit. Dem Herrscher, Anreger und Protektor der Wiener Nobelmeile, empfahl der zeitgenössische Kunsthistoriker Rudolf von Eitelberger: «Der Glanz, welcher Kunst dem Kaiser geben kann, läßt sich durch nichts ersetzen. Er ist der Krone unentbehrlich. Aber der Wille des Kaisers in solchen Fällen muß ein spontaner, der Rat, den der Kaiser sich einholt, ein Rat von wirklich Sachkundigen sein.»

Seite 180:

Im Burggarten

Vor dem Denkmal Mozarts im ehemaligen k. u. k. Hofgarten suchen Spaziergänger Rast; dabei hatte der engagierte Kunstmäzen Nikolaus Dumba gefordert: «Dieser Liebling unseres Volkes, in dem der ganze musikalische Genius wie auch die ganze heitere Liebenswürdigkeit des Österreichers verkörpert sind, dieser gehört mitten ins Volk, in die volle Öffentlichkeit, ins frische pulsierende Leben der Stadt.»

Seite 181:

Im Volksgarten

Durch die Baumanlagen und Rasenrabatten schimmert Theophil Hansens dem Baustil der Antike nachempfundenes Parlamentsgebäude. «Erinnern Sie sich noch, Hugo», schrieb Bahr an Hofmannsthal, «wie wir damals gern im Volksgarten gingen? Es war Mai, der schwere Flieder roch, es schimmerte das Gitter» und «mit ernsten Gesichtern – o wie ernst waren wir damals! – haben wir törichte Gedanken gehegt.» Tatsächlich philosophierte Hofmannsthal an einem Juniabend im Volksgarten: «Wie schön ist das alles, wie lebendig, erfaßbar, wie wirklich! Wie schön ist Schönheit!» um dann durch den Anblick eines Pärchens unter dem Goldregenbaum jäh aus den erhabenen Gedanken aufzuwachen: «Nichts existiert für die beiden als das vage Glücksgefühl, aller irdischen Schwere ledig im Raum zu schweben. Wer auf der Bank der Liebe sitzt, braucht die Schönheit der Dinge nicht.»

Im Volksgarten

Die Statue der schönen Kaiserin Elisabeth aus Bayern, die nie glücklich war auf dem Kaiserthron, ist ein Werk Hans Bitterlichs; sie wurde im Jahr 1807 in Anwesenheit Franz Josephs I. enthüllt. «Nun bist du allen nahe gerückt, Entfernteste», kommentiert Peter Altenberg. «Rastend milde vom Leben und seiner Bürde, sitzest du auf auf einer Gartenbank, und Grün und Wasser umgeben dich wie schützend. Ernst naht die Menge, bespricht leise dies und das an Anlage und Monument, man stellt sich nah und weiter, und manchem stillen Kinde sagt die Mutter von ungefähr, wie diese hehre Frau gewesen ist.»

Kunst- und Naturgeschichte

Zwillingsbauten der Museen

Auf den Bau der «nötigen Gebäude für Museen und Galerien ist Bedacht zu nehmen», verlangt das Handschreiben des Kaisers vom Dezember 1857. Franz Joseph hat guten Grund, die künftige Ringstraße damit zu bestücken. Das Haus Habsburg besitzt einen überreichen Fundus an Kunstwerken, Gemälden, Naturalienschätzen, Büchern, und alles ist verstreut auf verschiedenste Standorte in Wien. Rund vierhundert Jahre lang hat die Dynastie gesammelt: Erzherzog Ferdinand von Tirol, Kaiser Rudolf II., Erzherzog Leopold Wilhelm ragen als Kunstkenner heraus mit der Ambraser Sammlung, der vortrefflichen Galerie auf dem Prager Hradschin und den flämischen und holländischen Gemälden aus der Zeit der Statthalterschaft in den Spanischen Niederlanden.

Bis um das Jahr 1890 sind die gesammelten Kostbarkeiten im Oberen und Unteren Belvedere, einem Seitenflügel der Hofbibliothek und in der Bibliothek selbst aufbewahrt, außerdem in einem später abgerissenen Flügel am Augustinergang zwischen Augustinerkloster und Kaisergarten, in der Alten Burg, im Theseustempel und am Harrachschen Hause in der Johannisgasse.

«Was der höchsten Kunst als Rahmen dienen soll, muß selbst ein Kunstwerk ersten Ranges sein», meint der Kunstkritiker Carl Graf von Lützow zum Bau des Kunsthistorischen Museums.
Für die kaiserlichen Kollektionen einen angemessenen Rahmen zu schaffen – die Herausforderung an alles, was als Architekt Rang und Namen besitzt, ist immens. Kunstpaläste, wie zum Beispiel in München, könnten Neu-Wien, den künftigen Ring, auf das Prächtigste beleben, wer hierfür den Zuschlag erhält in der allfälligen «Konkurrenz» und die Huld des Kaisers dazu, der wird ein gemachter Mann sein. Von Franz Joseph I. persönlich initiiert, wird nur ein beschränkter Wettbewerb ausgesetzt, 1865 beginnt er unter Graf Mathias Constantin Wickenburg zu arbeiten.
Damit läuft die Ausschreibung, florieren Rivalitäten, Bevorzugungen, Spekulationen, Protektionen.
Der Graf macht sich stark «für die beiden hervorragenden Architekten Hansen und Ferstel», weist darauf hin, daß Nüll, Schmidt und Romano bereits mit anderen Projekten ausgelastet sind und falls «noch ein dritter, oder eigentlich mit Rücksicht auf Löhr, noch ein vierter Architekt» aufgefordert werden sollte, «müßte unter den jüngeren ausgezeichneten Architekten die Wahl getroffen werden, was ohne große Eifersucht zu erregen nicht möglich wäre». Unter anderen fällt ihm «allenfalls Hasenauer» ein, und ohne es zu diesem frühen Zeitpunkt zu wissen, der Name des Siegers. Wie der Hecht in einem Karpfenteich schnellt dieser junge Wiener Baumeister in die Konkurrenz.
Hansen und Ferstel disqualifizieren sich, ungeachtet ihres großen Rufes, selbst, denn beide konzipieren, jeder für sich, ein aus zwei Museumsbauten bestehendes Haus, das durch einen Mittelbau verbunden wird. Damit laufen sie dem ausgeschriebenen Projekt, das *zwei* selbständige Trakte verlangt, zuwider.
Hasenauer erfüllt die Auflage mit seinem eingereichten Entwurf und hat damit die Nase vorn.

«Hasenauer ist der einzige, der ohne materielle Verbindung der beiden gegenüberliegenden Gebäude ihre Zusammengehörigkeit akzentuierte. Die Kuppel als dominierenden Höhenausgang auf der einen Seite gegen den Platz zu angeordnet, gibt dem ganzen Bau die Richtung und den Schwerpunkt nach dem Platze zu, so daß ein Gebäude zur Herstellung des Gleichgewichtes das gegenüberliegende unbedingt fordert. Bei Betrachtung der Grundrisse müssen wir gestehen, daß uns erst hier die gestellte Forderung klar wird. Wir sehen die Sammlungen geordnet vor uns in ihrer Ausdehnung und Reihenfolge», schreibt der WANDERER im Mai 1867.
Sofort bildet sich eine Lobby für Hansen, doch kommt es seiner Bewerbung nicht zugute, daß sich aus dem Ausland Stimmen für ihn erheben. Die BERLINER NATIONALZEITUNG preist, da der Baumeister nun schon das geforderte Ziel, die Zwillingsbauten, verfehlt hat, die «Anlage des Innern» als «klar, übersichtlich, von großer Einfachheit», Eigenschaften, die auch das Äußere seines Konzepts auszeichnen. Niemals «ist die Wirkung dürftig oder kalt, die Schönheit der Verhältnisse ist nicht genug zu bewundern».
Preußens Gloria als Wortführer für den Bau der Wiener Ringstraße – da sei Franz Joseph davor! Und gar noch die schwäbische AUGSBURGER ALLGEMEINE, die Hansens Pläne als die «edelsten und besten» rühmt! Auch der große Teil der Lokalpresse votiert zwar für den alteingesessenen Wiener Klassizisten; doch der Kaiser besteht nun, sehr vorsichtig, sehr diplomatisch zwar, auf seinem Wunsch nach zwei Museumsbauten, diese Pläne eben erfüllt neben Löhr allein Hasenauer, und, so notiert er an den Rand eines Memorandums zu den Museumsprojekten aus dem Jahr 1867, beide seien, «da sie dem Programm entsprechen, von denselben mit Berücksichtigungen der Bemerkungen der Kommission umzuarbeiten und dann erneut von der Kommission zu begutachten. Sodann ist mir wieder Vortrag zu erstatten.»

Der Favorisierte, Hasenauer, sonnt sich in der kaiserlichen Gunst, wird sogar in privater Audienz empfangen, kümmert sich nicht darum, daß der Ruf nach Hansen noch lange laut und immer lauter ertönt.

Der Triumph, als Sieger auf eigenem Terrain durchs Ziel zu gehen, wird jäh gestoppt. Ein fremder, norddeutscher Berühmter aus dem Ausland betritt unverhofft die Szene und stiehlt dem unglücklichen Hasenauer den Erfolg. Man erinnert sich an einen bedeutenden Baumeister, der in Zürich arbeitet, als der Plan zur Wiener Stadterweiterung Gestalt annimmt. Die PRESSE hatte im Sommer 1860 in ihrem Feuilleton gemahnt:

«Und doch lebt ein Mann in der Schweiz, der geniale *Semper*, der Erbauer des Herrlichsten, was Dresden besitzt, in Muße und Würde. Nach Wien berufen, würde er die Donaustadt sicher zum Ideal aller modernen Städte umgestalten.»

Ein mit Ehren, Titeln und Würden hochdekorierter, aber eigenwilliger Mann wird da ins Spiel gebracht: «Professor der Architektur und nächster Vorstand der Bauschule bei der Königlichen Akademie der bildenden Künste in Dresden», nach der Revolution 1848 per Steckbrief gesucht und darum geflüchtet; nach Jahren des Exils in Paris und London «Direktor und erster Professor der Bauabteilung» am Eidgenössischen Polytechnikum in Zürich; eine solche in Höhen und Tiefen des Berufslebens geprägte Kapazität könnte neuen Elan, frischen Schwung in die Stadterweiterungsvorhaben bringen!

Seit 1869 arbeitet Gottfried Semper mit an den Hofburgbauten und unterbreitet, zusammen mit Hasenauer, der den unverhofft aufgetauchten großen Rivalen nolens volens akzeptieren muß, den Plan zu einem repräsentativen «Kaiserforum»: «Grundzüge einer Anlage bezweckend die Verbindung der Hofburg mit den k.k. Museen in Wien», ist beider Vorschlag betitelt. Der Plan sieht eine über die Ringstraße hinweggreifende Platzanlage vor, die von

der Wiener Burg ausgeht und auf der gegenüberliegenden Seite des Rings mit den Hofstallgebäuden abschließt.
Semper will den Festräumen der Burg östlich, in symmetrischer Anlage, «Wohn-Appartements für Se. Majestät» und westlich «Flügel für fürstliche Gäste» zuordnen, das Burgtor in die Hauptachse einschließen und in diese Achse neue Bauten, ebenfalls in Symmetrie, mit einbeziehen. Dem passen die Zwillingsbauten der Museen genau ins Konzept, und Triumphbögen, welche die Ringstraße überspannen sollen, vereinen Hofburg und Museen.
Der Plan sieht auch das Burgtheater vor im Verband des Forums, zwei spätere Konzeptionen, die dritte aus dem Jahr 1871, modifizieren das Vorhaben «Kaiserforum», letztlich aber kommt es nicht zustande.
Das «Gespann» Hasenauer-Semper, schon altersmäßig ungleich, der Wiener ist dreißig Jahre jünger als der Deutsche, *kann nicht* harmonieren. Semper, der elegante, weitgereiste Erfolgsmensch, Hasenauer, der «newcomer» mit dem Handicap, als kaiserliches Protektionskind zu gelten, finden keinen gemeinsamen Nenner, nicht menschlich und so recht auch nicht beruflich.
Semper wirft seinen Schatten und verdunkelt den Ehrgeiz des rivalisierenden Partners; Hasenauer grollt zwar, erkennt aber auch die Chance, im Ruhm des Konkurrenten behaglich Platz zu nehmen.
Semper zeigt sich häufig autoritär, denn große Bauwerke künden bereits von seinem architektonischen Genie. Hasenauer trumpft mit dem Erfolg auf, der ihn, den Erbauer der Rotunde bei der Wiener Weltausstellung von 1873, überrollt, verweist hochfahrend darauf, daß *er* dafür vom Kaiser in den Adelsstand erhoben wurde; Semper bringt es nie zum «Freiherrn» und zum «von» vor dem Namen.
Das alles bekommt einer kontinuierlichen Entwicklung der Museumspläne natürlich schlecht, und manchmal scheint es, als

könne Semper nicht nur nicht mit Hasenauer, sondern mit überhaupt niemandem friedlich auskommen:
«Sein schonungsloses Urteil über lebende und verstorbene Künstler», betrübt sich das NEUE WIENER TAGBLATT, «verletzte mehr als einen Betroffenen und entfremdete ihm die Sympathien selbst solcher Kreise, die ihm anfänglich sehr geneigt waren und seine Bedeutung würdigten.»
Auch der hochachtbare Moritz von Löhr, Architekt und Leiter des Staatsbaudepartements, wird Opfer seiner bissigen Zunge; Semper mokiert sich darüber, daß «dessen Museum für die genannten Sammlungen einem einfachen Warenmagazine, etwa einem Geschützdepot, entspricht», wogegen (der designierte Arbeitskollege kommt etwas gnädiger davon) «Herr Architekt Hasenauer diesen Teil seiner Aufgabe wenigstens erkannt und zu lösen versucht hat», allerdings «auf Kosten der Harmonie, die als gemeinsames Band alle Teile, trotz ihrer Mannigfaltigkeit, zusammenhalten soll». Nein, es ist nicht gut Kirschen essen mit dem Starbaumeister von außerhalb.
Semper akzeptiert Hasenauer «namentlich mit Rücksicht auf dessen genaue Lokalkenntnisse, praktische Erfahrungen und Gewandtheit» sowie auch auf «seine in hohem Maße anerkannten dekorativen Begabungen».
Ohne große Feierlichkeiten beginnen im Herbst 1871 für beide Museen die Erdaushebungen. Das Naturhistorische Museum ist am 10. August 1889 fertig, das Kunsthistorische im Herbst 1891. Die Zwillingsbauten reklamieren und erfüllen den hohen Anspruch, «Tempel» für die Exponate zu sein; diese sollen nicht nur ausgestellt, sondern geradezu zelebriert werden. Der fünffach überkuppelte Zentralbau mit seiner Mittel- und vier Trabantenkuppeln wirkt wie ein Pantheon der Kunst bzw. Wissenschaft, die prächtige Innenausstattung (seit 1888 in Arbeit) beweist Hasenauers sicheres Gespür für das Dekorative.

Makart wirkt mit bei der Ausmalung der großen Feststiege des Kunsthistorischen Museums, Klimt und Matsch, erfolgreich mit den Prunktreppen des Burgtheaters, reussieren ein zweites und letztes Mal mit öffentlichen Aufträgen.

Ein Werk Canovas krönt den Aufgang des «Kunsttempels», mit einer herrlichen marmornen Theseus-Gruppe, Hans Canon den Plafond der Hauptstiege im «Sitz der Wissenschaften» mit einem Deckenfresko: Kreislauf des Lebens.

Marmor, Gold, feinste Farbwirkungen durch Intarsien und Mosaik, getönte Stukkaturen, edle Steinarten aus Nordböhmen, Istrien, Frankreich, Italien, Belgien, Schweden und Ägypten vereinen sich zum Schmuck der Prunk- und Schauräume – im Naturhistorischen, von der Sache vorgegeben, etwas zurückhaltender als im Kunsthistorischen Museum.

Das Naturhistorische Museum zählt zu den größten seiner Art in der Welt: Mit einer umfangreichen geologisch-paläontologischen Abteilung, in der fossile Pflanzen und Tiere aufbewahrt werden, reichhaltigen Mineralien-, Herbarien-, Botanik-, Anthropologie- und Prähistoriensammlungen zeugt es von der Kenntnis und dem Sammeleifer der Wissenschaft unter Habsburgs Monarchen.

Das Kunsthistorische Museum beherbergt Gemälde aller Epochen und berühmter Meister, die Wiener Ägyptische Sammlung, Sammlungen für Plastik und Kunstgewerbe, Antikensammlung und die Bundessammlung von Medaillen, Münzen und Geldzeichen.

Naturalien und Kunstwerke werden seit 1885 schon in die neuen Häuser übertragen.

Heimito von Doderer beobachtet mit dem genauen Blick des passionierten Wien-Spaziergängers die völlige Gleichartigkeit des Kunsthistorischen mit dem Naturhistorischen Museum, ein «auf der anderen Seite grüner Anlagen stehendes Spiegelbild. Darüber viel Himmel. Darunter das hohe Standbild oder eigentlich Sitz-

Gottfried Semper – ein Baumeister von außerhalb macht in Wien Karriere und die einheimischen Konkurrenten eifersüchtig. Dresdens königliche Bauten sollen in der Kaisermetropole Entsprechung finden, noch prächtiger, größer, schöner will Franz Joseph I. das Forum an der Burg, seine Museen und das Hoftheater sehen. Nicht alle Träume aus Stein und Marmor reifen, Sempers Ruhm endet in Resignation.

bild der Kaiserin, mit ihren berittenen Paladinen am Sockel. Es markierte einen Bezugspunkt, es nabelte, was man hier sah, in ein Zentrum zusammen.»

Das «Heim» der Kunstwerke, selbst ein Kunstwerk – italienische, deutsche, niederländische, spanische Meistergemälde, vieles «Beute» aus den ehemaligen Provinzen Habsburgs, ziehen Publikum aus aller Herren Länder an.

Mag auch das Kaiserforum ein schöner Traum geblieben sein, den der Herrscher und sein ungleiches Architekten-Duo kurze Zeit geträumt haben, ihre Bauten, kostbare Hüllen, Paläste der Kunst, der Wissenschaft, werden zum Wallfahrtsort der Interessierten.

Die Münchner Pinakotheken, Paris' Louvre, die ehrwürdigen Uffizien in Florenz, die aus einem Gotteshaus hervorgegangene Academia in Venedig, der majestätische Prado und die päpstlichen Museen des Vatikans haben, spät im 19. Jahrhundert, plötzlich Konkurrenz erhalten, Wien ist Kunststadt geworden.

Das neue Wiener Rathaus

Im feierlichen Stil der Neugotik entwarf Dombaumeister Friedrich Schmidt den Sitz der Kommune. Das Gebäude wurde in eine der letzten Baulücken am Ring plaziert, das von den Wienern bespöttelte «Kommunalloch», und nach langer Bauzeit im Jahr 1885 der Arbeit der Gemeinderäte übergeben. Auch Friedrich Schmidt hatte, so das Satireblatt FLOH, als «Veredler alter Formen» seinen «streng kritischen Meisterblick» walten lassen , «durch das tiefe Studium alter und neuer Formen geläuterte Ideen» die «Grenzen der wirklichen Berechtigung moderner Geschmacksrichtungen» erkannt und ihr ein «Ziel festsetzen dürfen: bis dahin und nicht weiter!»

Folgende Doppelseite:

Festsaal im Rathaus

Der große Festsaal im Hauptgeschoß, geschmückt mit Statuen wichtiger Persönlichkeiten aus der Stadtgeschichte Wiens, repräsentiert in seinen gewaltigen Ausmaßen die Bedeutung kommunaler Gewalt. Ludwig Mayer gewann die endgültige Auschreibung zur Ausstattung im Jahr 1883. Seit 1890 wurden darin alljährlich die Bälle der Stadt abgehalten; sie galtén insgeheim als Konkurrenzunternehmen zu den Hofbällen in der Burg. Im Katalog von 1973, «Welt der Ringstraße», steht: das Fest galt als der «vornehmste Bürgerball» Wiens, «einerseits, weil der Bürgermeister als Gastgeber fungierte, andererseits, weil der große Festsaal des Rathauses einen prächtigen Rahmen für die Festlichkeit abgab. Den städtischen Gewächshäusern oblag die Ausschmückung der Ballräume mit auffallenden Grünpflanzen. Das Ballfest wurde in den ersten Jahren oft in Anwesenheit des Kaisers abgehalten, später erteilte ein von ihm ernannter Vertreter dem Bürgermeister auf dessen Ansuchen die Erlaubnis, den Ball eröffnen zu dürfen.» Zur Luegerzeit empfing dann er, der «Chef», leutselig die Ehrengäste und schwang zu deren Begrüßung den Pokal zu Klängen der Fanfaren von der Feststiege.

Die neue Hofburg

Der Platz vor meiner Burg

Majestät, es wird jetzt viel gebaut in Wien. Aber die vielen Baustile gefallen mir gar nicht. Es ist wie eine steinerne Speisekarte», der Maler Friedrich von Amerling, nimmt kein Blatt vor den Mund, obwohl er doch weiß, daß, um in seinem Bilde zu bleiben, der Kaiser «Küchenchef» ist im «Gasthaus zur Ringstraße».

Der aber nimmt es dem alten Meister nicht etwa übel; Franz Joseph seufzt resigniert: «Ich habe darauf keinen Einfluß geübt. Das müssen die Künstler besser verstehen.»

Die Omnipräsenz der Majestät am Ring täuscht. Gewiß, er legt Grundsteine, tut erste Spatenstiche, weiht ein, eröffnet – aber das wird Routine, auch lästige Pflicht.

Der Kaiser wird im Alter, noch zu Lebzeiten, sein eigenes wandelndes Monument, keineswegs senil, wie ihn all jene zeichnen, die stets und immer wieder seine «geflügelten Abschiedsworte» zitieren: «Es war sehr schön. Es hat mich sehr gefreut.»

Jene Floskel in ihrer nichtssagenden Stereotype war wohl immer eine Art Schutzschild, an dem Zudringlichkeit und Widrigkeiten des hohen Amtes abprallen sollten.

Figurenschmuck am Rathaus

Die Fassaden des neuen Rathauses sind reich mit Skulpturenschmuck besetzt: Entsprechend des Bauten der Hochgotik, wollte der Neo-Gotiker Schmidt seine Kathedrale der Kommune mit vollplastischen Figuren geschmückt sehen: Historische Gestalten, Allegorien, Banner- und Wappenträger, Bürgersoldaten der Türkenkriege, 1529 und 1883, sowie der Franzosenkriege, bevölkern, auch als Reliefs oder Hochreliefs, den Außenbau: Die Vindobona, flankiert von zwei Bannerträgern, befindet sich an der Balustrade an der Ringstraße.

Franz Joseph I. bemerkt im zunehmenden Alter immer deutlicher, daß sich die Zeit wendet, und zwar *auch* gegen ihn selber – daher die unerschütterliche Gleichmütigkeit, mit der er Dinge tut oder geschehen läßt, die ihm in jüngeren Jahren contre cœur gewesen wären.

Karl Kraus, wirklich kein glühender Sympathisant des Kaisers, zeigt sich «erschüttert», als er plötzlich begreift, daß Franz Joseph «vielleicht der einzige Mensch in der Monarchie war, der meine Überzeugung von der Unerläßlichkeit ihres Unterganges, von der Unentrinnbarkeit des sich selbst gestellten Ultimatums von allem Anfang an geteilt hat».

«Der Platz vor Meiner Burg nebst den zu beiden Seiten desselben befindlichen Gärten hat bis auf weitere Anordnung in seinem gegenwärtigen Bestande zu verbleiben», heißt es im Handbillett zur Stadterweiterung von 1857.

Die Hofburg, das kaiserliche Heim, will er aus dem großen Wurf des Ringstraßenbaues ausklammern, hier soll es, jedenfalls zunächst, beim alten bleiben.

Mögen anderswo die Maurerkolonnen zum Demolieren anrükken, die Sprengmeister mit ihrer Schießwolle hantieren, das Burgtor bleibt tabu.

Die Hofburg, an der seit dem späten Mittelalter gebaut worden ist, immer wieder ergänzt durch neue Trakte, gewachsen in vier Jahrhunderten, *kann* gar nicht ausgespart werden aus den Ringstraßenplänen – ihre zentrale Lage, ihre Bedeutung als Bauwerk und Institution gleichermaßen, verlangt nach Einbeziehung in den Kranz historistischer Bauwerke, die um sie emporwachsen.

Architekten, einflußreiche Hofbeamte im nächsten Umfeld des Kaisers beginnen tatsächlich schon seit dem Jahr 1858, sich Gedanken zu machen, *wie* Burgbereich und Ringstraße einander angenähert werden könnten.

Leo Graf Thun vom Unterrichtsministerium gibt unumwunden

zu bedenken, es sei «die möglichst würdige Gestaltung der dem äußeren Burghofe zugewendeten Burgfassade sowie die passende architektonische Umrahmung der Seiten dieses Hofes mit monumentalen Gebäuden nicht nur im Interesse der dort aufzurichtenden Monumente wünschenswert, sondern auch mit Rücksicht auf die Stadterweiterung – wenn die Burg und ihre Umgebung nicht hinter den neu zu schaffenden öffentlichen Plätzen und Stadtteilen offenbar zurückstehen soll.»

Der alternde Kaiser kann gegen Jahrhundertende den Tatsachen nicht mehr seinen in jungen Jahren apodiktisch gesetzten «Willen» aufzwingen, und so geht es denn ans Pläneschmieden.

Konkurse werden ausgeschrieben, Argumente eingebracht und wieder verworfen.

Gottfried Semper stellt die Präferenzen klar, nämlich «daß es wünschenswert sei, sich von dem künftigen Zusammenwirken der großartigen Gesamtanlage, wobei die k.-Hofburg das Hauptmonument zu bilden hat, eine klare Idee zu verschaffen, ehe man den Bau der beiden Museen nach irgend einem außer diesem Zusammenhang erdachten Plane in Angriff nimmt».

«Um der imperialen Idee Ausdruck zu verleihen, um dem herrlichen Haupt unserer Stadt die Krone aufzusetzen, haben wir den Plan eines ‹Kaiserforums› ausgearbeitet, das an Großartigkeit dem antiken Rom nicht nachstehen soll. Der ursprüngliche Gedanke, zwischen dem Burgtor und den Hofstallungen das Generalkommando und einen Gardehof unterzubringen, wurde aufgegeben. Dort finden nun zwei Museen mit den Schätzen der Natur und der Kunst Platz, die das Kaiserhaus im Laufe der Jahrhunderte gesammelt hat. Sie werden durch Triumphtore über die Ringstraße hinweg mit den neu zu errichtenden gewaltigen Flügeln der Hofburg verbunden, die von beiden Seiten den Heldenplatz einschließen müssen, dessen Hintergrund ein kuppelbekrönter Thronsaal sein soll, hinter dem der alte, bescheidene Leopoldini-

sche Trakt verschwindet», erläutert Carl Hasenauer den Plan, der dann so *nicht* ausgeführt wird.
Die Idee, den Sitz der Majestät, die Hofburg, zu historistischer Überhöhung zu steigern, hat ihre Vorbilder; der Vatikan, die Preußischen Königsbauten, der Pariser Louvre repräsentieren mit ähnlicher Fülle an Kolonnaden, Säulen, Monumenten, Plastiken, Balustraden und aufwendiger Fassadengliederung Macht und Bedeutung ihrer Herren: der Papst, die Herrscher Preußens, Napoleon ließen sich so triumphal feiern durch die großgedachten Taten ihrer Baumeister.
Das späte 19. Jahrhundert gelangt damit nicht über das Reißbrett der Architekten hinaus, die Wirklichkeit holt den guten Willen ein.
Ludwig von Förster, einer der kreativsten Planer am Ring, engagiert sich im Jahr 1859 noch glaubhaft für den Raum vom Äußeren Burgplatz bis zu den Hofstallungen als idealen Standort für die Museen, da «dieselben Eigentum des Allerhöchsten Hofes bleiben sollen und zugleich eine höchst würdige Umgebung für die Kaiserliche Hofburg bilden würden» und votiert dafür, daß die beiden Hoftheater ebenfalls in der Nähe der Burg errichtet werden müssen.
Als sich Semper und Hasenauer dann ans Werk machen, hat sich die Zeit verändert, Bauidee und Bauauftrag sind überholt.
Noch im Januar 1875 läßt zwar der Kaiser das «Bau-Comité» für die Hofbauten wissen:
«Das Hauptgewicht legen S. Majestät darauf, daß die von Semper entworfenen Programme unverändert verwirklicht und daß dessen schöne Ideen nicht etwa durch die Ausführung entstellt werden. Aus diesem Grunde soll ohne Zustimmung des Oberbaurats Semper keine der Skizzen angenommen oder abgelehnt werden.»
Ein Jahr später zieht sich Semper zurück. Erst im Herbst 1881 wird mit der Arbeit an der Neuen Hofburg begonnen, die Erdaushe-

«Heiligtum der Kunst», nach dieser Vorstellung Sempers sollte das Kunsthistorische Museum (nebst seinem «Zwilling», dem Naturhistorischen) das große Kaiserforum flankieren. Dieses imperiale Zentrum der als «via triumphalis» gedachten Ringstraße ist unvollendet geblieben. Das Kaiserreich erlebt die Fertigstellung der Neuen Hofburg nicht mehr. Aquarell von Franz Alt, 1873.

bungen sind 1885 abgeschlossen. Hasenauer stirbt im Januar 1894, in der Zukunft begleiten abwechselnde Baumeister die Vollendung der Hofburg: Bruno Gruber und Otto Hofer, bald gemeinsam mit Julian Niedzielsky bilden die Bauleitung, Emil von Förster amtiert als Oberleiter. Von 1899 bis 1907 ist Friedrich Ohmann, von 1907 bis 1922 Ludwig Baumann, ein Schüler Sempers, mit dem Bau betraut, der nach dem Tod des Kaisers und dem Zusammenbruch der Monarchie gänzlich seines Sinnes beraubt ist.

«Der zur Gründerzeit gefaßte Plan eines Kaiserforums, das aus der Inneren Stadt über die Ringstraße hinausreichen und die Burg mit den neugeschaffenen Museen und dem Maria-Theresia-Denkmal zu einer monumentalen Anlage vereinen sollte, entzog sich der Verwirklichung», schreibt die Publizistin Hilde Spiel, denn: «Was das friderizianische Berlin und das napoleonische Paris als Machtsymbol und zu militärischem Nutzen errichtet hatten, konnte im Ausgang einer Epoche, am Ende des österreichischen Kaiserreiches nicht mehr zur vollen Reife gedeihen.»

Das Thema unseres Buches, Wende, Zeitenwende im Kaiserreich, erfüllt sich in der Hofburg, dort erlebt der Kaiser sein persönliches Königgrätz, vollzieht sich die Wandlung der «lieben Majestät» zum resignierten alten Mann.

«Seine Umgangsformen sind vorzüglich, frei von Großspurigkeit oder Unbeholfenheit», beschreibt König Leopold von Belgien den jungen Franz Joseph. «Sie sind einfach und, wenn er freundlich aufgelegt ist, sehr herzlich und natürlich. Er hält jedermann im Zug, ohne daß er sich dabei den Anschein stark hervorgehobener Autorität gibt; er ist aber der Meister, und ihn umgibt ein gewisses Etwas, was Autorität verleiht; ich glaube, er kann streng sein, wenn es die Gelegenheit erfordert.»

Dieser junge Kaiser ist Initiator, Protektor, Förderer des Ringstraßenprojekts, er befiehlt, nimmt Einsicht, mischt sich ein; wie eisernes Gesetz steht als Wahlspruch das «Es ist mein Wille» über allem, was am Ring geschieht.

Der Kaiser hat eine Frau, eine Freundin, die in dieser spätbürgerlichen Epoche nicht mehr Favoritin oder Mätresse genannt wird, Töchter und einen einzigen Sohn, Rudolf.

Die Tragödie beginnt, als Papst Leo XIII. im Jahr 1889 das Scheidungsbegehren des Kronprinzen von seiner Frau, der Belgierin Stephanie, ablehnt. Franz Joseph zeigt sich ergriffen, erschüttert, als er davon hört, schreit seinen Sohn an, *er* werde ebenfalls

nie und nimmer dareinwilligen. Und Rudolf schreit zurück, er, der Vater, sei dann verantwortlich für alles, was geschehen wird.
Rudolf läßt sich beim Abendessen «wegen Unwohlseins» entschuldigen und fährt hinaus in das Jagdschloß Mayerling vor den Toren Wiens.
Auch er hat eine Freundin. Niemand erregt sich über seine Liaison mit Baronesse Mary Vetsera, noch keine 18 Jahre alt, bildhübsch, schwärmerisch veranlagt, dem Kronprinzen auf's Wort ergeben. Widerspruchslos, todesverliebt, willigt sie ein, als Rudolf ihr vorschlägt, zumutet, gemeinsam mit ihm in den Tod zu gehen. Er tötet die Geliebte, er erschießt sich selbst.
Damit endet das Drama des Thronerben. Das Drama des Throninhabers beginnt mit diesen Schüssen. Er verschließt sich in seiner Hofburg und weigert sich, die Wahrheit zu glauben.
Das Mädchen hat den Sohn verführt, ermordet, nie und nimmer er selber Hand an sich gelegt.
«Er hat sich erschossen? Das ist ja nicht wahr. Sie hat ihn doch vergiftet. Der Rudolf hat sich nicht erschossen», brüllt der Kaiser den Leibarzt Hermann Widerhofer an, der die Nachricht überbracht hat, und bricht dann schluchzend zusammen.
Im Burghof, am Ring versammeln sich die Wiener schweigend, als nachts die Leiche Rudolfs in die Hofburg übergeführt wird.
Am Donnerstag, den 31. Januar, bringt die WIENER ZEITUNG, dick schwarzumrandet, folgenden Aufmacher:
«Seine k. und k. Hoheit der durchlauchtigste Kronprinz ist gestern, den 30. d. Mts. zwischen 7 und 8 Uhr früh, in seinem Jagdschloß Meyerling bei Baden am Herzschlag plötzlich verschieden.»
Der Polizeibericht liest sich anders; trocken und nüchtern steht da:
«Seine k.u.k. Hoheit, der durchlauchtigste Kronprinz, ist zunächst an Zertrümmerung der Schädel- und der vorderen Hirnpartien

gestorben. Die Zertrümmerung ist durch einen aus unmittelbarer Nähe gegen die rechte vordere Schläfengegend abgefeuerten Schuß veranlaßt worden. Es unterliegt keinem Zweifel, daß Seine k.u.k. Hoheit sich den Schuß selbst beigebracht und daß der Tod augenblicklich eingetreten ist», berichtet die WIENER ZEITUNG am 2. Februar 1889.

«Es unterliegt keinem Zweifel...» und dennoch fängt vom Sterbetag des tragischen Paares die «Legende Mayerling» an, ihr Eigenleben aus Spekulationen, Gerüchten, Pseudo-Wahrheiten zu führen.

Die großartigen, kühn schwingenden Kolonnaden vor der Neuen Hofburg, gedacht, geplant als Herzstück eines kaiserlichen Forums am Ring, verkleinern sich, im Rückblick der Ereignisse, fast zur Kulisse, zum Versatzstück des Dramas «Habsburg» am Ende des Jahrhunderts.

Zeitenwende – die «schweren Tage» zwischen Tod und Begräbnis unterzeichnet Franz Joseph in der Burg Dokumente, Verträge, arbeitet «wie früher», so der Bericht des preußischen Militärattachés von Deines: «Solch starken Geist haben selbst hier verhältnismäßig wenige in ihrem Monarchen vermutet. Nie, auch jetzt nicht, hat Seine Majestät den festen Glauben an die Zukunft Österreichs verloren, an seine hohe Mission und an die Liebe seiner Armee und seines Freundes.»

Die Situation des Kaisers wird noch mißlicher, weil sich Elisabeth allen höfischen Verpflichtungen entzieht; ihre Trauer ist endlos. Er aber «leidet am meisten unter der Isolierung seiner Gemahlin, und ihm allein fällt die ganze Last der Repräsentation zu. Der Begriff eines kaiserlichen Hofes verschwindet, und die Beziehungen zwischen ihm und der Hofgesellschaft werden immer lockerer», klagt der deutsche Botschafter Prinz Heinrich VII. Reuß seinem Kaiser, Wilhelm II., im Mai 1890 voll ungläubigem Staunen über so «unpreussische» Zustände.

Am Parlament

Die riesige Rampe vor Theophil Hansens «Reichsratsgebäude», das 1883 in griechischem Stil vollendet war, und der Monumentalbrunnen der Pallas Athene, ein Werk Carl Kundmanns, gehören zu den markanten Wahrzeichen der Ringstraße. «Die Kuppeln von Kupferplatten», beobachtete Peter Altenberg, «schimmerten lila. Das Fries mit den griechischen nackten Göttern hob sich vom goldenen Grunde ab» und die «schwarzen Quadrigen rasten gleichsam von ihren schmalen Postamenten in den Frühlingshimmel hinein».

Seite 204:

Im Parlament

Das Peristyl, 40 Meter lang und 14 Meter breit, gesäumt von 24 korinthischen Säulen, soll die Abgeordneten beider Häuser während der Debattenpausen im Dialog vereinen. Carl von Vincenti schreibt, dieser Teil werde «das Gleichgewicht zwischen den beiden Haupttrakten und somit die Einheit im ganzen Bau» herstellen. «Dies ist dem Architekten in glücklichster Weise gelungen als «eigentliche Lösung der architektonischen Aufgabe, welche die beiden Reichsratshäuser getrennt und doch innig untereinander verbunden wünschte, denn diese Mittelhalle trennt in der Tat beide und vereinigt sie auch wieder miteinander.»

Seite 205:

Sitzungssaal des Parlaments

Wie ein antikes Theater steigen die Sitzreihen der Parlamentarier an – die amphitheatralische Anlage des Raumes umschließen feierliche Kariatyden als Träger der Galerie. Der Architekt Hansen wehrte sich vehement gegen den Einwand, er ahme nur die Antike nach: «So wie Schiller und Goethe die ersten deutschen Dichter sind, wiewohl sie aus dem Born ewiger Schönheit, der klassischen Literatur geschöpft haben, ebenso gut kann man die ewig geltenden und unübertroffenen plastischen Formen griechischer Kunst zum Vorbild nehmen, um Neues zu schaffen, ohne dadurch einfach ins Kopieren zu verfallen.»

Pallas Athene

Die Göttin der Weisheit, auf hohem Sockel vor der Front des Parlaments postiert, schuf Carl Kundmann im Jahr 1902 – Eulen im Sockelkapitell, Wappentiere dieser Lieblingstochter des Göttervaters Zeus, symbolisieren Klugheit, die jeden Beschluß der Abgeordneten leiten soll. Der Kunstkritiker Vincenti besuchte im Crash-Jahr 1873 den Bildhauer im Atelier und kam zu dem Schluß: «Trotz wirtschaftlicher Misere, trotz eines spröde gewordenen Mäzenatentums, trotz herabgekommener Goldbaronien sind für die Kunst keine schlimmen Zeiten vor der Türe. Auf ein halbes Menschenalter wird's für Künstler vollauf zu tun geben, und dies ist lang für unsere so kurzlebige Zeit», und spekuliert, daß «ein gutes Tausend Statuen für unsere zehn monumentalen Neubauten von Nöten sein dürften».

In der Tat: Elisabeth, die süße junge «Sisi» aus Bayern, des jungen Kaisers ernstlich geliebte Braut und Gemahlin, erweist sich im Laufe von Ehe und Regierungszeit als fataler Mißgriff; diese Kaiserin, Europas schönste Frau auf dem wichtigsten Thron der Zeit, verhält sich nicht besser als jede ihrer in bürgerlichen Ehen frustrierten Schicksalsgenossinnen am Ende des 19. Jahrhunderts. Sie pflegt ihre Schönheit, die von der prachtvollen Haarfülle bis zu den eleganten Füßen tatsächlich atemberaubend ist, widmet sich ihren Launen und Obsessionen, reist, bockt erst gegen das «Spanische Zeremoniell», das in der Hofburg herrscht, und resigniert dann.

Selten sieht man sie. Wenn Franz Joseph zur Grundstein- oder Schlußsteinlegung eines wichtigen Baues am Ring eilt, die herrliche neue Oper einweiht, Denkmäler enthüllt, er tut dies meistens allein. Nur wenn es sich gar nicht vermeiden läßt, bei der Silberhochzeit oder zu Regierungsjubiläen, taucht Elisabeth auf: sichtlich unfroh, nach Rudolfs Tod stets in tristem Schwarz. Die Zeitenwende im Kaiserreich hat keine Kaiserin, die Majestät in der sich zur Weltstadt mausernden Residenz Österreichs kein Weib.

«Wie sind Sie zu beneiden», ruft der alternde Franz Joseph während einer Ausfahrt von der Hofburg nach Schönbrunn einem unvermählten Begleiter zu. «Da können Sie wahrhaftig froh sein! Denn nur einer, der verheiratet ist, weiß, wie furchtbar schwer das Leben sein kann! Glauben Sie mir, ich rede aus bitterster Erfahrung!»

Der kaiserliche Neffe, Franz Ferdinand, amtiert als neuer Thronfolger. Franz Joseph liebt ihn nicht – wie sollte er auch –, schätzt ihn nicht einmal.

Bei den künftigen Untertanen ist der Kredit ebenfalls gering: «‹Wann der einmal Kaiser wird, werden wir nichts zu lachen haben› sagen die Leute.»

Der Journalist Otto Friedländer berichtet:

«Über die stille, helle Ringstraße tönt warnend ein greller Hupenton – die Leute stieben erschrocken zur Seite – die Kutscher halten mit beschwörenden Gesten ihre Pferde an. Mit Rauch und Donnergeknatter schießt wie ein Sturmwind ein mächtiges Auto in der Mutte der Fahrbahn daher und ist vorbei, bevor jemand noch grüßen kann. Das war er. ‹Wie der Teufel›, sagen die Leute. Er sieht gar nicht aus wie ein Habsburger. Franz Ferdinand ist rundköpfig, kurzhalsig, sieht eher wie ein türkischer Pascha aus: groß, massig, schwer. Sein Gesicht ist dick und bleich, er trägt einen dichten, dunklen Schnurrbart und er hat riesengroße dunkle Augen, die wie die der antiken Götter erzürnt und erschreckt über die Welt hinwegschauen. So sieht der Mann aus, dessen Tod den Untergang der Alten Welt auslösen wird. Er wird nicht Kaiser werden, und wir werden dennoch nichts zu lachen haben.»
Den alten Franz Joseph ficht das nicht an. Pflichtgetreu bleibt er an seinem Schreibtisch in der Burg. Mag es noch so laut und lärmend zugehen draußen am Ring – die Majestät, der «erste Hofrat im Staate», harrt unbeweglich aus.

Eine Stunde im Volksgarten

«Weiße Kastanienblüten und blaßrote liegen auf dem Weg, und daneben leuchtet smaragdgrün das dichte kühle Gras. Ringsum laufen Wände von dunklem Laub und aus dem Dunkel glimmen weiße Blütentrauben der Akazien und funkeln die vergoldeten Lanzenspitzen des Eisengitters», der nachdenkliche Dichter des Fin de siècle, Hugo von Hofmannsthal, träumt im Jahr 1894 einen Juniabend im Volksgarten und fährt fort: «Über den schwarzen Baumwipfeln aber silhouettieren sich auf dem glutroten Abendhimmel die wundervollen Linien phantastischer Steinfirste, bronzener Viergespanne, marmorner Götter und vergoldeter Bekrönungen, und weithin glühen in die ferne Dämmerung goldgrün und kupferrot Kuppeln und Knäufe von Türmen.» Der Poet sitzt in der beliebten und belebten Grünanlage am Ring und seufzt, seine Betrachtung abschließend: «Wie schön ist das alles! Wie lebendig, erfaßbar, wie wirklich! Wie schön ist Schönheit.»

Der so verklärte Volksgarten gegenüber dem Parlament, von dessen Quadriga hier die Rede ist, kann den Bürgern noch lange nicht die verlorenen Gärten auf dem Basteigürtel ersetzen.

Es ist persönliches kaiserliches Anliegen, daß die Wiener großzügig entschädigt werden sollen für den Verlust, aber der Baugrund an der Ringstraße wird teuer, zu kostbar für allzu ausgedehnte Grünoasen, und so will man wenigstens an der Ausstattung nicht sparen.

Im Herbst 1861 nimmt der Stadterweiterungsfonds die Regulierung des Volksgartens in Angriff, aber um den flanierenden Wienern ihr neues Paradies zu verschaffen, muß ein weiteres altes, liebgewonnenes geopfert, das hoch auf der Bastei gelegene «Paradeisgartl» abgetragen werden.

Der FIGARO dichtet der «scheidenden Muse des Gärtleins» einen «Gesang» im Tone Homers:

Sing, o Muse, den Sturz des ‹paradiesischen Gärtleins›,
wo im ewigen Lenz der alten goldenen Zeit noch
in unschuldiger Eintracht die Tiere gelebt und die Menschen;
wo sich, zahm und friedlich gesellt, bei ‹kleiner Melange›,
Kritikus-Wolf und Volksdichter-Schaf zusammengefunden...
Und aus dem uns anjetzt, dem sündigen Urpaar vergleichbar,
jagt mit dem Sichelschwert der Engel der Stadt-Erweit'rung...
Aber eitel ist alles und alles Eitle vergänglich,
und erfüllt ist die Zeit des Sündenfalles von ‹Alt-Wien›!
Und so müssen wir denn hinaus aus dem Garten der Unschuld,
umgepeitscht von der projektierten Schlange des ‹Ringwalls›,
mitten hinein in die neugepflanzte Kastanien-Dürrnis.

Ein prächtiges Eisengitter auf Steinsockeln, ein Entwurf Moritz von Löhrs, umfaßt den Volkspark, Franz Joseph persönlich wünscht und befördert die Vergoldung der aufwendigen Umzäunung, aber bei der Zuweisung der Kosten geraten sich prompt Obersthofmeister-Amt und Stadterweiterungsfonds in die Haare. Der Kaiser selbst genehmigt, zum Groll seines Obersthofmeisters Fürst Johann Liechtenstein, den Antrag des «Fonds», der Volksgar-

Nicht nur im eleganten Stadtpark, auch im populären Volksgarten spielt die Musik, tritt Publikumsliebling Johann Strauß mit seiner Kapelle auf. Der Maestro bezaubert alle, die Vornehmen aus den Palais am Ring, das erlesene Publikum in der Oper, die einfachen Leut' bei der Promenade; alle Plätze, die zum Konzertieren einladen, sind dem «Walzerkönig» genehm.

ten schließt auf demselben Niveau wie die Ringstraße ab, das Gitter wird bis zur Straßenbiegung vergoldet. Am Ende, wie so oft beim Bau der Ringstraße, steht der Kompromiß, Amt und Fonds teilen sich in die Finanzen; am 9. Mai 1863 wird der Park an das Obersthofmeister-Amt übergeben, 1864 das Gitter geliefert, auf die Fundamente gesetzt und vergoldet.
Im Frühjahr 1865 zur Eröffnung der Ringstraße strahlt es in voller Pracht.

Ein fingierter satirischer Dialog zwischen Kaiser und Kaiserin aus dem Jahr der Weltausstellung bringt das Problem auf einen fatalen Punkt:
«Wenn du es nicht wissen solltest, die Reithalle hier auf der Ringstraße verdanken wir nicht der Passion der Herrenreiter, sondern militärischen Überlegungen, genau so wie das Gitter vor dem Volksgarten, das uns vor der Volkswut schützen soll.»
Für Gesamtanlage, architektonische und gärtnerische Gestaltung zeichnet der Baumeister Friedrich Ohmann.
Der Garten erhält regsten Zulauf, Sehen und Gesehenwerden heißt die Devise der noblen Grünpromenade, und selbst wer hingeht, um nur seine Ruhe zu finden, hat wenig Chance, falls er prominent ist, wie zum Beispiel der deutsche Politiker Otto Graf Bismarck.
Leicht entnervt berichtet er nach Hause:
«Eben war ich eine Stunde im Volksgarten, leider nicht inkognito wie damals vor siebzehn Jahren, angestiert von aller Welt. Musik eines ungrischen Regiments spielte mir zu Ehren Preußenlied, und der Kapellmeister explizierte mir in gebrochenem Deutsch preußische Sympathien. Beim Fortgehen wieder Preußenlied; sehr nett von den Schnurrbärten mit ihren engen blauen Hosen gemeint; aber diese Existenz auf der Schaubühne ist recht unbehaglich.»
Zu den Sehenswürdigkeiten des Gartens gehören das große Bassin mit dem Brunnen von Anton Dominik Ritter von Fernkorn aus dem Jahr 1866; der Tritonbrunnen von Victor Tilgner, gegossen 1877; das anmutig-strenge Denkmal für Kaiserin Elisabeth von Hans Bitterlich; das Monument für Franz Grillparzer – ein Gemeinschaftswerk der Bildhauer Rudolf von Weyr (Reliefs mit Szenen aus den bedeutendsten Dramen des Dichters), Carl Kundmann (Porträtstudie in ganzer Gestalt) und Architektur von Carl von Hasenauer wird 1889 enthüllt und ist den Sommer über von Bäumen und Sträuchern dem Blick fast verborgen.

Der schwungvolle, lebendig-humoristische Triton, der die nur scheinbar widerstrebende Nymphe entführt, erfreut besonders das kaiserliche Auge; Tilgner, Ateliergefährte und Reisegenosse des großen Makart, arbeitet bereits als ganz junger Künstler am Opernhaus mit, schreibt in seiner autobiographischen Skizze:
«Ich fing im Atelier Makarts, der mein Freund blieb, ein Modell für einen Brunnen an, welches Se. Majestät der Kaiser, der bei

Das reizende junge Mädchen aus Bayern, das Kaiserin von Österreich wurde, gilt bald als Schönheitsidol Europas, ist aber doch eine unzufriedene Frau: Elisabeth leidet unter den höfischen Pflichten, dem Zwang zu immerwährender Repräsentation, und beginnt Wien zu meiden. Marmorbüste von Victor Tilgner, 1879.

seinem Besuche des Ateliers Makarts mich und meine Arbeit kennen lernte, kaufte, in Bronze ausführen ließ und für den Volksgarten bestimmte.»

Der Künstler hatte ursprünglich nur die beiden großen mythologischen Statuen geplant, entwirft jedoch für die endgültige Monumentalausführung noch einen kleinen Putto hinzu, damit man seine Gruppe «auch von rückwärts findet».

Der Erfolg macht ihm Mut. Als die Figuren gegossen und aufgestellt sind, begegnet er bei einer Vernissage im Künstlerhaus dem Kaiser; dieser fragt leutselig, ob er denn mit der Präsentation seiner Arbeit zufrieden sei.

Keck entschlossen erwidert Tilgner: «Majestät, der Brunnen ist darauf berechnet, von unten aus gesehen zu werden. Der Beschauer hat aber, wie er nun gestellt ist, eine Daraufsicht.»

Unverzüglich, schon am nächsten Tag, werden Triton, Nymphe und Putto auf ein höheres Postament gesetzt.

Tilgner modelliert später eine Statue Franz Josephs und die Büste der Kaiserin Elisabeth – das Brunnenvölkchen im Volksgarten hat seine Karriere aufs Schönste befördert.

Sein populärstes Werk, aufgestellt im Burggarten, wird 1896 enthüllt: die große Porträtplastik Mozarts in ganzer Figur. Der Bildhauer hat da nicht den elend gestorbenen Komponisten des Requiems im Sinn, der anonym im Armengrab verscharrt liegt, sondern den heiteren, eleganten Liebling der Muse, den Schöpfer der Serenaden und Singspiele, dessen Werke vergnügte Putten am Fuße des Monuments singen und musizieren.

Die Universität

Der zweigeschossige Portikus vor der Hauptfront, in klaren, harmonischen Formen der Renaissance, kontrastiert mit der schweren, rechteckigen Kuppel, die ihn überragt. Der Bau, ein Werk Heinrich Ferstels, wurde erst elf Jahre nach dem Tod des Architekten, 1884, eröffnet. Ahnungsvoll klagte der zu Beginn seiner Arbeit: «Ich bin mir zwar bewußt, dieser großen Baufrage seit jener Zeit, als mir ein Einfluß auf dieselbe eingeräumt wurde, mit größter Hingebung gedient und zur Ordnung der zahlreichen Vorfragen redlich mitgewirkt zu haben, ja, ich darf es wohl auch aussprechen, daß ich dieser einen Aufgabe, welche ich gewissermaßen als das Endziel meiner künstlerischen Bestrebungen betrachte, jede Beteiligung bei den übrigen großen Bauunternehmungen zum Opfer brachte.»

Folgende Doppelseite:

Die Universität

Viktoria, auf hohem Pylon, krönt das Denkmal für Andreas von Liebenberg, der während der zweiten Türkenbelagerung Wiens im Jahr 1683 Bürgermeister der Stadt war. Das Werk mit dem Porträt des Geehrten im Sockel, eine Arbeit von Johann Silbernagl, 1890 enthüllt, mußte lange auf seine Vollendung warten. «Und wenn die Ringstraßenbarone auch zu allgemeinen Zwecken viel Geld opfern», ärgerte sich Friedrich Freiherr von Leitenberger, der Komiteepräsident für das Monument, «so ist doch kein Motiv vorhanden, anzunehmen, daß sie für das Liebenberg-Denkmal ihre Kassen öffnen werden.»

Ende

TAXI
SEINEN

Das Rathaus

Kathedrale der Kommune

Wie ein mittelalterlicher gotischer Dom ragt das Rathaus mit seinem Hauptturm, den Nebentürmchen, Rundbogen, Fialen und Arkaden auf – eine Kathedrale für den Bürgermeister, so mokiert sich mancher spottsüchtige Wiener, viele wundern sich, daß am Ring, wo man die feierlichen Paläste im Stil der Renaissance und klassisch ausgewogene Theater- und Museumsbauten plant, ein solch anachronistisches Bauwerk stehen soll, ungeachtet, daß auch in anderen Metropolen Europas (Brüssel, München, Hamburg) gotische Rathäuser Mode sind oder werden.

Bereits im Vorfeld der Bauausführung macht sich Skepsis breit. Das Unbehagen über den von der Jury akzeptierten Plan des Architekten Friedrich Schmidt ist nicht ganz unberechtigt. Ferstels Votivkirche in Neo-Gotik war noch angemessen – ein sakrales Gebäude, ein Gotteshaus als Denkmal für wunderbare Errettung, das ließ sich vertreten. Aber ein Rathaus, in dem gearbeitet, verwaltet, regiert werden soll?

Der bissige Kritiker Karl Eduard Bauernschmid ficht im Feuilleton der NEUEN FREIEN PRESSE im Herbst 1869 eine scharfe Klinge

Am Rathausbrunnen

Wien ist nicht, wie zum Beispiel Rom, eine Stadt der Brunnen, obwohl sie in der Parks und an prominenten Plätzen durchaus zur Geltung kommen. Das große Becken beim Rathaus bietet Einheimischen und Fremden ruhigen Aufenthalt im lebhaften Getriebe der Ringstraße.

dagegen, polemisiert ohne Scheu, zwar sehr subjektiv, doch wohlbegründet:
«Die entschiedene Vorliebe für mittelalterliche Baukunst beschränkte sich aber bei mir immer ausschließend nur auf das kirchliche Gebiet; jedes gewaltsame Hinüberziehen und jede falschverstandene Anwendung derselben auf Profanzwecke erachte ich hingegen, namentlich in Wien und inmitten unserer fortschreitenden Gegenwart als absolut verfehlt.»
Dann nimmt der Autor den Baumeister persönlich an:
«Herr Friedrich Schmidt hat seinen gekrönten Konkurrenzplan mit der Devise ‹Saxa loquuntur›, die Steine reden, begleitet, und wie er unter allen das beste Bauprojekt lieferte, so hat er mit diesem klassischen Spruch unstreitig auch das beste Motto gewählt», denn: «Gewiß, verehrter Dombaumeister! Die Steine reden, und zwar nicht so leise wie jetzt, sie werden in der Zukunft, bei späteren Generationen, über uns noch viel lauter und viel despektierlicher reden. Das ist's ja eben, was ich befürchte, daß dieses von Ihnen projektierte gotische Gefüge von Mörteln und Ziegeln für den städtischen Palast uns bei der Nachwelt abscheulich verleumden werde.»
Der Autor weiß auch genau, was die Steine des Rathauses «unseren Ururenkeln am Beginn des dritten Jahrtausends christlicher Zeitrechnung erzählen» werden: «Das müssen rechte Betbrüder gewesen sein, die Wiener jener Zeit», die da ihre Liberalität und Fortschrittlichkeit rühmen, politische und religiöse Freiheit verfechten und in Widerspruch dazu monströse gotische Bauwerke aufführen, aus denen «der Geist des finsteren Zeitalters herausschielt.»
Wenn man den unmittelbaren Bezug zur Gotik ausklammert und das Grundsätzliche aus Bauernschmids Philippika destilliert, hat er mit diesen derben Worten das Ringstraßenproblem insgesamt erkannt.

Alles, was dort konzipiert wird, heiße der Architekt nun Schmidt, Ferstel, Hansen oder auch Semper, wendet sich an den Geist der Vergangenheit.
Der Historismus kann seinen eigenen Anspruch, die *Kontinuität* aus Vergangenheit, Gegenwart und Zukunft, nie konsequent erfüllen, wird immer *einer* Komponente dieses Dreischritts etwas schuldig bleiben müssen.
Reine Gotik gegen Ende des 19. Jahrhunderts muß Anachronismus sein, der respektlose Journalist «rempelt» mit Recht gegen den gutmeinenden Baumeister und die preisverleihenden Juroren und kann doch nichts ausrichten.
Das Kunstblatt der NEUEN FREIEN PRESSE gibt dann auch einem milderen Anwalt das Wort in seinen Spalten. Archivdirektor Karl Weiß begütigt den zweiten Vorwurf der Schmidt-Gegner, sein Entwurf passe nicht zu den bestehenden und künftigen Projekten des Rings.
«Von diesem ästhetischen Standpunkt aus wird man einwenden, daß ein gotischer Rathausbau in Wien, wo er auch zu stehen käme, mit seiner Umgebung disharmonisch sei. Darauf antworten wir, daß die schönsten Plätze der Welt die historisch gewordenen, nicht gemachten sind, daß ihre Schönheit gerade mit, und oft vielleicht einzig, in der Verschiedenartigkeit der Gebäude liegt», und: «Es pulsiert in Wien etwas von dem lebendigen Blute und der Heiterkeit des Südländers; wir wollen Phantasie, Farbe, Wirkung, und es wird wohl niemand sein, der das dem Schmidt'schen Projekte abspricht. Wenn unseren religiösen und politischen Liberalismus weiter keine Reaktion bedroht, so kann der gute Bürger ruhig sein Haupt niederlegen.»
Prämiert ist prämiert. Bürgermeister Cajetan Felder freut sich, als der Kaiser den Bauplatz für seinen künftigen Amtssitz, den Paradeplatz, freigibt.
Schmidt ist allerdings entsetzt. Wütend fast, klagt er: «Ich soll

meinen Bau, den meine Phantasie so malerisch in eine meinem Gedanken vollkommen entsprechende Umgebung dem buschigen Stadtpark gegenüber hingestellt, in die wüste Einöde des Exerzierplatzes verlegen?»
Später akzeptiert er den Standort.
Die immer wiederkehrende Unsicherheit, was denn nun wo gebaut werden soll am Ring, Zuweisung und Veränderung der Standorte, häufige Revision des Katasterplanes selbst dann, wenn die Architekten bereits am Reißbrett sitzen, öffnet natürlich Spekulanten Tür und Tor.
Die NEUE FREIE PRESSE beklagt solche Zustände 1873, im Jahr des Bankencrashs und der Weltausstellung, als in Wien ohnehin sämtliche Preise außer Kontrolle geraten sind.
«Die Stadt hatte den Baugrund für das gegenüber dem Stadtpark geplante Rathaus vom Stadterweiterungs-Fonds um den (freilich stark herabgesetzten) Preis von 200 000 Gulden erstanden. Als der Platz zwei Jahre später nach dem Tausch gegen jenen auf dem Paradeplatz, wo man das Stadthaus jetzt errichtet, an den Fonds zurückfiel, erhielt diese für dieselbe Grundfläche mehr als zwei Millionen Gulden.»
So etwas zieht «Bauhyänen» an den Ring, macht böses Blut bei den Einheimischen, treibt die Kosten an der teuren Nobelmeile in die Höhe und läßt die Gegner, da ihre Kassandrarufe nicht gefruchtet haben und nicht gehört werden, oft übertrieben militant gegen die Ringbauplaner und -baumeister zu Felde ziehen.
Der bissige FIGARO überschüttet die Debatten um den Rathausneubau und die schleppenden Vorbereitungen mit gewohntem Hohn und parodiert unter der Rubrik «Kommunales» die Lage im Herbst 1871:
«Die feierliche Grundsteinlegung des neuen Stadthauses findet definitiv am 18. August 2734 statt. Der jetzige Gemeinderat wird vollzählig dabei en Mumie erscheinen. Baurat Schmidt wird über

die Wichtigkeit der baldigen Ausführung eine Rede halten, Gemeinderat Steudel interpelliert den Bürgermeister wegen Übereilung und beantragt eine Vertagung.»

Die Arbeiten beginnen schließlich am 25. Mai 1872, ein Jahr später, am 14. Juni, wird in Anwesenheit Franz Josephs I. der Grundstein gelegt.

Ringstraße und Bauplatz präsentieren sich festlich geschmückt. Der Bürgermeister spricht erhabene Worte: «Was dem Krieger die Veste war, ist dem Bürger das Stadthaus. Dorthin führt ihn sein Beruf, dort sieht er die schaffende Macht des Zusammenwirkens, das Band der gesetzlichen Ordnung, dort übt er seinen Gemeinsinn, sein Recht, seine Pflicht.»

Aber nichts läuft schnell und zügig an der «Jahrhundertbaustelle» Ring. Unterbau, Oberbau, Parterre, Hochparterre und Mezzanin entstehen bis 1876, 1877 ist das erste Stockwerk fertig, das gewaltige Bauwerk wächst allmählich – doch die Neuzeit schlägt dem nachgeahmten Mittelalter, solidarisch mit den Kritikern, eine unvorhergesehene Volte. Wohl hat man im Jahr 1870 eine Bauhütte, in Anlehnung an die alten Dombauhütten, angelegt. Aber den Steinmetzen des 19. Jahrhunderts gehen die kunstvollen Dekorationsteile im Stil des 14. nicht so rasch von der Hand. Sprengwerk, Fensterrosetten, Gesimse, Fensterumrahmungen im Filigran jener entfernten Epoche bereiten handwerkliche Schwierigkeiten, die enormen Ausmaße, die so vielgliedrig, zierlich, mit Spitzen, Säulchen, Kapitellen, Strebewerk und Statuen besetzt werden müssen, führen Verzögerungen herbei.

Zeitverschiebung kostet Geld. Schmidts Projekt verschlingt ohnehin Erkleckliches, das Repräsentationsbedürfnis droht die Kapazität des Stadtsäckels zu übersteigen.

Friedrich Schmidt, Dombaumeister und Schöpfer des Rathauses, ist einer der letzten Romantiker unter seinen Kollegen. Sein Traum vom Mittelalter, die Erhöhung der Kommune durch einen Bau im feierlichen Kathedralstil, wird bereits zu Lebzeiten in Frage gestellt. Unanfechtbar, konsequent, bleibt er sich und seiner Sache treu: und der Überzeugung, daß sein Rathaus «dem überlieferten Typus jener Epoche entsprechen müsse, welche mit dem Emporblühen des deutschen Bürgertums zusammenfällt», nämlich der gotischen.

Kritische Anfragen der Opposition bleiben nicht lange aus, Erkundigungen nach der Verhältnismäßigkeit der aufgewendeten Mittel, dem Mißverhältnis zwischen Investitionen und Nutzen,

die sich auch Kollege Hansen, der Schöpfer des Parlaments, wird gefallen lassen müssen, richten sich an Schmidt.
Der große Börsenkrach von 1873 läßt die Arbeiten nur langsam voranschreiten, immer wieder kommt es zu finanziellen Defiziten, und dabei verlangt die Arbeit des Magistrates so nötig nach den neuen Büros, Sitzungszimmern, die Verwaltung der Stadt Wien logiert zum Teil in angemieteten Häusern.
Erst im Frühjahr 1880 präsentiert Schmidt das «Programm für die Ausschmückung des neuen Rathauses durch historische Bilder», am 12. September 1883 wird endlich vom Kaiser eigenhändig der Schlußstein gelegt.
Die Dekoration der Festräume ist schließlich im Jahr 1888 vollendet.
Am 20. Juni 1885 werden die neuen Räume zum ersten Mal von den Kommunalpolitikern benutzt. Man ist stolz auf das prächtige Domizil. Der freistehende Turm dokumentiert das selbstbewußte Gefühl, hinter den hochaufstrebenden gotischen Kirchentürmen nicht zurückzustehen – ein letzter Triumph über die scharfzüngigen Lästerer der späten sechziger Jahre. Auf ihm postiert sich, abermals Reverenz vor dem Mittelalter, der eiserne «Rathausmann» – ein von Kopf bis Fuß in Ritter-Rüstung gewandeter überlebensgroßer Standartenträger, Arbeit von Franz Gastell, ausgeführt durch Alexander Nehr (1882 aufgestellt), späht mit aufgeklapptem Visier, die Hand wehrhaft am Schwertgriff, hochgemut über die Wienerstadt.
Das Rathaus präsentiert sich, seinem hohen kommunalen Auftrag entsprechend, innen und außen würdig ausgestattet. Auch die Hauptzufahrt säumen Statuen historisch und kunstgeschichtlich wichtiger Persönlichkeiten, acht Standbilder: Herzog Heinrich II. Jasomirgott, Herzog Rudolf der Stifter, Rüdiger Graf Starhemberg und Johann Bernhard Fischer von Erlach, links, und Herzog Leopold VI. der Glorreiche, Niklas Graf Salm, Kardinal Leopold

Graf Kollonitz und Josef von Sonnenfels, rechts. Der große Festsaal, 70,7 Meter lang, 17,1 Meter hoch, liegt im Hauptgeschoß und unterstreicht mit der Pracht seiner Kassettendecke, den Fresken in der Galerie, hohen Arkaden und den Denkmälern berühmter historischer Persönlichkeiten Bürgerstolz und Reichtum der Kommune.

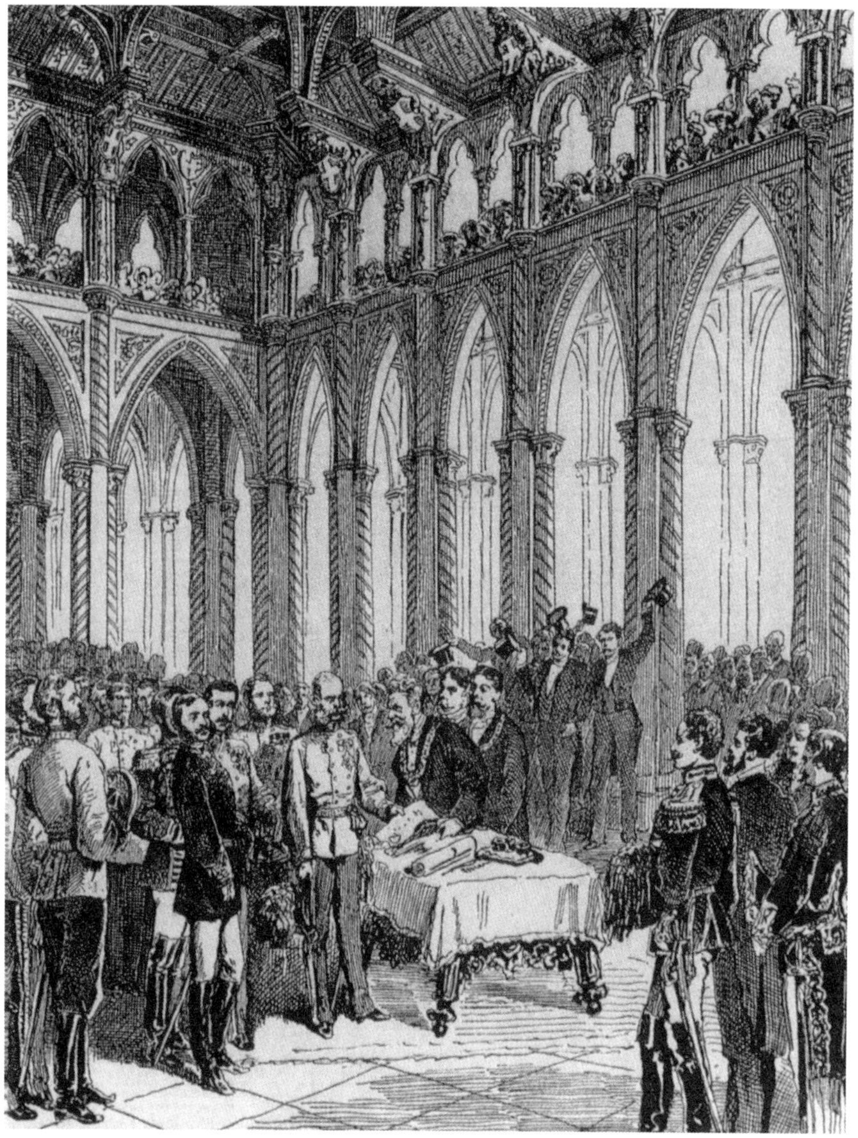

Feierliche Schlußsteinlegung am 12. August 1883: Kaiser Franz Joseph unterzeichnet die Bauurkunde des Rathauses, die ihm Bürgermeister Eduard Uhl (er amtiert von 1882 bis 1889) vorlegt. Zinkotypie, 1883.

Nur Friedrich Schmidt, der unermüdliche Erfinder und geduldige Erbauer der ganzen Herrlichkeit, der nicht bloß für Entwurf und Ausführung, sondern auch den technischen Bereich verantwortlich zeichnet, gerät ins Stottern, als er noch einmal auf das historistische Problem und seine Folgen angesprochen wird. Fast ärgerlich erwidert er:
«Wenn an mich die Frage gerichtet wird, in welchem Stile das Rathaus gebaut sei, ob gotisch? Ich muß offen bekennen, daß ich es nicht weiß. Wenn man mich früge, ob es im Stile der Renaissance gebaut sei, so muß ich antworten, daß ich es nicht glaube. Wenn aber irgend etwas charakteristisch für den Stil des Baues ist, so mag es der Geist der Neuzeit im eigentlichen Sinne des Wortes sein, der sich voll in ihm ausspricht.»
Heiliger Irrtum eines passionierten Romantikers seiner Zunft!
«Hier ruht in Gott ein deutscher Steinmetz», diesen Grabspruch hat er sich selbst gewählt, als er im Jahr 1891 stirbt.
Die heterogene Gemeinschaft am Paradeplatz, Hansens griechisches Parlament, Ferstels Universität in Neo-Renaissance und sein eigenes Rathaus in Neo-Gotik, hat ihn nie nachdenklich gemacht. Sitzt er nicht mit beiden rivalisierenden Kollegen einträchtig im Architektenverein und wechselt den Vorsitz mit ihnen ab? Lehren nicht alle drei an der Akademie der bildenden Künste und der Technischen Hochschule? Gibt es nicht für das ungleiche Triumvirat Brot und Ehre, kaiserliches Wohlwollen und berufliches Fortkommen in der Hauptstadt Österreichs?
Nichts, so heißt es im anbrechenden 20. Jahrhundert, ist so erfolgreich wie der Erfolg. Friedrich von Schmidt, auch er geadelt und hochangesehener Bürger Wiens, übertönt seine Zweifel und hört die Worte des Literaten nicht mehr, die sein und der Mitstreiter Werk niederschmettern, das stolze Kunstverständnis im Spiegel der Moderne ad absurdum führen. Hermann Bahr schreibt: «Früher hätte man zuerst verlangt, daß ein Gebäude

Kaffeehaus beim Burgtheater

Den Kaffee und mit ihm die heilige Institution des Wieners, das Kaffeehaus, brachten die Türken mit. Hier trifft man sich, studiert die Presse und vergißt alle Sorgen. Peter Altenberg empfiehlt, sich in jeder mißlichen Lage zu trösten: «Du hast zerrissene Stiefel – Kaffeehaus! Du hast 400 Kronen Gehalt und gibst 500 aus – Kaffeehaus! Du bist Beamter und wärst gern Arzt geworden – Kaffeehaus! Du findest keine, die dir paßt – Kaffeehaus!»

‹nach etwas aussehe›. Wir verlangen, daß es etwas sei. Wir schämen uns, wenn die arbeitenden Menschen von heute wie die Fürsten und Patrizier von vorgestern leben.»

Ein neues Rathaus in Wien, ein gotisches gar, das Traditionsbewußtsein bezeugt und den Vätern der Stadt Anbindung an die frommen Zeiten attestiert, als alles zum Lobe Gottes geschah und der hochgetürmte Kathedralbau die höheren Mächte und ihre irdischen Stellvertreter verherrlichte – das *kann* sogar der Kaiser nicht nur einfach schlicht seiner Bestimmung übergeben.

Geschichtsbewußte Besiegelung ist vonnöten, und sie geschieht durch eine Exposition, die an schrecklichste Bedrohung und wunderbarste Errettung der Metropole erinnert:

«Historische Ausstellung der Stadt Wien, 12. September bis 15. Oktober 1883 zur 200. Jahr-Feier der zweiten Türkenbelagerung und zur Schlußsteinlegung des Neuen Rathauses.»

Bürgermeister Felder bezieht das freudig erwartete neue Domizil im Rathaus nicht – am 28. Juni 1878 reicht er seinen Rücktritt ein. Der liberale Politiker wird von einem Mann der Opposition, dem Gemeinderat Karl Lueger, wegen einer Verfahrensfrage in Sachen Wahlrecht hart attackiert und gibt auf. Nachfolger wird der von allen Parteien gestützte Julius Newald. Auch Lueger war 1875 als Kandidat der Liberalen in den Gemeinderat gewählt worden, schwankt dann lange in der Suche nach seiner politischen Heimat: bald demokratisch, bald christsozial, bald antisemitisch, seit 1885 Reichsratsabgeordneter, übernimmt er die Führung des christsozialen Vereins, aus diesem geht 1893 die Christlichsoziale Partei hervor. Lueger wird einer ihrer führenden Männer.

Der «schöne Karl», so sein Neckname in Wien, erweist sich als außerordentlich militanter Politiker, der keinen Konflikt scheut und selten einer Konfrontation ausweicht. 1876 mußte er aus dem Gemeinderat ausscheiden. 1878 wird er wieder gewählt.

Für Bürgermeister Newald schlägt sich Lueger in die Schanze, als

Fiaker

Zu Anfang des Ringsstraßenbaus, 1862, wurden Fremde noch gewarnt: «Unter den Fuhrunternehmen Wiens nehmen die Fiaker durch ihre berühmt gewordene Geschicklichkeit im Fahren und durch die Eleganz und Bequemlichkeit ihrer Wagen den ersten Platz ein», doch: Es «versuchen die Fiaker häufig», die gesetzliche Taxe zu umgehen, also «höhere Anforderungen zu machen, und es bedarf oft der ganzen Energie des Fahrgastes, um sich vor Übervorteilung sicherzustellen.» Im Weltausstellungsjahr 1873 beruhigte ein gedruckter Fremdenführer dann das Publikum: «Wer jedoch die Fiakerkutscher zu nehmen weiß, wie sie genommen sein wollen, wird ganz gemütliche Leute unter ihnen finden und von gesundem Witz.» Als längst schon Autos über den Ring fuhren, blieben die offenen Pferdegespanne Attraktion.

dieser wegen des Ringtheaterbrandes als Schuldiger herhalten soll. 1883 verteidigt er in seinem erlernten Beruf als Rechtsanwalt zwei Arbeiter im Anarchistenprozeß – ein Mann also, der Aufsehen erregt, unbequem, zunächst auch unberechenbar erscheint, bei den Konservativen wenig Freunde findet, aber auch kein ganz ausgewiesener Linker ist.
Karl Lueger ist von 1893 bis 1895 Stadtrat und von 1895 bis 1897 Vizebürgermeister.
Im Jahr 1895 wählt man ihn viermal zum Bürgermeister der Stadt Wien, aber da legt sich die kaiserliche Majestät quer.
Franz Joseph will ihn nicht, den «troublemaker», den agilen Advokaten aus schlichten Verhältnissen, der als Fürsprecher der kleinen Leute so demagogisch auftreten kann und sich nicht um «Allerhöchstes Mißfallen» schert. Dieser Mann im ehrwürdigen gotischen Rathaus an der Ringstraße – der bloße Gedanke ärgert den Kaiser, die Kaiserstadt am Donaustrand ist «Seine» Metropole. «Mein» Wille hat den Ring samt Reichsrat und Stadthaus befohlen.
Einen Aufmüpfigen wie Lueger kann er keinesfalls in Audienz empfangen und «dermalen» nicht als Bürgermeister bestätigen. Die Bürger Wiens nennen die vier Jahre, die Lueger braucht, um doch noch auf dem höchsten Stadtsessel Platz zu nehmen, spöttisch «Dermalium».
«Jener glaubt der Herr Wiens zu sein», freut sich der Herr Bürgermeister, als er schließlich im Amt sitzt, und weist mit lässiger Handbewegung zur Hofburg, «ich aber bin es.»
Lueger macht sich ein Vergnügen daraus, die Majestät, die ihn so lange hat zappeln lassen, zu ärgern.
«Einstmals nach der Fronleichnamsprozession, als der Kaiser im goldstrotzenden Hofgalawagen, gezogen von acht Schimmeln, St. Stephan verließ, fuhr Lueger, in seiner städtischen Galakarosse sitzend, dem Monarchen unmittelbar nach, neigte sich, fortwäh-

rend den Hut ziehend, sehr auffällig aus dem Wagenfenster, so daß ihm lauter gehuldigt wurde als Seiner Majestät», diese Anekdote erzählt Niederösterreichs Stadthalter Erich Graf von Kielmannsegg.
Allzu aufgeregte Abgeordnete im Reichsratsgebäude pflegt Lueger mit Gelassenheit zu begütigen: «Es würde keinen Parlamentarismus geben, wenn alle gleicher Anschauung wären.»
Doch bringt Lueger die Metropole Österreichs weiter auf ihrem Weg in die Moderne, vor allem auf dem Sektor Energie; die Stadt wird «kommunalisiert», Gas-, Wasser- und Elektrizitätsversorgung kommen voran, die Straßenbahn wird städtisches Eigentum, ihr Netz erweitert.
«Wien. Und in dieser Stadt ein einziges Haupt: Lueger, der Bürgermeister», wundert sich der Romancier Felix Salten, dem man die zeitgenössische Porno-Erzählung der sexhungrigen Josephine Mutzenbacher zuschreibt. «Er nahm die Straßenbahnen, die Gaswerke, das elektrische Licht, die Leichenbestattung, die Spitäler. Wasser und Feuer, Leben und Tod gehört der Stadt.»
Als Bürgermeister gewinnt Lueger Format und Popularität. Seine Person ist stets für einen Wahlerfolg gut. Ein Zeitgenosse, der ihm mit Sympathie «auf's Maul» geschaut hat, Albert Fuchs, beschreibt sein Auftreten:
«Er sprach eine im öffentlichen Leben ganz ungewöhnliche Sprache, wienerisch, bürgerlich, gutmütig und derb, sogar hausmeisterisch. Die liberalen Redner hatten klassische Zitate gebraucht, nie war ein Scherz über ihre Lippen gekommen. Lueger zitierte nichts», obwohl er das gekonnt hätte, doch: «An witzigen Einfällen war er unerschöpflich; seine Art, auf seine Gegner zu schimpfen, erinnerte ein wenig an die Art, in der Fiaker auf den Standplätzen schimpfen.»
Karl Lueger behält als *Kommunal*politker stets auch die *Staats*politik im Auge; sein früh kreiertes Schlagwort von der «österreichi-

schen christlichen Volkspartei» bleibt ihm Anliegen, er nähert sich in politischen Fragen oft wieder der Mitte.

Bürgermeister für *alle* Wiener will er sein, und deshalb interessiert sich Karl Lueger auch für die Probleme des Mittelstands, des Bürgertums.

Wer hätte dem mit Worten dreinschlagenden ambitionierten Gemeinderat zugetraut, daß er als etabliertes Stadtoberhaupt von der «k. u. k. privilegierten Sozialdemokratie» sprechen würde?

In der Ära Lueger entstehen auch die Zentralsparkasse, das Lainzer Versorgungshaus, die beiden Hochquellenwasserleitungen in Wien, Schulen, Waisenhäuser und Volksbäder, wird das «Generalprojekt eines Wald- und Wiesengürtels und einer Höhenstraße für die k. u. k. Reichshaupt- und Residenzstadt Wien» festgeschrieben (1905).

«Dr. Lueger vor der Thronbesteigung», steht über dieser zeitgenössischen Karikatur mit der Unterschrift: «Dankbar falt' ich meine Hände, das ‹Dermalium› ist zu Ende.» Der ideologisch liberal bis «links» angesiedelte Bürgermeister Wiens wird vom Kaiser vier Jahre lang «dermalen nicht «bestallt und vergißt das Franz Joseph sein Leben lang nicht. «Ich kenne eine krankhafte Erscheinung», wettert er gegen die profitliche Ringstraßengesellschaft an: «Es ist die Sucht, Geschäfte zu machen, die Jagd nach mühelosem Gewinn, es ist das Geldverdienen um jeden Preis!»

Das Parlament

Österreichs Walhalla

Zu den repräsentativsten Bauten am Ring, breit hingelagert auf einem gewaltigen Grundriß von 137 × 145 Metern, zählt das Parlament.

Von den öffentlichen Gebäuden unterscheidet es sich, hebt sich hervor wie ein «weißer Rabe» unter herkömmlich gefärbten Genossen, denn sein Schöpfer, der aus Dänemark stammende Architekt Theophil Hansen, vertritt mit reinem Klassizismus den letzten «originalen» Baustil, dessen Zurechnung zum Historismus nicht eindeutig entschieden ist und als Symbol steht für Griechenland als Wiege der Demokratie.

Neo-Gotik, -Renaissance, -Barock sind die herrschenden historischen Bauweisen am Ring. Hansens Hauptwerk orientiert sich an der Antike, gliedert sich in die nachschöpferischen Formen und Maße der Klassizisten, die auf eigengestalterische Talente pochen, für sich in Anspruch nehmen, den Bogen zwischen den Ursprüngen Griechenlands und dem Erfindungsreichtum der Neuzeit des europäischen Abendlands zu schließen.

An Hansens Person und Werk entzündet sich, unter Kollegen und der kommentierenden Fachwelt, selbstverständlich auch der mit

Leitartikeln meinungbildenden Presse, ein aufgeregter Streit der Ansichten.
«Barock», so plädieren die Gegner der klassizistischen Stilrichtung, sei der einzige Österreich angemessene neue Weg und beten gläubig her: Salzburg mit seinen Kirchen und Palästen, Wiens Belvedere und Schönbrunn, hier gelte es anzuknüpfen in der Ringstraße, das allein sei bauplanerische, ja patriotische Pflicht, vor allem, wenn es sich um den künftigen Sitz vaterländischer Politik handle.
Das «Reichsratsgebäude», verlangen traditionsbewußte Parteigänger, müsse genau unterschieden gebaut werden zwischen Herrenhaus und Abgeordnetenhaus.
Hansen verbindet, ein Kompromiß, der seinen Intentionen sehr gelegen kommt, beide Häuser durch einen tempelartigen Mittelbau als quasi übergeordnete Einheit *und* übergreifendes Element zugleich.
Er entfacht noch eine zweite Kontroverse. Zu groß, raum- und materialverschlingend seien die Bauten der Stadterweiterung, heißt es. An seiner Person macht man die Beschwerde fest, aber sie gilt den Kollegen gleicherweise.
Zu riesige Treppenhäuser und Vestibüle, Auffahrten, Höfe, Säle und Repräsentationsräume würden allerorten gebaut, argumentieren die Kritiker – sie haben vielleicht sogar recht, aber das Pompöse, Aufwendige ist ja geradezu Programm der Ringstraßenarchitektur.
Bewußte Anlehnung an den antiken Tempelbau ist Theophil Hansens persönlichstes Anliegen, mit diesem Konzept gibt er dem Ring eine besondere Note.
Die riesige, breite Auffahrtsrampe (die Hansen ursprünglich allerdings nicht so in der Planung hatte) vor dem prachtvollen Portikus lenkt bereits aller Augen auf sich, die elf Meter hohen korinthischen Säulen begleiten das Eintreten, das Giebelfeld der Fassade,

gestaltet von Edmund Hellmer, besiegelt die Bedeutung des Vielvölkerstaates Österreich: Kaiser Franz Joseph versammelt um sich die siebzehn Kronländer der Monarchie in Gesetzgebung und Beratung.

Der erste Plan zur Stadterweiterung sah noch kein neues Parlamentsgebäude vor. Erst die Februarverfassung von 1861 verlangt ein repräsentatives neues Haus für die Abgeordneten. An der Ausschreibung beteiligen sich unter anderen Schmidt, van der Nüll, Sicardsburg, Romano und Ferstel.

Und wie es fast schon Usus ist bei der Planung neuer Ringstraßenbauwerke – das Projekt verschleppt sich in endlosen Querelen um Standort, Budget, Zuständigkeiten. Pläne werden beraten und wieder verworfen, Hansen setzt sich vehement und eloquent für sein Konzept ein:

«Durch den Portikus tritt man in ein durch die Stiegenanlagen und Säulenstellungen, sowie durch seine Raumverhältnisse und die stilistische Behandlung imponierendes Vestibüle und von da in den eigentlichen Prachtraum, in die künftige österreichische Walhalla, welche die Mitglieder der beiden Häuser gemeinsam empfängt. Dieser Saal trennt die beiden hohen Häuser voneinander, bietet aber zugleich Vereinigungspunkt für beide. Hier ist der würdigste Platz, die Standbilder der besten und verdienstvollsten Männer Österreichs aufzustellen, welche dem Eintretenden mit edlem Beispiel voranleuchten. Für die Gesamtanlage des ganzen umfangreichen Gebäudes ist dieser Saal auch in architektonischer Hinsicht unbedingt notwendig», denn durch ihn und «den hierdurch bedingten und besonders hervorgehobenen Mittelbau» ist «die einzige Möglichkeit vorhanden, das Gleichgewicht zwischen den zwei Gebäuden und die Einheit in dem ganzen Bau herzustellen.»

Idee und Nutzen kollidieren hier hart. Ruhmeshalle, ideeller Repräsentationswille stehen gegen Utilitaristen, die den Gebrauchswert wägen – und die Kosten. In einem Theater soll gespielt, gesungen, in der Kirche gebetet, in der Universität studiert, im Rathaus die Kommune regiert, im Parlament schließlich debattiert, politisiert werden; ein würdiger Rahmen gewiß, der steht Künstlern, dem lieben Gott und auch Abgeordneten zu, aber es muß ja nicht gleich für die Ewigkeit sein und die Staatsfinanzen über Gebühr schröpfen.

Die NEUE FREIE PRESSE macht sich zum Fürsprecher des großgesehenen Konzepts: «Man spare weder an Raum noch an Geld; bei einem so wichtigen Monumentalbau kann und darf nur *eine* Rücksicht maßgebend sein, jene nämlich, ihn so würdig und schön als möglich auszuführen. Solche Bauten sind ja nicht nur ein Denkmal, das sich die Gegenwart setzt, um künftigen Generationen im steingefügten Gebilde zu erzählen, auf welcher Höhe der Bildung sie gestanden, sie sind auch ein weithin wirkendes Kultur- und Erziehungsmittel für das Volk.»

Das ist Wasser auf Hansens Mühle. Nun muß er nicht mehr sparen an Götter- und Heldenstatuen, spiegelnden Marmorverbrämungen, Prunk und Pracht der Innenausstattung.

Die Entscheidung zieht sich noch hin, aber im April 1874 gibt der Kaiser Bewilligung für seine Planung, das allnotwendige «Bau-Comité», dem Mitglieder beider Häuser, Vertreter des Innenministeriums und der Bauleitung angehören, waltet seines Amtes, am 31. August ist Grundsteinlegung.

In einer dem mittelalterlichen Maurertum nachempfundenen Bauhütte am Ring kann Wiens Bevölkerung wenig später das Modell besichtigen. Die KUNSTCHRONIK resümiert positiv: «Das schwierige Problem, die vielseitigen Anforderungen des modernen parlamentarischen Lebens mit den einfachen Formen des griechischen Stiles in Harmonie zu bringen und eine reiche Gebäudegruppe zu schaffen, welche bei aller Mannigfaltigkeit im einzelnen doch gegen die Grundgesetze der hellenistischen Baukunst in keinem Punkte verstößt, ist hier in überraschend glücklicher Weise gelöst.»

Ein unverhofftes Problem stellt sich in den Weg zur Fertigstellung des Parlaments. Hansen ist anspruchsvoll in der Wahl des Materials. Die Statuen der Heroen sollen schließlich vom Edelsten gestaltet werden, und das ist Marmor oder wenigstens das Beste aus den Vorkommen des eigenen Landes. Kosten, Kosten, Kosten – Zeus und Hera, Apollo und Athene, Ceres und Poseidon grollen im hohen Olymp!

Carraramarmor – welcher Planer bildhauerischer Meisterwerke träumte da nicht von Michelangelo. Die Hüter der Finanzen träumen nicht, sie rechnen.

Und plötzlich erhebt sich auch in dieser Frage der Geist des Patriotismus.

Besitzt man nicht wunderbare Steinbrüche in Laas und Sterzing, Schlanders oder andernorts im Vaterland?

Als dieses Argument auftaucht, sind Preise, Kalkulation, Transportschwierigkeiten plötzlich keine Frage mehr. Hansens Idee, mit Terrakotta zu arbeiten, geht nahezu unter im verbalen Donner der Patrioten:

«Marmor oder Terrakotta – bei der Ausschmückung der Außenseite des Baues? Die Antwort auf diese Frage ist aber von allen kompetenten Persönlichkeiten, die dabei mitzureden haben, und im ganzen Publikum schon in so entschiedener und deutlicher Weise erteilt worden» – Marmor soll es sein, und zwar einheimischer! Der Deputierte Joseph Greuter wettert effektvoll:

«Ich glaube, wenn irgend ein Bau in Österreich das Recht in Anspruch nehmen kann von dem patriotischen Abgeordnetenhause, daß es aus österreichischem Steine gebaut werde, so ist es das Parlamentshaus in Wien ... Wenn auch der Tiroler Marmor etwas teuer kommt, dafür hält er mehr Sturm und Wetter aus, wie dies auch beim Tiroler Volk der Fall ist. Wir sind etwas hart zu bearbeiten, aber wenn wir in der rechten Lage sind, halten wir fest und opfermütig auch in sturmbewegten Tagen aus.

Das Protokoll vermerkt «Heiterkeit» im Plenum.

Vom Volksgarten aus wird man künftig die großen Skulpturen der Quadrigen durch das Laub der Kastanien sehen – sie bekrönen, vierfach ausgeführt, die Dächer des Parlaments, in dem die Arbeit den Volksvertretern oft sauer, manchmal aber auch Routine wird. Unter dem «wienerisch-hellenistischen Säulendach», beobachtet Anton Kuh mit Skepsis, herrscht «soigniertes, mäßig durchkühltes Halblicht. Es schließt eine Welt ab, die von der Straße und dem Tag nichts wissen darf, wenn sie an ihre heilige Wichtigkeit glauben soll. Und sie weiß auch nichts davon, folgt vielmehr im Sitzungssaal, im Vestibül und der Kreuz und Quer durch alle Wandelgänge ihrem eigenen Rhythmus: dem der Sachlichkeit ohne Schweiß, der Emsigkeit ohne Abhetzung, der pathetischen Nüchternheit... Das ist überhaupt die Überraschung des neuen Parlaments: die Affektlosigkeit.»

Am 4. Dezember 1883 findet die erste Sitzung statt, am 7. Januar 1884 besucht der Kaiser das Parlament.

Häufig findet der versöhnungsstiftende Mitteltrakt, einerlei ob aus dem «Herren»- oder dem «Abgeordneten»-Haus, erbitterte Kontrahenten unter seinem griechischen Dach.

Das Hohe Haus sieht auch turbulente Stunden. Der «Schmelztiegel» Wien, in dem zahlreiche Mitglieder des Vielvölkerstaates Österreich leben, schafft brisante Reibungsflächen.

Minderheiten werden militant. Deutsch ist zwar die Amtssprache der k.u.k. Monarchie, doch Ungarn und Tschechen vor allem legen größtes Gewicht auf die Wahrung nationaler Eigenheiten; Böhmisch, Mährisch, Slowakisch hört man in der Hauptstadt Österreichs immer häufiger, und die tschechische Bevölkerungsgruppe organisiert sich, gewinnt an Stärke und Einfluß, erhebt Forderungen, will ihre Sprache «amtlich» machen.

Krawall im Reichsrat.
Am 25. November 1897 muß im Saal des Wiener Abgeordnetenhauses die Polizei eingreifen.

Die kaiserliche Beamtenschaft ist überhaupt nicht angetan, ja regelrecht empört, als sie Tschechisch lernen soll.
Im Jahr 1897 erläßt der neue österreichische Ministerpräsident, Graf Kasimir Badeni, polnischer Herkunft, ein eher ausgleichender Mann, seine «Sprachenverordnung» – doppelsprachige Amtsführung für alle Gerichts- und Verwaltungsbehörden in Böhmen und Mähren, Zweisprachigkeit aller Beamten.
Das ist den Deutschnationalen ein Affront, ihre heiligsten Besitzstände, die Amtssprache, der ausschließlich deutsche Ton in der Beamtenschaft, sind bedroht. Bis zum Jahr 1901 sollte jeder neu eingestellte Staatsbeamte beide Sprachen perfekt beherrschen, und zwar in Wort und Schrift.
Krawall, Redeschlachten, Handgreiflichkeiten im Parlament! Am 25. November 1897 rückt die Polizei an, greift ein im Abgeordnetenhaus, ein Kommissar fordert die lärmenden Volksvertreter auf, die Estrade zu verlassen. Die Deutschnationalen wollen gar nicht mehr zu reden aufhören, um der Opposition keine Möglichkeit zu lassen, Argumente vorzutragen; ihr Parteiführer, Georg von Schönerer, hat Werkzeuge mitgebracht und zerfetzt wutschnaubend die Überzüge der Sitzreihen. Als Gendarmen den Rasenden aus dem Plenum entfernen, schreit der empört: «Ich weiche der Gewalt! Hoch Germania!»
Draußen, vor dem Gebäude, treten Polizisten zu Fuß und zu Roß an, um es vor Demonstranten zu schützen. Husaren des 15. Regiments zerstreuen schließlich die aufgebrachte Menge.
Tumult im Hohen Haus, Schlägerei unter Abgeordneten, finden ihr Echo auf der Straße. Am 26. und 27. November ist der Ring schwarz von Demonstranten, denen sich Arbeiter und Mitglieder der linken Parteien anschließen.
Karl Lueger, der christlich-soziale Bürgermeister Wiens, Gegner Badenis, verlangt Rücknahme der Sprachenverordnung – nicht aus patriotischer Anwandlung oder deutschtümelnder Überzeu-

gung, er kann für Sicherheit und Ordnung nicht mehr garantieren, so vehement sammelt sich der Volksauflauf.

«Mit den Badeni-Krawallen», schreibt der Dichter Stefan Zweig im Rückblick auf das «Fin de siècle», die «Welt von gestern», «hatte der Einbruch der Brutalität in die Politik seinen ersten Erfolg zu verzeichnen.

«Alle die unterirdischen Risse und Sprünge zwischen den Rassen und Klassen, die das Zeitalter der Konzilianz so mühsam verkleistert hatte, brachen auf und wurden Abgründe und Klüfte. In Wirklichkeit hatte in jenem letzten Jahrzehnt vor dem neuen Jahrhundert der Krieg aller gegen alle in Österreich schon begonnen. Wir jungen Menschen aber, völlig eingesponnen in unsere literarischen Ambitionen, merkten wenig von diesen gefährlichen Veränderungen in unserer Heimat. Wir blickten nur auf Bücher und Bilder. Wir hatten nicht das geringste Interesse für politische und soziale Probleme.»

Erst neunzehn Jahre nach Eröffnung des Parlaments ist das eindrucksvolle Monument vor dem Haus vollendet. Carl Kundmann arbeitet von 1898 bis 1902 am Athenabrunnen, unterstützt durch die Kollegen Tautenhayn und Haerdtl. Die griechische Göttin der Weisheit auf ihrem reichgeschmückten Sockel hält die kleine Statuette der geflügelten Siegesgöttin in ihrer Rechten; rechts der Säule die «Gesetzgebung», eine Frauengestalt mit den Gesetzestafeln, links «Verwaltung und Vollziehung», symbolisiert durch eine Frau mit gezogenem Schwert. An der Ringstraßenseite des Brunnens verkörpert der bärtige Mann den Fluß Inn, eine weibliche Plastik die Donau; dem Portikus zugewendet Elbe und Moldau.

Die Universität

Die Stile von Gestern

Im Jahr 1853 tritt die Universitätsreform des Unterrichtsministers Leo Graf von Thun-Hohenstein, der das Amt von 1849 bis 1860 innehat, in Kraft. Ein reformiertes Hochschulwesen verlangt folgerichtig nach einem Haus, das dem neuen Geist Rechnung trägt.

Thun wendet sich an die Architekten Sicardsburg und Nüll, und diese machen sich rasch ans Werk, sie setzen auf eine romantisierend gotische Bauweise, die sich der Universitätsidee des Mittelalters annähert und auch gut mit der Neo-Gotik der Votivkirche harmonieren könnte.

Der Plan des Universitätsneubaus kommt stockend voran. «Vor 1848 hatte Wien ein Universitätsgebäude, aber keine Universität; nach demselben hat es eine Universität, aber kein Universitätsgebäude», lästert man.

Das neugotische Konzept gerät in Vergessenheit, nachdem es zunächst einigen Angriffen ausgesetzt war: «Das Feuer der ersten Begeisterung für den im Prinzip beschlossenen Bau wich einer kühlen Reflexion über die Finanzlage des Staates, über das Unzureichende der vorhandenen Geldmittel», schreibt die NEUE

Freie Presse 1866, und «dazu kamen noch die sehr auseinandergehenden Anschauungen über die Örtlichkeit und über den Umfang der Bauten, sowie der Mangel einer Persönlichkeit, welche im Stande gewesen sein würde, die Bedürfnisse einer Universität vollkommen zu übersehen und ein entscheidendes Schlußwort in der Angelegenheit zu sprechen», und gegen Jahresende: «Es handelt sich bei dem Universitätsbau nicht um einen Prunkbau mit Stein oder Marmorverkleidung, sondern um einen Bedürfnisbau, dessen künstlerische Bedeutung in den Verhältnissen der einzelnen Teile und in würdevoller Einfachheit zu suchen sein wird.»

Der rechte Mann findet sich in Person Heinrich Ferstels. Im Sommer 1870 entscheidet der Kaiser, daß am Paradeplatz zu bauen und der verdienstvolle Schöpfer der Votivkirche als planender und ausführender Architekt zu berufen sei. Ferstel rückt ab von der Neo-Gotik. Er, ein begeisterter Anhänger Italiens, orientiert sich an den Universitätsbauten Bolognas und Paduas, und er arbeitet rasch, zügig, zeigt sich wenig irritiert, als der Bauplatz schließlich doch hinter die Votivkirche verlegt wird, und schreibt bereits im Jahr 1872 an Franz von Matzinger: «Bei dem lebhaften Interesse, welches Euer Hochwohlgeboren dem Universitätsbau – der Ihrer Intervention seinen prachtvollen Platz verdankt – bisher entgegenbrachten, halte ich es für eine angenehme Pflicht, Ihnen anzuzeigen, daß ich den Entwurf für den Bau der Wiener Universität vollendet habe und daß derselbe am 22. und 23. d. von 10 bis 3 Uhr in meinem Atelier zur Ansicht bereit ist.»

Seit dem ersten Spatenstich wird mehr als ein Jahrzehnt vergehen bis zur Einweihung der prächtigen neuen Stätte der Gelehrsamkeit.

Die Professoren werfen ihr Wort mit in die Waage, die Universitätsbibliothek soll mit in das Universitätsgebäude eingebracht werden. Der Architekt erlebt die Einweihung nicht mehr, er stirbt am 14. Juli 1883, auf den Tag genau zehn Jahre nach Beginn der Bauarbeiten, hochgeehrt, nobilitiert als Freiherr von Ferstel, ein gesuchter Lehrer und bedeutender Vertreter der «Wiener Schule» der Gründerzeit.

Für die großen, reichgegliederten Trakte der Universität in wohlausgewogenen Proportionen hat er, entsprechend seiner Idee, daß die Wissenschaften im freien Austausch der Lehrmeinungen und dem Miteinander von Studierenden und Lehrenden lebendig werden sollen, ein Kommunikationssystem aus Arkaden, Höfen, Gängen, Stiegen, Balustraden ersonnen; es verbindet Lehrsäle, Studien- und Vorlesungsungsräume, Festsaal, Bibliothek und mündet in das weite, erhabene Forum des von Arkaden umgebenen Ehrenhofs (45 × 70 Meter).

Das gewaltige Gebäude, imponierend durch seine Baumassen, wirkt nicht protzig, nicht schwer, der Geist der Renaissance Italiens ist mit dem Historismus des Ringstraßenstils eine harmonische Verbindung eingegangen. Ein geistesverwandter Kollege, Karl Köchlin, führt Ferstels Werk zu Ende, am 4. Oktober 1884 ist feierliche Eröffnung des Hauses in Anwesenheit des Kaisers.

Der Palast der Wissenschaften findet allgemein Zuspruch, vor allem die vollendete Einheit aus Prachtbau und funktionalem Gebäude, das ja für die Naturwissenschaften und die Geisteswissenschaften gleichermaßen zu dienen hat, wird gelobt.

Erst nach der Jahrhundertwende mischt sich Mißfallen am Historismus und seiner mangelnden Sachlichkeit in den Chor der Bewunderer. Der Schriftsteller Hermann Bahr formuliert das Unbehagen an der nachschöpferischen Ringstraßenarchitektur allgemein:

«Und so muß man sagen, daß, wenn dieser Ringstraßenzauber durchaus, selbst in seinen schönsten Teilen, unwirklich, unglaubhaft und insgeheim irgendwie sozusagen ungereimt wirkt, ja geradezu schwindelhaft, eben darin gerade seine Echtheit besteht», aber: «Die Stile von gestern gefallen uns nicht mehr; diese wie in der Renaissance oder dem Barock dekorierten Paläste wirken nicht mehr. Wenn wir hinüber zum Ring gehen, geraten wir in einen billigen Karneval. Alles versteckt sich, alles verkleidet sich, alles ist maskiert. Doch dafür ist das Leben zu ernst geworden.»

Dieses Dilemma, vom Dichter erkannt, begreifen die Herren in den Ministerien, die Verwalter und Juroren der Kunst, lange Zeit noch nicht.

Der Festsaal, das Herz, der Stolz des «Universitätspalasts», ist, als der Bau im Jahr 1885 vollendet steht, noch ohne Schmuck. Seit 1892 beraten Mitglieder der Kunstkommission darüber, an wen der ehrenvolle Auftrag vergeben werden solle. Der Zuschlag fällt zwei Jahre später an das bewährte Kollegengespann Gustav Klimt und Franz Matsch, gegeben durch das Unterrichtsministerium.

Sie werden für die Decke der Aula fünf Gemälde fertigen: Allegorien der vier Fakultäten, die, auf Wunsch der Professorenschaft, das große Mittelbild, «Sieg des Lichtes über die Finsternis» umgeben, sowie mehrere Zwickelbilder.

Matsch wählt die «Theologie» und den größten Teil der Zwickel, Klimt entscheidet sich für «Medizin», «Jurisprudenz» und «Philosophie».

Für das Zentralfresko zeichnen beide Künstler gemeinsam.

Weder die Ministerialen noch die Mitglieder der artistischen Kommission der Universität können ahnen, daß ausgerechnet Klimt, der bereits mehrfach Bewährte in öffentlichen Aufträgen, just zu dieser Zeit seine Kunstauffassung völlig ändert, sich von der Historienmalerei abwendet.

Als sie im Mai 1898 die fünf farbigen Kompositionsentwürfe zu sehen bekommen, zeigen sie sich irritiert. Matschs Arbeiten werden akzeptiert, Klimt erfährt Kritik. Erstens sollten die beiden Malerkollegen ihre auffälligen Stilverschiedenheiten abmildern, aufeinander abstimmen; und zweitens möge Klimt die nackte Frauensperson, Zentralgestalt seiner «Medizin», doch in dezenter, «weniger zu Widerspruch und obszönen Scherzen» einladenden Haltung fertigen, wie es schließlich einer Allegorie der «leidenden Menschheit» angemessen sei, am besten, er wähle gleich eine Jünglingsgestalt statt des anstößigen Weibes.

Klimt ist empört, will den Auftrag zurückgeben, Wilhelm von Weckbecker, Sektionsrat und von begütigendem Wesen, stiftet Versöhnung. Im Jahr 1900 legt der Künstler seine «Philosophie» vor, und das führt zum Eklat. Das Lob, das ihm Kunstkritiker der Presse und Anhänger spenden, geht unter im Protest des Professorenkollegiums, dem Unverständnis des Publikums, dem indignierten Kopfschütteln des Ministeriums.

Es nützt nichts, daß die Allegorie auf der Weltausstellung in Paris, wohin Klimt sein Werk schickt, einen Grand Prix erhält. Was den Franzosen gefällt, ist für Wien noch lange nicht akzeptabel, der Rektor der neuen Universität höhnt, hier sei «nicht die Philosophie» dargestellt, «sondern ein Junge, der vorzeitig darüber nachdenkt, woher die Kinder kommen».

Sogar die großen, eher liberal gesinnten Zeitkritiker schlagen pro und contra Klimt verbal aufeinander ein.

Karl Kraus, der Herr der allezeit satirischen FACKEL, stellt sich, erstaunlicherweise, eher mit Ironie gegen den Umstrittenen. Im März 1900 schreibt er:

«Herr Klimt hat die Philosophie malen sollen, aber leider hat er von ihr noch dunklere Vorstellungen als von der Jurisprudenz, die er ja auch malen soll. Wen interessiert's, wie Herr Klimt sich die Philosophie vorstellt? Ein unphilosophischer Künstler mag wohl die Philosophie malen; allegorisieren muß er sie so, wie sie sich in den philosophischen Köpfen seiner Zeit malt.»

Ein engagiertes Plädoyer für den Maler, sophistisch verbrämt, hält der Schriftsteller Hermann Bahr:

«Ich will nicht für Klimt sprechen. An sein stilles und gütiges, von Träumen umsponnenes Wesen dringt der Lärm des Hasses und Neides, der auf den Gassen heult, kaum wie aus weiter Ferne heran; er vernimmt ihn wohl gar nicht. Ihm kann nichts geschehen, aber wir werden zum Gespött Europas.»
Der Künstler malt, ingrimmig, aber scheinbar unbeirrt, am nächsten Bild, der «Jurisprudenz», und als er es im Frühjahr 1901 vollendet und ausgestellt hat, schwillt die Empörung vollends an; im Abgeordnetenhaus gar wird eine Interpellation eingebracht, hochnotpeinliche Fragen an Minister von Hartel:
«1. Beabsichtigt Se. Exzellenz wirklich, das erwähnte Bild anzukaufen? 2. Beabsichtigt Se. Exzellenz nach etwaigem Ankaufe des Bildes von Klimt ‹Die Medizin›, die durch diese Art der Darstellung repräsentierte Kunstrichtung, welche den ästhetischen Gefühlen der Majorität der Bevölkerung entschieden widerspricht, indem er durch materielle Unterstützung eine solche Kunstrichtung fördert, zur offiziell österreichischen Kunstrichtung zu stempeln?»
Im Jahr 1903 sind alle vier Fakultätsbilder vollendet, aber jetzt findet der Ärger für alle Beteiligten erst seinen Höhepunkt.
Das Kollegium der Professoren erhebt Einwände, will aber nicht noch einmal öffentliches Ärgernis, hofft, sich mit einer Ausrede aus der Affäre ziehen zu können: zu ungleich, moniert es unisono, seien noch immer die Werke der beiden Künstler und deshalb für die Decke der Aula ungeeignet.
Ein sensibler Mann wie Gustav Klimt erkennt sofort die fadenscheinige Ausflucht.
Am 3. April 1904, nach der zweiten Sitzung der artistischen Kommission, wendet er sich empört, aber auch deprimiert über seine Lage als Künstler, an das Ministerium:
«Als ich vor mehr als zehn Jahren den Auftrag für die Aula der Universität erhielt, ging ich mit Begeisterung an die mir gestellte

Gustav Klimts Vorschläge für die Ausgestaltung der Decke in der Universitätsaula stoßen auf Mißfallen und schäfste Ablehnung der Offiziellen. Die refüsierten Entwürfe gehen in das Eigentum des Künstlers zurück; im Jahr 1945 sind sie als Kriegsfolge auf Schloß Immendorf verbrannt.
Links: Medizin; rechts: Jurisprudenz.

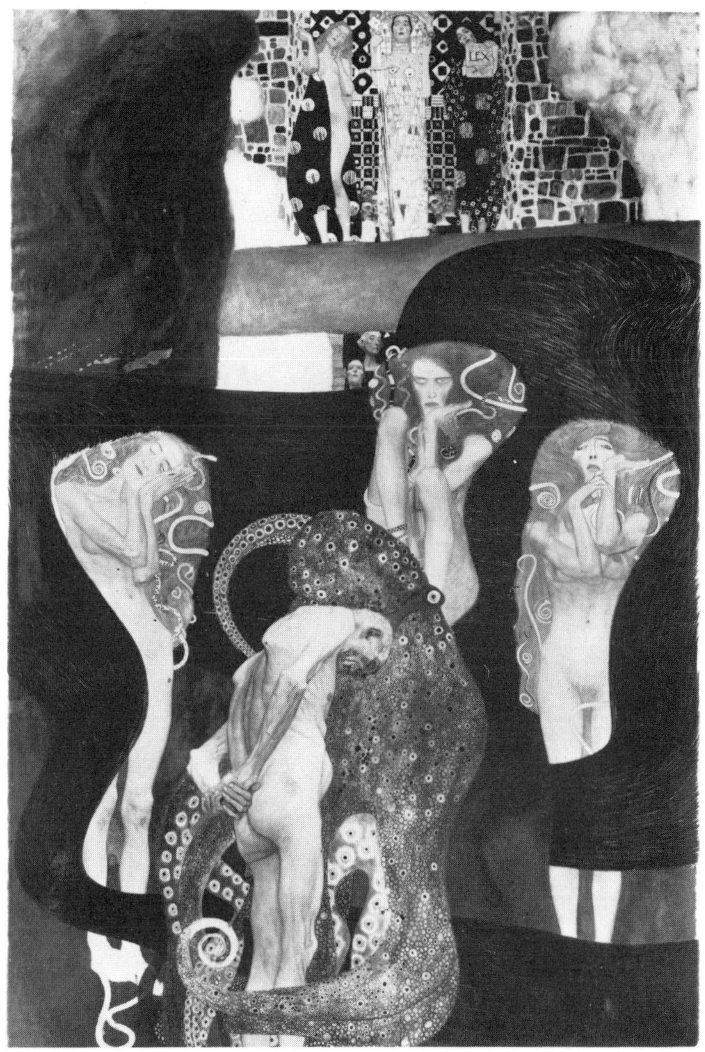

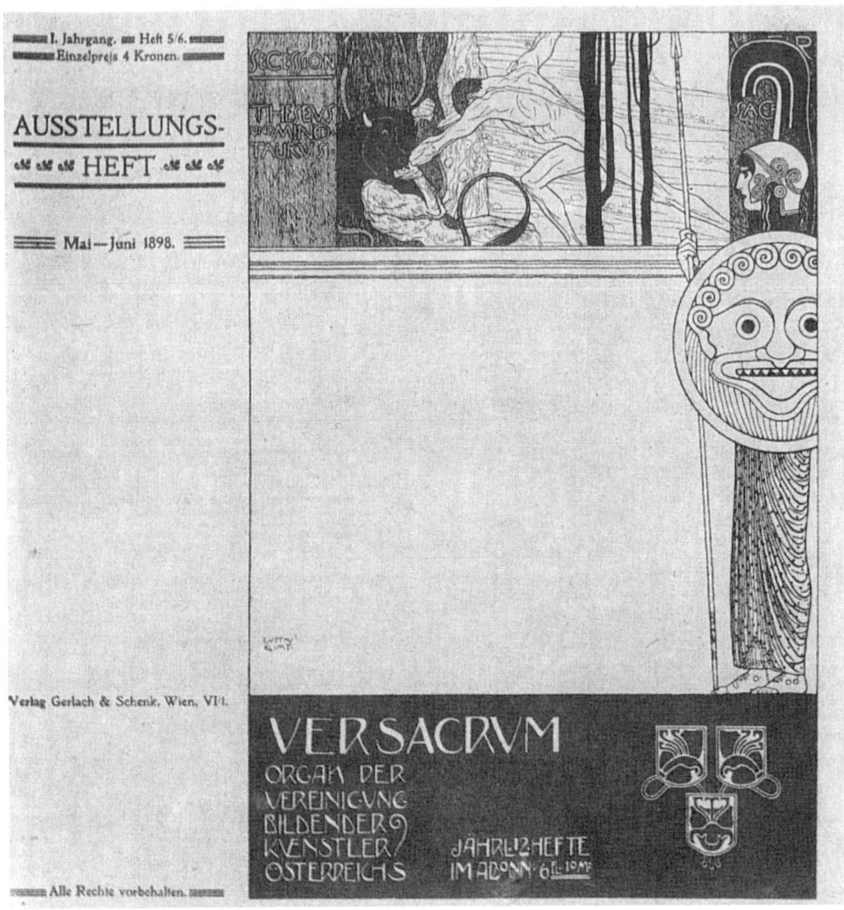

Gustav Klimt erntet mit seinen Entwürfen für die Aula der Universität Hohn und Spott der Etablierten, vor allem der Professoren des Instituts. «Wir wollen es unterlassen, an den unklaren Bewegungen, den gekünstelten Formen und den zahlreichen Mißbildungen der dargestellten menschlichen Leiber Kritik zu üben», ist noch die mildeste Resonanz. Als Antwort auf derartige Schelte der Moderne formiert sich wenige Jahre später die Wiener Secession. Die programmatische Zeitschrift VER SACRUM *erscheint seit dem Jahr 1898 als «Organ der Vereinigung bildender Künstler Österreichs».*
Umschlag für Heft 5 und 6 des 1. Jahrgangs, zugleich Plakat zur 1. Ausstellung der Secession 1898, von Gustav Klimt.

Aufgabe. Mein jahrelanges ernstes Mühen hat mir bekanntlich eine Fülle von Beschimpfungen eingetragen, die in Ansehung ihrer Ursprungsstellen zu Anfang meinen Eifer nicht abzukühlen vermochten.»
Das aber änderte sich «im Laufe der Zeit» und soll Konsequenzen nach sich ziehen:
«Ich lasse nunmehr den Verzicht auf den ganzen Auftrag folgen und stelle unter einem die ganzen im Laufe der Jahre bezogenen Vorschüsse zurück.»
Doch das Ministerium denkt nicht daran, die Bilder, die zwar

Die erhabene Präsentation des «Heiligen Frühlings» ruft Karikaturisten auf den Plan. Berthold Löffler entwarf flugs den Umschlag zum QUER SACRUM *für die «bildenen Künste Irrlands». Klimts stolze Griechengöttin mit Helm und Schild grinst als zähnefletschende Gorgo; der junge Künstler auf der Erdkugel persifliert die nach neuem Aufbruch strebende Künstlerschaft. Der Erscheinungsort Bründlfeld» verweist auf den ehemaligen Standort der k. k. Landesirrenanstalt. «Warum geben wir diese Zeitschrift heraus?» fragt die Redaktion ironisch: «Wer hierfür einen triftigen Grund weiß, möge denselben schleunigst bekanntgeben. Der redliche Finder erhält fünf Gulden und wird literarischer Beirat des Quer sacrum.»*

nicht gefallen, aufzugeben; mit dem Ankauf seien sie Staatseigentum, lautet sein Argument.

Klimt geht an die Öffentlichkeit, wendet sich an die Presse, relativiert jedoch in einem Interview seine Empörung, betont, es bedrücke ihn mehr, daß der Auftraggeber mit der Ausführung unzufrieden sei: Es gebe für einen Künstler «keine peinlichere Lage», Werke zu schaffen und Geld dafür zu nehmen, wenn der Empfänger der Arbeiten «nicht mit dem Herzen und dem Verständnis» an seiner Seite stehe.

«Absolut erniedrigend» empfindet er seine Lage, 30000 Kronen hat er bekommen, eine Summe, die er natürlich nie und nimmer aufbringen kann, zum Glück findet sich später ein Mäzen. Klimt

reklamiert vehement die Bilder als *sein* Eigentum, meutert öffentlich und lautstark:
«Ich greife zur Selbsthilfe. Ich will loskommen. Ich will aus allen diesen unerquicklichen, meine Arbeit aufhaltenden Lächerlichkeiten zur Freiheit zurück. Ich lehne jede staatliche Hilfe ab, ich verzichte auf alles.»
Die «Affäre Klimt» wird für den Minister zum Ärgernis, die erhitzte Pressekampagne peinlich, er gibt nach. Der Industrielle August Lederer kommt für die Rückzahlung der Kaufsumme schließlich auf, die Fakultätsbilder sind im Jahr 1905 wieder Gustav Klimts Besitz, doch öffentliche Aufträge jeder Art bleiben für ihn fortan tabu:
«Ich werde», besiegelt er die fatale Geschichte, «auch niemals, unter diesem Ministerium gewiß nicht, bei einer offiziellen Ausstellung mittun.»
Vergessen die erfolgreiche Zusammenarbeit, die ehrenvollen Aufträge früherer Jahre – Klimt und die «öffentliche Hand» sind geschiedene Leute!

Der Huldigungsfestzug

Kaiserliche Silberhochzeit 1879

Am 28. April 1854 hatte Kaiser Franz Joseph in der Wiener Augustinerkirche die blutjunge Elisabeth, Herzogin in Bayern, geheiratet; diese Verbindung war nicht vorgesehen. Er sollte «Sisis» ältere Schwester Helene zur Frau nehmen, so wünschten es Kaisermutter Sophie und Brautmutter Lodovica, doch die Liebe des Bräutigams in spe fiel auf die jüngere Cousine.

Aus der Herzensromanze ist längst eine entfremdete Ehe geworden, als das Paar seine silberne Hochzeit begeht. Die Bevölkerung Wiens will den historischen Tag dennoch feiern, und zwar mit Pomp und Prunk mitten auf der Ringstraße.

In die Vorplanungen zur Festlichkeit fällt ein katastrophales Unglück im ungarischen Szegedin – beim Bruch eines Dammes kommen viele Menschen in den Fluten um, der Kaiser möchte deshalb nur Wohltätigkeitsveranstaltungen gestatten, läßt sich aber doch umstimmen, um «der Kunst und Industrie Gelegenheit zur Entfaltung ihrer Leistung zu bieten».

Kommissionen werden gebildet, vom Bürgermeister Julius Newald persönlich bestellt, vom Gemeinderat konstituiert. In der

Sitzung der Festkommission am 13. Januar 1879, reichlich knapp vor dem Datum, stellt Wilhelm von Wiener den Antrag, für «Veranstaltung eines großen Festzuges..., in welchem die Beteiligung der verschiedenen Korporationen, Vereine und Genossenschaften in Aussicht genommen wurde, damit dieser Akt den Charakter einer allgemeinen von den verschiedensten Kreisen der Bevölkerung dargebrachten Huldigung erhalte».

Der steifen Rede heiterer Sinn: eine große, prächtige historische Kostümmaskerade, Fasching mitten im blühenden Frühjahr – ein Arrangeur muß her, einer, der von Farben viel versteht, Sinn besitzt für theatralische Effekte, Gespür für Choreographie, der Autorität mitbringt und populär genug ist, Volksmassen unter seine Regie zu bändigen.

Die Wahl fällt nicht, was nahe läge, auf einen Mann vom Theater; der Maler Hans Makart wird mit der künstlerischen Gesamtleitung, den Entwürfen der Kostüme für historische und allegorische Gruppen, den Dekorationen der Festwagen und Pferdegespanne beauftragt.

Allerdings ist Makart nicht irgendein Maler, er ist zu dieser Zeit *der* Malerfürst von Wien, der gesuchteste Künstler, «Kultfigur», zu der toute vienne pilgert, dessen Atelier, von Kunstwerken, Draperien, Bordüren, Farbkaskaden überbordend, einer Theaterkulisse gleicht. Der «Tizian», der «Rubens» des späten 19. Jahrhunderts, verliebt in Dekorationen, Attrappen, Kostümierungen, der sein Leben wie seine Kunst in Szene setzt, Meister der Farbgebung, doch wahllos im Sich-Aneignen verflossener Stilepochen, Mann des Pseudo-Barock, pompös in all seinen Lebensäußerungen, war bereits 1871, als der Bau der Ringstraße florierte, für das alte Theater tätig: ein prächtiger Vorhang zu Shakespeares Komödie «Ein Sommernachtstraum» ging mit dem Brand des Ringtheaters in Flammen auf.

Des Künstlers Atelierfeste sind berühmt, fast berüchtigt, seine

Gäste erlesen. Franz Lenbach aus München, der dort an der Luisenstraße selber ein opulentes, palastgleiches Haus mit riesigem Ateliertrakt besitzt, staunt:
«Makart lud alles Weibliche ein, was in seinen Augen schön war, schöne Schauspielerinnen und Tänzerinnen, ja auch Damen von fragwürdiger Tugend, wenn sie nur seinem Ideal von Form, Farbe und lieblicher Erscheinung entsprachen.»
Richard Wagner, der selbst üppig zu leben versteht, engagierter Verfechter des Gesamtkunstwerks, besucht Makart; der klassizistische Architekt Gottfried Semper macht Aufwartung.
Kaiserin Elisabeths Visite verläuft beleidigend kühl. Schweigend betrachtet sie das Historienbild «Venedig huldigt Caterina Cornaro» und wendet sich an den ihres Lobes gewärtigen Künstler: «Wie ich höre, haben Sie ein Paar schottische Windhunde, kann ich sie sehen?»
Ein solcher Mann, berühmt, umstritten, bewundert, auch verspottet, begabt mit Phantasie und Sinn für Wirkung, virtuos im Umgang mit dem schönen Schein, ist der richtige Regisseur für den Festzug, in dem sämtliche Gewerbezweige Wiens, historisch kostümiert, als lebende Bilder über die Ringstraße defilieren sollen.
Der Kunsthistoriker Ludwig Hevesi trifft mit seiner Charakteristik über des Künstlers Wesen genau ins Schwarze: «Er betrog den Trug. Er verkleidete die Dinge ineinander, indem er einem Ding die Farbe eines anderen gab», denn: «Er war das große Original in einer nicht originalen Welt.»
Der von Statur kleine Maler mit dunklem, wallendem Haupthaar und kühnem Schnurrbart, in Gesellschaft eher schweigsam, provoziert gern. Hatte er nicht der Mode mit riesig aufgekrempten «Makart-Hüten» seinen Namen geliehen?
Die künstlichen Blumen aus Seide und Taft kreiert? Das glühende «Makart-Rot» der Damenroben, der dekorative «Makart-Kragen»

aus teurer Spitze – alles trug seine Handschrift. Die Zeitgenossen mögen ihm schmeicheln, die Nachwelt soll ihn nur schmähen, er kennt seinen Wert und sein Können und bringt beides vehement ein in die Arbeit am Huldigungszug.

Am 22. Januar 1879 erhält er vom Wiener Gemeinderat den offiziellen Auftrag, «die Komposition des künstlerischen Teiles des Festzuges» zu übernehmen – das ist der Löwenanteil, denn im Rahmenprogramm treten nur Wappenherolde der Stadt, berittene Trompeter, Studenten der Universität, Turnverein, Hochgebirgsjäger, Feuerwehr, Veteranen-Vereine und Gesangsvereine aus Niederösterreich auf.

Die «III. Abtheilung» aber, der «costümirte Theil», wird zum Höhepunkt des prächtigen Spektakels: «Die Jagd (zwei Festwagen mit Musikbegleitung). Der Gartenbau (ein Festwagen) mit Repräsentanten der Flora in der Tracht des 16. Jahrhunderts, umgeben von vier jungen Mädchen, die Blumen spenden. Der Wagen stellt eine reiche Laube dar, welche mit Schlingpflanzen umwunden und reich von Blumen und grünen Pflanzen umgeben ist», rühmt der Text des offiziellen Festprogramms. Der Weinbau (ein Festwagen). Der Bergbau (ein Festwagen). Die Gewerbe der Bäcker und Müller (ein Festwagen). Das Gewerbe der Zuckerbäcker, Milchmeier, Fleischhauer, Fleischselcher, Spirituosen-Erzeuger, Branntweiner, Gastwirte (sie bekommen einen Wagen mit Musikbegleitung), Schneider, Kürschner ... das Textilgewerbe führt einen Festwagen mit, auf dem ein Meister, umgeben von seinen Mitarbeitern, am Webstuhl arbeitet. Es folgen die Perückenmacher, Decken-, Matratzen-, Tuchmacher, die Rotgerber, Wagenbauer, Drechsler, Zimmermeister, Tischler, Glaser, Hafner, Dachdecker, Anstreicher, Bildner, Optiker, Uhrmacher, Mechaniker, Fuhrwerker, Trödler, der Handel, die Schiffahrt und, besondere Attraktion, die Eisenbahnen: «Grellrote Dämonen schreiten dem Riesenwagen voraus, dessen feurige Rosse von den nebenanschreitenden

Der große Zug der Künstler defiliert vor dem Kaiserzelt. Vor dem Burgtor sind Tribünen und Pavillons aufgeschlagen, generalstabsmäßig rollt das Kostümfest Makarts auf der Ringstraße ab, ohne die geringste Zeitverzögerung oder das kleinste Mißgeschick. Otto Wagner, einer der späteren Bannerträger der Secession, entwirft die Festbauten, die gänzlich seinem Altersgrundsatz, alles Moderne müsse vor allem auch «dem durchgehenden praktischen Zuge der Menschheit Rechnung tragen», widersprechen.
Zeitgenössischer Darstellung.

Führern kaum gebändigt werden können. Die Bedeutung des Prunkwagens kündigt das geflügelte Rad an der Spitze an – und es bedarf kaum der sinnigen Gruppe im Hintergrund des Wagens, die Vermählung von Feuer und Wasser, um zu erraten, daß sich die Eisenbahnen in dieser Gruppe repräsentieren lassen», kommentiert der Lokalanzeiger der PRESSE. Dem Metallgewerbe mit Schlossern, Kupferschmieden, Hufschmieden, Büchsenmachern und Schwertfegern folgen die Kassenfabrikanten, Spengler, Gürtler, Graveure, Buchdrucker- und -händler und -binder. Den Schluß- und Höhepunkt bilden die Künste nebst Festwagen und

Musikbegleitung. Makart selbst im schwarzen Samtkostüm auf goldbetresstem Schimmel reitet ihm voraus und stiehlt dabei fast noch dem Ehrenpaar die Schau in seinem Rubens-Kostüm, begleitet von sechs Künstler-Adjutanten hoch zu Roß.

Ein weltferner Träumer im plüsch- und pleureusenverhangenen Atelier hätte ein solch gewaltiges, vielseitiges Programm nie und nimmer zu entwerfen, schon gar nicht zu gestalten vermocht; auch wäre es ihm kaum gelungen, ein homogenes Renaissance-Ambiente vorzugeben. Da mußte einer viel wissen, viel können, genial nachschöpfen und vor allem unendlich fleißig sein. Hans Makart gelingt das Mammutunternehmen perfekt und vor allem rasch, denn es ist ja kaum ein Vierteljahr Zeit.

Die Teilnehmer, schließlich keine Marionetten, sondern bodenständige Männer ihrer Gewerbe, schicken Zunftvertreter zur Mitsprache: «Keine Minute stand die Tür des Ateliers still. Es kamen Gärtner, Friseure, Zuckerbäcker, Schlosser und Kupferschmiede, um ihre Wünsche dem malenden Zauberer bekanntzugeben. Die Weber wollten einen idealen Webstuhl, die Schmiede einen allegorischen Amboß, die Buchdrucker ihren Gutenberg, die Optiker ihren Kopernikus haben», mokiert sich der Verfasser der «Wiener Lebensbilder».

«Ein großes Schneideretablissement ist im Gußhaus [Makarts Atelierhaus] errichtet worden», berichtet der Maler Ferdinand Laufberger, der den Festwagen der Buchdrucker anführt, «in welchem Makart und Stadlin kommandieren. Man schätzt die Zahl der Teilnehmer am Zuge auf 14000! Kavaliere und angesehene Bürger ohne Zahl werden persönlich mitwirken ... die Fleischselcher machen den Zug zu Pferde mit. Makart malte auch diesen einen Festwagen mit Schinken und Würsten, Kränzen und hübschen fetten Mädeln dekoriert.»

Viele Kollegen gehen dem Meister zur Hand: Rudolf Huber, Joseph Fux, Julius von Blaas, Raphael Ambros, Eduard Charlemont und Julius Berger, Andreas Streit, der Gartenarchitekt Lothar Abel, die Bildhauer Johann Jakob Silbernagl, Theodor Friedl, Reinhold Völkl, Carl Costenoble und Rudolf Weyr.

Anfang März sind die Entwürfe fertig und im Künstlerhaus ausgestellt – «einer der sensationellsten Erfolge, deren die Ausstellungsgeschichte der Stadt Wien sich rühmen kann» (Carl von Lützow).

Der für die Festlichkeit vorgesehene Termin am 25. April muß verschoben werden – es regnet, nein es gießt in Wien; man setzt auf den 27. April, einen Sonntag, und da hat der Wettergott gnädiges Einsehen. Zuschauer kommen in Scharen. Nach einem kalten Frühjahr tragen die Bäume noch kein dichtes Laub, die Ringstraße mit ihren Windungen ist gut einsehbar.

Am Huldigungszug selbst beteiligen sich rund 14000 Personen, etwa 3000 Teilnehmer und 30 Festwagen bilden den *historischen* Teil, 120 Tribünen mit 50000 numerierten Sitzplätzen erheben sich zu beiden Seiten des Rings und der Praterstraße. Feststraße und Festplatz sind ab sieben Uhr morgens für den Verkehr gesperrt, Militär bildet ein Spalier, hinter dem sich mehr als 300000 Zuschauer drängen.

Alles ist generalstabsmäßig geplant. Die Mitwirkenden sammeln sich auf dem Gelände der Weltausstellung von 1873, bei der Rotunde im Prater.

Punkt neun Uhr setzt sich der Zug in Bewegung, Gruppen und Festwagen nehmen ihren Weg über Praterstraße und Aspernbrücke zum Ring.

Am Burgtor, auf der Mitte der Strecke, hat Architekt Otto Wagner den Festplatz mit dem Zelt für die Majestäten aufgebaut.

«Der Festplatz», berichtet die NEUE FREIE PRESSE, «ist, wie alle Welt weiß, zwischen dem äußeren Burgtor und den Museen, begreift selbstverständlich die ganze Breite der Ringstraße in sich und wird sich von der Volksgartenstraße bis zur Bellariastraße mit

Einschluß des für die Gartenanlagen bestimmten Raumes ausdehnen», und schildert genau das kaiserliche Quartier, ein «mit rotem Tuch und Samt überspanntes Prachtzelt, geschmückt mit echten Trophäen und Fahnen; zu dem Zelt führen vierzehn Stufen hinan; dasselbe ist flankiert von zwei mit Kuppeln überdachten und durch Glaswände geschützten Pavillons, welche im Inneren reich mit schönen Gobelins verhängt sind; die Kuppeln sind in den Ecken mit plastischen Figuren, die Friese der Pavillons mit Reliefs geschmückt, welche von einigen unserer besten Bildhauer hergestellt werden sollen» – Scheinarchitektur auf der ohnehin schon überreichen Architekturszene, der Ring als Bühne vor einer kaiserlichen Loge für einen einzigen Tag, das ist auch so recht nach dem Herzen des Inszenators Makart.

Daß er, neben den Majestäten der «Star» der Veranstaltung, überhaupt nicht reiten kann und, wie böse Zungen lästern, vorsichtshalber auf dem Pferd festgebunden den Zug begleitet, tut keinen Abtrag.

«Es war sozusagen ein Kostümball in der Luft, irgendwie vorahnungsvoll schon von Anfang an für den Festzug Makarts bereit, selber auch schon ein solcher Atelierscherz von unsterblicher Improvisation» (Hermann Bahr).

Der kostümierte Festzug ist für Wien etwas ganz Neues, unerhört Aufregendes, aber auch an der finanziellen Substanz Zehrendes – zumindest für die weniger betuchten Einwohner, die ebenfalls gehalten sind, «die beträchtlichen Geldmittel zur Ausführung der Makartschen Skizzen» mit aufzubringen, so der WIENER COMMUNAL-KALENDER, aber: «Im Hinblick auf den patriotischen Zweck bekundeten die Bürger, ungeachtet der ungünstigen Erwerbsverhältnisse, eine große Opferwilligkeit.»

Willigkeit – «understatement» für großes Dilemma; die Festkommission hat «schwere Sorge», ob es «möglich sein werde, die Gesellschaften und Genossenschaften ohne Anwendung einer

Pression» zum Zahlen zu «bestimmen», das aber wissen die Freigebigen nicht, und so wird das farbige Spektakel gerettet und ein überwältigender Erfolg.
«Beinahe zwei Stunden brauchte der Zug für seinen Vorbeimarsch

Der Schöpfer des Festzuges über die Ringstraße als Hauptdarsteller seiner Schöpfung: Stolz, im Rubenskostüm und mit wallender Feder auf dem Künstlerbarett, reitet Hans Makart mit «seinen» Mannen im festlichen kostümierten Korso. Der Künstler gilt zu seiner großen Zeit sogar noch als ein Progressiver der Kunst: «Unter den Modernen brilliert vor allem Hans Makart und der um ihn gescharte Kreis der jüngeren Wiener Koloristen», rühmt im Jahr 1880 die KUNSTCHRONIK. Xylographie nach einer Zeichnung von Sigmund L'Allemand, 1879.

vor dem Kaiserzelt», schreibt die ILLUSTRIERTE ZEITUNG, «der Kaiser wohnte stehend dem herrlichen Schauspiel bei», und zwar in Gesellschaft Elisabeths und seiner Kinder.

Reden und Gegenreden werden gehalten, die Hymne erklingt. Mit «Tränen in den Augen erzählten die Leute später, wie sie es nie vergessen würden, daß sie die schöne Kaiserin gesehen», melden gerührt die Reporter.

Kaiser Franz Joseph dankt herzlich und wünscht der «schaffenden Arbeit auf allen Gebieten des Gewerbefleißes, des Handels und des Verkehrswesens sowie der schönen Künste einen öffentlichen Beweis meines Wohlwollens, meiner Anerkennung ihres Wertes im Staatsleben und meiner schirmenden Fürsorge für ihre Interessen zu geben».

Als aber all die festlichen Bannerträger, berittenen Trompeter, Wappen- und Schildhalter den Zug zurückgeleitet haben, dankbar registrierend, daß es keine Zwischenfälle, keine Unfälle gegeben hatte, das Festkomitee sich auflöst, da frotzelt schon das Lästermaul all jener, die nicht mitmachen konnten oder wollten: «Das Familienfest, das unser Monarch feiert, ist zum Volksfest geworden, und wer nicht anders an der Feier sich beteiligen kann, der ist in dieser Jubelwoche wenigstens fröhlicher als an den Werkeltagen und braucht nicht dazu den geringsten Makart» (WIENER SPAZIERGÄNGE).

Hans Makart Superstar, König der Ringstraßenmalerei, gehätschelter Liebling der Salons, ist bei den einfacheren Bürgern Wiens nicht so beliebt.

Zu prunkend, zu groß, in der verschwenderischen Fülle überpräsent scheint er Leuten, die rechnen müssen, um ihr tägliches Leben im Griff zu behalten, schlicht bloß orgiastischer Vertreter unnützen Luxus' zu sein. Frau Jedermann hat kein Geld für üppige Seidenhüte und wallende Federtuffs – und selbst wenn sie es hätte, genügt es ihr bescheidener.

Hinter der prächtigen Fassade geht es nicht immer so hochgemut zu. Gegen Ende seines Lebens und seiner Karriere bleiben Makart hochrangige Ehrenbezeugungen: Im Jahr 1879 wird er, in der Nachfolge Feuerbachs, Professor der Spezialklasse für Historienmalerei an der Wiener Akademie – aber es regen sich auch Opposition, ja geradezu Widerstand.

«Makart spricht nicht und kann nicht sprechen», bemerkt der Maler Carl Leopold Müller, ein Schüler am Institut; aber: «malen kann er wie wenige. Er denkt nur in Linien und Farben und bringt seine Gedanken auf keine andere Weise gut zur Anschauung, als mit dem Pinsel» – die Aussage birgt Kritik, doch noch immer Anerkennung des künstlerischen Genies.

Der große Meister kalkuliert auf der Höhe des Ruhmes schlecht: Applaus, Nachfrage, sicher auch Protektion, verstellen seinen Sinn für's Rentable.

«Von Makart geht das beglaubigte Gerücht, daß ihm die Pfändung bevorstand, daß aber sehr hohe Freunde ihn aus der wirklich dummen und unnützerweise hervorgerufenen Situation befreiten», munkelt man unter vorgehaltener Hand.

Makart subventioniert die Künstlerhausgenossenschaft, denn dort ist quasi die zweite Heimat des Malers. Vom Künstlerhaus geht offen der Widerstand aus. Die Mitglieder der späteren Secession revoltieren gegen diesen Über-Vater virtuoser Kolorierung.

Der Prunkzug zur kaiserlichen Silberhochzeit bildet den absoluten Höhepunkt für Makarts Schaffen. Danach geht es bergab: gesellschaftlich, denn der berühmte, begehrte Witwer ehelicht eine Tänzerin an der Oper: «Die rastlose Tätigkeit und die Verschwendung seiner Kräfte nach jeder Richtung hin, die zuletzt in einer sehr unpassenden Heirat gipfelte, erschöpften diese feine Natur vor der Zeit», höhnt ein Nachruf; Künstlerisch: denn man setzt den Namen des Gefeierten als Synonym für zu viel, zu reich! Der Kulturkritiker Egon Friedell bemängelt:

«An den Interieurs irritiert zunächst eine höchst lästige Überladung, Überstopfung, Vollräumung, Übermöblierung. Das sind keine Wohnräume, sondern Leihhäuser, und als Krönung und Symbol des Ganzen das verlogene Makartbukett, das mit viel Anmaßung und wenig Erfolg Blumenstrauß spielt.»
Ein Makart-Zug trister Art bricht am 6. Oktober 1884 von der Karlskirche auf: für den Trauerkondukt, der die Leiche zu des Künstlers Ehren durch Wien führt, ist am Ring der Verkehr total gesperrt, schwarz umflorte Gaslaternen werfen düsteres Licht. Vor dem Zug schreiten zweihundert kostümierte Fackelträger in spanischer Tracht, Polizei muß den Weg bahnen und das Publikum in Schach halten, denn Neugier und Trauer führen die Zuschauer in Scharen herbei – auch wer wenig von Kunst versteht und sich nur des schönen Spektakels von 1879 erinnert, fühlt instinktiv, daß hier ein Großer zu Grabe getragen wird, der das Wien der Gründerjahre mit seiner verschwenderischen Kunst geprägt hat.

Die schönen Räume der Akademie

Die Kunststadt Wien leidet Mangel. Junge Leute, die sich zum Maler oder Bildhauer berufen fühlen, beklagen schlechte Ausbildungsmöglichkeiten. Die Verwalter der Finanzen haben schließlich Einsehen: Wo so groß geplant und umfassend gebaut wird wie an der Ringstraße, sollte wohl auch eine neue Kunstakademie Platz finden! Der Kunstkritiker Emerich Ranzoni nimmt sich der Frage mit hitzigem Engagement an:
«Weil die Sache also deutlich vor aller Augen lag, deshalb waren auch beide Häuser des Reichsrates einstimmig der Ansicht, daß hier einschneidende und tiefgreifende Änderungen geboten seien. Es war aber auch zu arg geworden! Es war nahezu Regel geworden, daß man, wenn es sich um die Ausführung monumentaler Bildhauerarbeiten handelte, sich gezwungen sah, seine Blicke über die Grenzen Österreichs schweifen zu lassen, wollte man sich nicht der Gefahr aussetzen, die Welt eines Tages mit einem Monstrum der Plastik zu überraschen, das mit Lachen oder Achselzucken aufgenommen, ja vielleicht trotz all seiner spezifischen Schwere förmlich weggehöhnt werden konnte; sagen wir es gerade heraus: Es mangelt so sehr an Schulung, daß diejenigen,

welche etwas gelernt hatten, mit vollem Recht behaupten konnten, das Beste davon hätten sie sich aus der Fremde geholt; sah sich doch die Akademie selbst dazu veranlaßt, Stipendien zu geben, damit ihre eigenen Zöglinge sich auf auswärtigen Akademien jene Vollendung ihrer Bildung erwerben konnten, welche hier eben nicht zu erringen war. Ganz gewiß ein unmöglicher Zustand!»

Abhilfe tut Not und ist bereits in Sicht.

«Man ist also allen Ernstes daran gegangen, unsere Akademie der bildenden Künste so umzugestalten, daß ihr in Zukunft die Bezeichnung einer Hochschule für Kunst mit vollem Rechte wird zuerkannt werden müssen, vorausgesetzt, daß man den Weg, den man nun eingeschlagen, mit derselben Energie verfolgt, die man bei Betretung derselben gezeigt.»

Ranzonis Hoffnung wird voll und ganz und durchgreifend erfüllt. Die neue Akademie der bildenden Künste ist ein Werk Theophil Hansens aus den Jahren 1872 bis 1876.

Der vierflügelige Bau, im Stil der italienischen Renaissance errichtet, liegt breit und wuchtig, doch nicht plump, in seiner Achse. Hansen, seit 1868 Professor der Architekturschule, legt sein großes Können und Liebe zum sorgsam ausgedachten Detail in dieses Werk.

Die Fassade mit klassisch schönem Stelenportikus aus sechs dorischen Säulen und Freitreppe, der freistehende Bau selbst, von vier Eckpavillons umgeben, die mächtigen Gesimse, ein braungoldener Farbton, der besonders den reichen plastischen Fassadenschmuck ins Auge rückt, machen aus dem für Lehre und Lernen gedachten Zweckbau ein Palais der Kunst.

Und eben dies wirft man dem Baumeister gelegentlich vor. Die von Hansen so geliebte Polychromie, «Spielereien» wie die beiden Zentauren rechts und links der Treppe (Arbeiten von Edmund Hofmann von Aspernburg), aufwendige Balustradenbekrönung

der Eckbauten, kreidet man ihm an als nicht angemessen dem Nutzen einer Studien- und Bildungsstätte.
Der Abgeordnete des Reichsrats, Nikolaus Dumba, ein agiler Mann, der in vielen Baukomitees und künstlerischen Institutionen ein wichtiges Wort zu sagen hat, ist eigentlich Protektor Theophil Hansens. In Parlamentsdebatten votiert er nachdrücklich dafür, daß das Kunstbudget des Staates nicht zu klein ausfalle. Aber er kritisiert auch frei heraus, wenn ihm etwas nicht gefällt. «Bevor ich Wien verließ», schreibt er im Jahr 1876 an Rudolf von Eitelberger, «besuchten ich und Hansen die neue Akademie... Die schönen Ateliers und Räume im Inneren versöhnen mit dem verfehlten Experimente, das Hansen in unverantwortlicher Weise mit diesem Gebäude gemacht hat.»
Und die Innenräume erfüllen tatsächlich perfekt ihren Zweck: Hansens Bau ist nach Norden ausgerichtet, und das ist wichtig für die künftigen Maler, denn so bekommen auch die nach Süden gelegenen Räume und Ateliers vom Hof her Nordlicht, also Licht, das keine Schatten auf die Staffeleien wirft.
Die Akademie der bildenden Künste gehört zu den berühmtesten europäischen Kunstschulen. Sie besitzt eine Gemäldegalerie von beinahe 200 Exponaten, eine sehr umfangreiche Bibliothek und viele Skulpturen und Gipsabgüsse berühmter Plastiken aus aller Welt.
Die Sammlung der Akademie ist in Wien die einzige bedeutende Kollektion alter Meister außerhalb des Kunsthistorischen Museums.
Alle Innenräume sind im Grundriß zweckmäßig und doch schön und harmonisch gegliedert. Die säulenumstandene Aula, Kernstück der Anlage, eine feierliche Halle mit Empore und schwerer Kassettendecke hat Anselm Feuerbach mit einem riesigen Hauptbild im Oval versehen: Die Plafonddecke mißt insgesamt 200 Quadratmeter – Hansen und Eitelberger müssen große Mühe und

Geduld aufwenden, um den Maler von einer fixen Idee abzubringen: Feuerbach will die *ganze* Fläche mit *einem* Gemälde füllen – aber es sollen doch auch andere Maler mit ihrem Pinsel «zu Wort» kommen in Einzelgemälden: Heinrich Tentschert steuert «Eros» und «Okeanos» bei, Christian Griepenkerl «Demeter» und «Prometheus als Herdgründer».

Vor allem Architekt Hansen ist nicht einverstanden mit den Planungen des Malers; Feuerbach schreibt seiner Mutter nach Heidelberg voll grimmigem Spott:

«Hansens Decke, sehr zierlich, könnte ebensogut ein Wartesaal erster Klasse sein. Montag habe ich Konferenz, da sage ich meine Meinung. Lese nach und berichte vom Olymp, ich brauche Handlung, damit sie nicht wie Ölgötzen herumsitzen. Die Bilder in reicher Umrahmung sind zu klein und würden mosaikartig wirken.»

Und:

«Hansens Decke ist Zuckerbäckerei.»

Nichts geht ohne Palaver am Ring!

Zwar ist Feuerbach durch Ausstellungen im Künstlerhaus bekannt und nicht immer unumstritten: «Ein Genie» ist er nicht, «wohl aber ein höchst bedeutendes Talent», so der Kritiker der NEUEN FREIEN PRESSE, Emerich Ranzoni, recht arrogant abwertend.

Der Künstler hat noch nicht einmal mit den Skizzen begonnen, Hansens Baupläne befinden sich noch im Anfangsstadium und in der Diskussion, da erhebt sich Widerspruch im Kunstwien:

Warum ein Ausländer und gar ein Deutscher zu solch wichtigem Auftrag wie der im zentralen Raum der Akademie?

Ludwig Speidel, einer der einflußreichsten Feuilletonisten der Wiener Presselandschaft, gibt patriotische Antwort darauf:

«Seit Österreich aus Deutschland ausgeschlossen ist, haben die Deutschen dieses Reiches die heilige Pflicht, jedes ideale Band, das sie mit der alten Heimat verknüpft, aufs kräftigste festzuhalten», basta, und wenn «richtige» Deutsche in Österreich gar einen ehrenvollen Auftrag erhalten, dann ist der wohl auch perfekt auszuführen.

Der Maler dringt zunächst nicht durch: «Hansen hat mir noch zwölf Bilder dazugegeben, jetzt sind es einunddreißig», grollt er.

Den allfälligen Kompromiß münzt Feuerbach sich zum Sieg um: «Er hat sich geirrt mit seiner Decke, und meine Titanen werden gemacht. Ich habe also wieder recht gehabt, und man kommt, nachdem man mich so lange gequält, auf meine Idee zurück.»

Feuerbach übernimmt «Gäa», «Prometheus», «Uranos» und «Venus» sowie das große Mittelbild, den «Sturz der Titanen».

Das beinahe Groteske an solchen Querelen ist, daß Anselm Feuerbach seit 1872 als Professor für Historienmalerei an der Akademie wirkt und trotz dieses gewaltigen «Heimvorteils» in Streit mit den Kollegen gerät.

Sein Nachfolger im Amt wird ihn vollends in Rage bringen, es ist seit 1879 jener Konkurrent, der wie der Igel im Märchen in der Ackerfurche sitzt und jedem heranhechelnden Rivalen sein «Ich bin schon da!» entgegenruft.

Makart beerbt Feuerbach.

Dessen Gegenschlag fällt derb und undelikat aus:

«Erscheinungen wie Makart hat es zu allen Zeiten gegeben, sie sind das Zeichen einer rapiden Dekadenz, zu welcher auch die meisten unserer modernen Künstler das Ihrige beigetragen, indem sie Gottes Natur durch die Photographiermaschine betrachten», gibt Feuerbach dem Malerrivalen Bescheid, einem bewundernden Kritiker schreibt er ins Stammbuch: «Wenn ein gewisser Herr von den Makartschen Prachtleibern schwärmt, so wünsche ich, daß besagter Mann nur eine derselben heiraten müßte, er würde gewiß für seine Lebenszeit von allem Enthusiasmus kuriert werden.»

Für sich selbst wählt Feuerbach hochkarätige Ahnherren der Kunst, Rubens und den großen Meistern der italienischen Renais-

sance fühlt er sich näher als sämtlichen Ringstraßenmalern zusammen.
«In der Kunst bin ich in den neuesten Werken so, daß ich Raffael wieder die Hand reiche, und das ist genug», beharrt er trotzig.
In dramatischer Rubenspose stürzen denn auch die Giganten der Aula in die Tiefe. Den Entwurf fertigt Anselm Feuerbach im Jahr 1874 – erst zwölf Jahre nach seinem Tod werden die Bilder in der Akademie angebracht.

Feststiege im Burgtheater

Gustav Klimt, sein Bruder Ernst und Kollege Franz Matsch schufen die Fresken der Prunkstiegen im Burgtheater. Mit sicherem Selbstbewußtsein freute sich Carl Hasenauer, dem nach Sempers Tod der Architektenruhm blieb: «Wenn Wilbrandts Dramen vergessen sein werden und man Meierbeers Opern nicht mehr aufführen wird, können unsere Bauten noch für uns zeugen.»
Hasenauer brauchte ja «nur die Idee Gottfried Sempers, gleichgültig, ob er sie in Wien oder Dresden aufgegriffen, zu adoptieren und als sein Adoptivkind sorgsam aufzuziehen», spottete das NEUE WIENER TAGBLATT.

Folgende Doppelseite:

Das Burgtheater

Im Stil der italienischen Hochrenaissance konzipierten die Architekten Hasenauer und Semper das neue Burgtheater, nachdem das alte zwischen Michaelerplatz und Durchgang zum Burghof zu eng wurde und der Demolierung zum Opfer fiel. Die Künstler sind zunächst unglücklich: «Eine prunkhafte Gruft ist dieses Haus», klagte der Schauspieler Hugo Thimig, «nirgends eine Spur des praktischen Theaterelementes!»

SPÖ
RUEFA

HILTON
THEATER

Das Burgtheater

Abschied und Willkommen

Burgschauspieler! Ritterschlag Melpomenes und Thalias, Adelsprädikat der darstellenden Kunst, mehr als ein Titel, und der Mime, der ihn trägt, dem flicht die Nachwelt doch die allerschönsten Kränze.

Der Mythos Burgtheater lebt, bevor der prächtige Bau am Ring entsteht, und wird doch dort eigentlich geboren.

Es war zunächst des Kaisers eigenes Theater und, daher der Name, in die Hofburg integriert, kaiserliches «Appartement».

Das alte Haus am Michaelerplatz, 1742 eröffnet als «Königliches Theater nächst der Burg», war alles andere als großzügig-festlich, wurde immer wieder verändert, umgebaut, aufgestockt, zuletzt mit hufeisenförmigem Zuschauerraum, schmal, nur zehn Meter breit, doch 24 Meter lang, von idealer Akustik und, trotz drei Logenrängen und der Galerie, nur zwölf Meter hoch.

Der heitere Farbakkord aus Weiß und Gold der Ausstattung und Rot der Tapeten und Sesselbezüge besaß etwas Intimes, als sei man bei «Kaisers» persönlich zu Gast, so fühlten sich Darsteller und Publikum.

Technisch lag jedoch vieles, fast alles im argen. Es zog, die

Im Foyer des Burgtheaters

Die festlichen Wandelgänge bieten dem Publikum Raum zum Promenieren und Debattieren während der Pausen. Die Künstler gewöhnten sich nur allmählich: «Man ängstig sich um den ‹Geist des alten Burgtheaters›», notiert die DEUTSCHE RUNDSCHAU, *denn die Liebe zum Burgtheater, das den Wienern «ein Geistesasyl gewesen ist» kommt aus dem «tiefinnersten Herzens-Grunde».*

Kaiserloge mußte doppelt ausgepolstert werden, damit die Majestäten keinen Schnupfen bekamen; statt Künstlergarderoben gab es hölzerne Verschläge, die Kulissen deponierte man auf den Dachspeichern der umliegenden Gebäude; die Zugänge waren eng und häufig von Kulissen verstellt. Bei ausverkauftem Haus dauerte es eine Stunde, bis der letzte von 1125 Zuschauern das Freie erreichte; man beleuchtete bis 1867 mit Kerzen und Öllampen, Fluchtwege im Brandfalle führten durch die beiden Logen nächst der Bühne – auf dem Reißbrett berühmter Architekten wurde so mancher Plan für ein neues Theatergebäude entworfen. Die Wiener aber liebten das Haus, hingen daran, und ganz besonders liebten es die Schauspieler.

Die Maße, trotz oder eben wegen der Enge, erwiesen sich als ideal, jede Stimme «trug», man konnte von allen Plätzen sehen, selbst Publikum mit schmalem Geldbeutel auf der Galerie stieß zwar mit dem Kopf an die Decke und mußte sich gehörig krümmen, doch es konnte alles verfolgen, was auf der Bühne geschah.

Die Darsteller empfanden sich als persönliche «Gäste», Schauspieler des Kaisers, deshalb gab es keine Ehrenmitgliedschaft, war Applaus verpönt. Nach den Vorstellungen hob sich nie der Vorhang, trat kein Mitwirkender an die Rampe. Beifall gebührte nur dem «allerhöchsten Hof» beim Eintritt. Die Tragödin Auguste Wilbrandt erklärte kurz und bündig, «Applaus» brauche im Burgtheater gar nicht «bis in die Hände zu kommen», weil er sich «in einem Zunicken, in einem verliebten Anlächeln, in einem behaglichen Summen offenbarte».

Das kaiserliche Handbillett von 1857 spricht nur von einem neuen Opernhaus.

Doch der Architekt Gottfried Semper, 1869 aus Zürich nach Wien gekommen, Norddeutscher von Herkunft, machte Franz Joseph ein prächtiges Kaiserforum samt neuem Hofburgtheater schmackhaft.

Nach der Festvorstellung im alten Theater in Wien «nebst der Burg» – die guten Geister einer versunkenen Epoche (im Vordergrund Franz Schubert) geben dem schönen Haus am Michaelertrakt die Ehre.

Im Michaelertrakt gibt man am 12. Oktober 1888 Goethes «Iphigenie auf Tauris» als Abschiedsvorstellung. Die Hauptdarstellerin Charlotte Wolter beginnt bei Iphigenies Schlußwort: «Leb wohl, und gib ein holdes Wort des Abschieds mir zurück!» zu schluchzen, im Publikum fließen bittere Tränen; ein «Epilog von Alfred Berger, gesprochen von Herrn Sonnenthal [Schauspieler und provisorischer Direktor], umgeben von dem gesamten Künstlerpersonal des k.u.k. Hofburgtheaters» endet die «Schluß-Vorstellung im alten Hause»:

Wohl prangt das neue Haus, das uns empfängt,
durch kaiserliche Gnade uns bereitet,
mit allen Wundern hoher Kunst geschmückt,
versehn mit allem, was der Mensch ersann,
des Dichters kühnste Träume zu verkörpern;
und dennoch klopft in Wehmut mir das Herz,
und wie ein Mann, der, von der Heimat scheidend,
sich eine Scholle Heimaterde mitnimmt,
um einst sein Haupt darauf zu betten, möcht' ich
von diesen Brettern hier, die nicht nur euch,
die uns die Welt bedeuten, einen Splitter
fromm mit mir nehmen, daß er uns bewahre
das Angedenken an die schönen Jahre,
die ruhmvoll große Zeit, da unsre Kunst,
ein Kind des Hauses, unter einem Dach
mit Östreichs Kaiserkrone durfte wohnen!

Das Neue Burgtheater sollte in den Plan eines großen «Kaiserforums» eingebunden werden, das sämtliche neue Hofbauten aus einem Wurf der Architekten Semper und Carl von Hasenauer bilden würden. Das künftige Theater könnte so in den Komplex der neuen Hofburg einbezogen werden.

Semper entwickelt die Idee vom eigenen, freistehenden Bau an der Ringstraße, im Januar 1871 legen die Baumeister dem «Bau-Comité» ihre «Projekt-Skizze» vor, der im Verlauf des Jahres weitere folgen. Man verhandelt, erwägt andere Standorte, und über diesem ganzen Planen, Entwerfen, Skizzieren, geraten sich die beiden Architekten in die Haare.

Aus der konzipierten freundschaftlichen Zusammenarbeit erwächst Rivalität.

Semper ist bereits durch das Opernhaus zu Dresden bestens renommiert in seinem Metier, Hasenauer erträgt den großen Schatten des Kollegen schwer, ihre zunächst so fruchtbare Arbeitsteilung funktioniert immer schlechter, eskaliert später zu regelrechtem Haß. Der Fremde, Zugezogene, der Deutsche gegen den Eingesessenen, Einheimischen, den Wiener, der weltgereiste Gefeierte, in Dresden, Paris, Zürich erfolgreich, versucht den wackeren, kenntnisreichen Hiesigen, dessen Lokalwissen und dekoratives Talent er zu brauchen weiß, zu verdrängen.

Unter der Devise «Gleichberechtigung» hatte ihre Partnerschaft angefangen, sie geht nur zwei Jahre lang wirklich gut. Seit dem Jahr 1873 beginnt der um dreißig Jahre jüngere Hasenauer, aus der Position des Unterlegenen, seine Kampagne, argusäugig verfolgt von «toute vienne», begleitet von Pressekommentaren, hämischer Schadenfreude und aufmunternder Anfeuerung, je nach Standpunkt der Sympathien.

«Wer Augen im Kopf hat, wird meine Tatze von der des Hasenauer wohl zu unterscheiden wissen», grollt Semper.

«Es ist recht traurig und entmutigend, wenn man sein Leben in aufreibendster Tätigkeit verbringt, statt Anerkennung zu finden, sich stets nur seiner Haut wehren zu müssen und doch überdies stets als Angreifer hingestellt zu werden», klagt der Kontrahent.

«Hasenauer hat ungeheuer viele Feinde, die ihn geradezu vernichten möchten, wenn sie könnten», orakelt die PRESSE. Und:

«Dahinter steht die mysteriöse Geschichte seines Zwists mit Semper, über die man ja doch nichts Sicheres erfahren kann.»
Als am 16. Dezember 1874 der erste Spatenstich am neuen Burgtheater getan wird, ist nichts mehr so, wie es ursprünglich geplant war: das Projekt Kaiserforum aus finanziellen Gründen eingeschränkt, kein zweiter Hofburgflügel, der das Theater beherbergen könnte, folglich auch das Theater nicht mehr im Verband der Residenz.
Alle sind enttäuscht: das Publikum voran, das allezeit so stolz war auf die kaiserliche Nachbarschaft, wenn es ins Theater ging; der Kaiser, der «seine» Bühne als Teil der allerhöchsten Haushaltung vermißt; Semper, weil sein Plan vom klassizistisch klar gegliederten Amphitheater durch den Wunsch des Hofs nach einem Logentheater durchkreuzt ist; Hasenauer, weil er, der «Chefarchitekt der Weltausstellung» vom Jahr zuvor, als er die Praterrotunde geschaffen hatte, seinen Ruhm und jungen Adel im Schatten des Rivalen sieht.
Semper zieht sich 1876 entnervt zurück von praktischer Bautätigkeit, er kränkelt, ärgert sich, weil der Kollege in seinen Plan pfuscht, das dekorative Element, das ja wirklich Hasenauers Stärke ist, Sempers Konzept zu überwuchern droht, und stirbt 1879 in Rom.
In Wien legt sich Carl von Hasenauer nun endgültig im gut gemachten Bett nieder, läßt sich als alleiniger Schöpfer des neuen Burgtheaters feiern, widerspricht jedenfalls nie deutlich, wenn dergleichen lobredend, bald auch scheltend, publiziert wird, und führt tatsächlich die gesamte Bauaufsicht bis zum 14. Oktober 1888.
Vierzehn Jahre lang hatte die Arbeit an dem im Äußeren und im Inneren gleich eindrucksvollen, prächtigen Haus gedauert. Hasenauers größtes Verdienst ist den Gästen, die mit staunenden Augen und unter Ausrufen des Entzückens zur Eröffnung erschienen

sind, verborgen: Bühnen- und Zuschauerraumkonstruktion bestehen aus Eisen, die Ringtheater-Katastrophe sollte sich nie mehr wiederholen.

Das Illustrierte Wiener Extrablatt bringt am 14. Oktober 1888 eine begeisterte Vorausmeldung: «Heute ist der Ehrentag der deutschen Schauspielkunst. Seine Majestät der Kaiser hat in seiner Residenz einen Musentempel sonder Art errichtet, und heute Abend öffnen sich die Pforten des neuen prunkvollen Hofburgtheaters, um allen jenen Einlaß zu gewähren, welche Herz und Sinn besitzen, sich an den Meisterwerken der Dichtkunst zu erfreuen, zu erleben, zu begeistern. Und dazu gibt es in Wien viele Tausende.»

Premiere mit Grillparzers «Esther»-Fragment und «Wallensteins Lager» von Friedrich Schiller; vor der eigentlichen Eröffnungsvorstellung spielt man die «Weihe des Hauses», Ouvertüre von Ludwig van Beethoven, ein szenischer Prolog von Josef Weilen wird vorgetragen.

Das neue Haus, durch elektrisches Licht strahlend erleuchtet, «feenhaft» loben Besucher seinen Glanz, erfüllt perfekt das Ideal des «Gesamtkunstwerks» im Zusammenspiel von Architektur, Plastik und Malerei: der Baukörper großzügig, ruhig hingelagert in den harmonischen Formen der Hochrenaissance im Stil des Historismus, mit klar gegliederten Außenfassaden; Carl Kundmann «schuf die Attikafiguren von Apollo, Melpomene und Thalia, Rudolf Weyr den ‹Triumphzug des Bacchus und der Ariadne› auf dem Fries über den Haupteingängen. Liebe, Haß, Heroismus, Egoismus, Demut, Herrschsucht – Tugenden und Leidenschaften, die das Drama so sehr beherrschen wie das Leben, sind allegorische Darstellungen, die Johannes Benk für die Stirnseiten der Flügel schuf. Josef Gasser und Viktor Tilgner steuerten die Nischenfiguren an den Seitenfassaden bei: Prometheus, Genoveva, Hanswurst, Falstaff, Phaedra, der Richter von Zalamea. Von

Tilgner sind auch die Kolossalbüsten der großen Dramatiker über den Fenstern des Mitteltraktes: Calderon, Shakespeare, Molière, Schiller, Goethe, Lessing, Grillparzer, Hebbel, daneben merkwürdigerweise auch der nur seinerzeit so hochgeschätzte Friedrich Halm und verschiedene Gestalten aus Dramen, alles Plastiken von Rudolf Weyr» (Ernst Haeusserman).

Verschwenderisch die Malereien in den Innenräumen: Hasenauer und Rudolf von Eitelberger hatten Auftrag erteilt an die «Künstler-Compagnie» Franz Matsch sowie die Brüder Ernst und Gustav Klimt, den offiziellen Startschuß gibt das Hof-Bau-Comité am 20. Oktober 1886 für zehn Deckenbilder in den beiden Haupttreppenhäusern des Burgtheaters. Verantwortlich für das Programm zeichnet Adolf von Wilbrandt, der Direktor des neuen Hauses, doch die Themen in den Giebelfeldern sollen die Mitglieder der Ateliergemeinschaft selbst bestimmen.

Die Gemälde im südlichen Treppenhaus stellen dar: Apolloaltar von Gustav Klimt; antike Improvisation von Matsch; vor dem Theater in Taormina von Gustav Klimt; mittelalterliche Mysterienbühne von Matsch und über dem Eingang von Ernst Klimt: Hanswurst auf der Jahrmarktsbühne.

Über der nördlichen Stiege: Altar des Dionysos von Gustav Klimt; der Thespiskarren vom selben Künstler; eine antike Theaterszene von Matsch; Globetheater in London von Gustav Klimt und über dem Eingang von Ernst Klimt: der eingebildete Kranke.

Die Künstler halten sich in Form, Farbe, Kostümierung, an die lokalen Gegebenheiten der jeweiligen Zeit und nehmen, halb aus Geldmangel, teils als «Gag», Freunde, Verwandte, sich selbst als Modell.

Das Selbstporträt im offiziellen Gemälde (Baldung auf dem Sebastiansaltar, Rembrandt auf der «Nachtwache», Asam in Weltenburg, Tiepolo in der Würzburger Residenz) hat gute alte Tradition in der europäischen Malerei. Freude an der Maskerade

Josef Lewinsky

Den Schauspieler, am Burgtheater «Spezialist» für intrigante, schurkische Rollen, porträtierte Gustav Klimt im Jahr 1895 in der Rolle des Carlos in Goethes «Clavigo». Ludwig Speidel charakterisierte die Kunst des Mimen: «Er ist eine Willensnatur... Was er an sich und anderen vorzugsweise ausbildete, war die Kultur des Wortes, die Kunst des Sprechens. Er selbst ist ein Meister der Rede, in Schärfe und Gelenkigkeit des Sprechens von keinem seiner Kollegen ereicht.»

IOSEF · LEWINSKY ·
ALS CARLOS IN CLAVIGO ·
GVSTAV · KLIMT

kommt hinzu. Gustav Klimt verewigt sich, zusammen mit Bruder Ernst und Kollege Matsch, als Zuschauer beim Shakespeare-Theater, und zwar im Habit der Epoche – sein einziges gemaltes Selbstbildnis.

Matsch berichtet in seinen Memoiren, wie heftig er und die Klimt-Brüder erschraken, als die Gerüste fielen und im Jahr 1888 die fertigen Fresken zum Vorschein kamen, und auch, daß sie alle drei am liebsten die Flucht ergriffen hätten, so wenig gefiel ihnen, was sie sahen.

Architekt Hasenauer, Oberhofmeister Fürst Hohenlohe und die Bauleitung loben das Werk einmütig, der Kaiser dekoriert die Schöpfer der Burgtheaterfresken mit der höchsten Auszeichnung, die er zu vergeben hat – dem goldenen Verdienstkreuz mit der Krone.

Klimt und seine Gefährten gehören nun zur «Elite» der anerkannten Ringstraßenkünstler, der Erfolg zieht neue Aufträge nach sich, der Name Klimt bekommt guten Klang in Wien als genialer Spezialist für Wandmalerei.

Der neue Ruhm mag in ihm doch auch Bedenken erweckt haben, eigenwilligere, allegorische, experimentierende Kunst wird sein künftiges Programm sein, ihm Ruhm und Ungemach, Anerkennung und Schmähung bringen. «Dekorationsmaler» ist für Klimt noch ein Ehrentitel; wenn sogar der große Makart Festzüge und Atelierräume pompös kostümiert und ausstattet, soll ihm das Lob für die Burgtheaterbilder recht sein.

Erst einige Jahre später wird er sich empören: «Wenn ich ein Bild fertig hab', so will ich nicht noch Monate verlieren, es vor der ganzen Menge zu rechtfertigen. Für mich entscheidet nicht, wie vielen, sondern wem es gefällt», und in neuer Malweise konterkarieren, was anno '88 dem Kaiser so gut gefiel.

Der Dichter Reinhold Schneider sinniert 1958 auf der Prunktreppe des Burgtheaters: «Ich schleiche mich zu Anfang des

Josef Kainz

Mit schillernden, auch schurkischen Rollen, zum Beispiel der Mephisto in Goethes «Faust», wechselte der berühmte Burgschauspieler das Fach. Die «sanfte Verlorenheit, in der sonst seine Kunst zu schweben schien, schwelgt jetzt im Bösen» (Bahr).

zweiten Aktes aus der Loge – und ich habe eine halbe Stunde, sozusagen in königlicher Einsamkeit, in der Burg... Großartig, in Intervallen, hebt sich die Kaiserstiege herauf in den spiegelnden Glanz des Marmors und der Kristalle. Es ist Entweihung, daß ein anderer als der Kaiser sie beschreitet. Die abertausend unkaiserlichen Füße ließen keine Spur – und wie viele ihrer noch heraufsteigen, sie drücken sich nicht ein. Die Stiege wartet auf den Kaiser, der nicht wiederkehrt.»
Als Staunen, Freude, Neugier über die Pracht verrauscht, Applaus für die ersten Vorstellungen verklungen, Stolz der Schauspieler auf das neue Heim ihrer Kunst dem Alltag gewichen sind, folgt sehr schnell Katzenjammer.

Wir alle fühlen's tief in dieser Stunde:
nicht tote Steine sind das Burgtheater,

hatte es im Abschiedsmonolog geheißen, der mit dem «heiligen Entschluß» endet,

den Stolz der Wiener, unsern alten Ruhm,
mit starken Armen treu emporzuhalten
hoch überm Strome der Vergänglichkeit!

Von Herzen gesagt, schwer getan! Das Publikum sitzt komfortabel in den neuen Fauteuils, aber es hört schlecht, sieht nicht von allen Plätzen gut, die Intimität des gewohnten Hauses am Michaelerplatz wird schmerzlich vermißt.

Verwünschtes Loch! Ich armer Tropf,
wie um mein Geld ich weine!
Von Krastel sah ich nur den Kopf,
von Gabillon die Beine,

schilt der Dichter Eduard Bauernfeld in «Zahmen Theater-Xenien» seine gemietete Loge.

So viel Humor beweisen wenige.
«Das neue Burgtheater», grollt schon im Dezember 1888 die PRESSE, «bereitet der Darstellung und dem Genießen derselben Schwierigkeiten, wie kaum ein anderes altes oder neues Theater. Als Prunkbau mag es seines Gleichen nicht haben, als unpraktisches Bühnenhaus hat es sicher nirgendwo seines Gleichen.»
Die Brüstung der Galerie, lyraförmig und von den Wienern höhnisch «Haftel» genannt, raubt die Sicht, eine hochgezogene Decke die Akustik. Es gibt keine Probenräume oder Depots für Kulissen und Kostüme, die Direktion ist abseits des eigentlichen Theaterbaues untergebracht.
«Es mag sein, daß bei der Gestaltung des Zuschauerraumes Fehler begangen wurden, allein gegen dieselben läßt sich jetzt kaum mehr Abhilfe schaffen», resigniert die WIENER ABENDPOST Anfang 1889.
«Das den Schönheiten des neuen Burgtheaters gespendete Lob haben die Lebenden in Empfang genommen, der Tadel gebührt den Toten» – das NEUE WIENER TAGBLATT gräbt gar die alte Fehde Hasenauer/Semper wieder aus, und viele Journalisten schla-

Die Schauspieler verlassen eilig, neugierig, aber beklommen ihr vertrautes altes Haus – nach der letzten Vorstellung begibt sich das Ensemble geschlossen hinüber ins neue Burgtheater.
Zeitgenössische Karikatur von Theodor Zasche.

gen jetzt auf Hasenauer ein. Pro und contra neues Burgtheater wird Modethema in der Gesellschaft, jeder versteht es besser: die kühle Pracht der weiß gehaltenen Logen verspottet man als «Badekabinen», daß ihnen «eine Stoffverkleidung not tut», eine «dritte Person in jenen Logen von den Vorgängen der Bühne so gut wie gar nichts mehr zu sehen bekommt», die «Insassen der Seitenlogen vom Balkon aus nur dann die ganze Bühne sehen können, wenn sie sich recht mühselig über die Brüstung hinausbeugen», all diese Tatsachen werden Gegenstand endlosen Räsonierens und Debattierens.

Härter noch trifft es die Darsteller. Betrübt notiert der beliebte Komödiant Ludwig Gabillon in sein Tagebuch: «Niemand hat's gefreut. Das Haus hat laufend Mängel. Also hinein ins Fegefeuer. Ob wir später in den Himmel oder in die Hölle kommen, wissen die Götter. Sie mögen uns gnädig sein!»

Sie sind ungnädig – die Vierte Galerie buht und meutert ganz ungeniert, wenn sie nichts hört. Die Stimmen der Schauspieler, selbst die besten, wohltönendsten, tragen nur «bis in die erste Reihe und in der Mitte etwa noch drei Reihen... Alle anderen Plätze des Raumes sind völlig wertlos» (NEUE FREIE PRESSE).

Das Wiener Blatt macht sich endlich auch zum Anwalt der Hauptbetroffenen: «Freies Sprechen ist hier unmöglich geworden. Wo aber das Wort, dieses Kleinod des Burgtheaters, sich nicht mehr geltend machen kann, da ist das Burgtheater zuende!»

Begütigend, die erbosten Kritiker, die nicht ein einziges gutes Haar am Burgtheater lassen wollen, beschwichtigend, erhebt Carl von Lützow 1889 in der ZEITSCHRIFT FÜR BILDENDE KUNST seine Stimme und tritt für den umstrittenen Carl von Hasenauer in den Ring:

«Wie alles Neue und Überraschende, so hat auch das neue Burgtheater im Wiener Publikum und namentlich bei den darstellenden Künstlern keine ungeteilt günstige Aufnahme gefunden.

Dem Operntheater ging es vor zwanzig Jahren ebenso. Erst wenn sich Bühne und Schauspielkunst an ihr festlich geschmücktes Heim gewöhnt haben, kann sich Hasenauers prächtige Schöpfung ruhig mit dem gefeierten Werke van der Nülls messen.»

Die wägende Stimme der Vernunft klingt kühl gemessen an dem trostlosen Kummer der Betroffenen, den Schauspielern wird der geliebte Beruf verhaßt, tönt Applaus wie Hohn in den Ohren, verunsichert, deprimiert, wird ihnen jeder Auftritt zur Qual.

«Böse Geister sitzen auf der Bühne, hinter den Kulissen, in uns, um uns. Wir sind tief traurig und gedrückt – wir fühlen instinktiv – es geht ans Sterben. Das alte Burgtheater hätte die Umpflanzung noch ertragen, aber die schlechte Erde, der eiserne, kalte, unwirtliche Boden nimmt uns die Kraft. Wir erholen uns nicht mehr», notiert der virtuose Mime Ludwig Gabillon nur vierzehn Tage nach der Eröffnung verzweifelt in sein Tagebuch.

Im Jahr 1883, noch am alten Burgtheater, debütiert ein süßes blondes Mädel, keck, naiv, fröhlich, mit hübscher Singstimme begabt, das ideale widerspenstige Käthchen in Shakespeares Zähmungs-Komödie und Käthchen auch in Kleists romantischem Schauspiel – Katharina Schratt. Achtundzwanzig Jahre ist sie alt, nicht mehr ganz jung nach dem Verständnis des späten neunzehnten Jahrhunderts, aber mit Charme und Schwung der Jugend gesegnet.

Die junge Dame ist kein unbeschriebenes Blatt, dies bedeutet in den Gründerjahren: Makel, Klatsch, böse Nachrede, die, einerlei ob berechtigt oder falsch, an der «Ehre» kratzt.

Wiens «böses Maul» ist berüchtigt.

Im September 1879 gerät sie in die negativen Gesellschaftsspalten der Boulevardpresse: Das ILLUSTRIERTE WIENER EXTRABLATT reportiert über die berüchtigte Vermählung mit Baron von Kiss voll schadenfroher voyeuristischer Häme:

«Die Schratt-Kiss-Affäre wird immer legendenhafter. Gestern

nachmittag hatten wir eine Entrevue mit Katharina Schratt. Die Künstlerin gab uns ihr Wort, daß sie das entscheidende Ja vor dem Altar noch nicht gesprochen habe. Was sich in der dritten Nachmittagsstunde vor dem Altare der Augustinerkirche begab, darüber schwieg Frl. Schratt, und wir waren delikat genug, ihr Geheimnis zu ehren. Wie wir schon gestern bemerkten, logiert Frl. Schratt nach wie vor Kärntnerring 15, ohne andere männliche Gesellschaft, als die dreier Möpse, welche die üble Laune zu vertreiben suchen, die sich infolge der Aufregungen dieser Tage der Künstlerin bemächtigte.»
Übrigens: «Herr v. Kiss befindet sich zur Zeit in Ungarn.»
Eine verfehlte Heirat, ein Sohn, den sie allein aufziehen muß, Schulden, so kann sie nicht zur Hofschauspielerin avancieren, in solchen Fällen greift gelegentlich die kaiserliche Schatulle ein; das geschieht auch bei «Kathi», und Kathi geht in Audienz zum Kaiser, um sich zu bedanken.
«Jessas, es war so schön, was ich hab' sagen wollen, und jetzt hatt's mir die Red' verschlagen», stammelt sie hinterher.
Seit dem Jahr 1886 hat Katharina einen Freund, Kaiserin Elisabeth eine chargierte «Vorleserin Ihrer Majestät», die in Wirklichkeit Rivalin ist, und ganz Wien etwas zu klatschen.
Kaiser Franz Joseph und die Hofschauspielerin werden ein Paar, das nach außen Diskretion wahrt, sich vollendet gegeneinander und miteinander benimmt, alle Welt darüber rätseln läßt, wie denn nun ihr Verhältnis beschaffen sei. Sie haben wohl beide lange Zeit selbst darüber zu denken gehabt, denn, so schreibt Franz Joseph an Katharina Schratt:
«Ihre Ehre und Ihr Ruf sind mir vor allem heilig, und ich wollte Ihnen sagen, wie ich bestrebt bin, unsere Freundschaft, an der ich nichts Unrechtes sehe, auch vor der Welt in ihrem richtigen Lichte erscheinen zu lassen.»
Kathi ist keineswegs, wie etwa die berüchtigte Lola Montez in

München für König Ludwig I., die heimliche Mätresse, sondern Institution mit dem Titel «Gnädige Frau» und – dem Segen der Kaiserin versehen.
Elisabeth ist froh, daß eine andere die Rolle einnimmt, die Pflicht ausfüllt, Seine Majestät zu erheitern, zu zerstreuen, ihm zuzuhören, Mut zu geben, Behaglichkeit, Wärme, gewiß auch Liebe, all das, was sie selbst nicht tun will.
Die Schratt darf sich zeigen, bei Hofe, zu offiziellen und familiären Anlässen; sie erhält Apanage, und tritt bis ins Jahr 1900 auch noch auf in der «Burg». Ihr Bild malt der Maler Josef Fux auf den Hauptvorhang: Katharina in der Rolle, die sie auch für den Kaiser spielt: die heitere Muse.
«Er soll bei mir vergessen, daß er regieren muß», erwidert sie auf indiskrete Fragen.
«Ich bete Sie an, das darf ich künftig aber nicht mehr sagen, heraus ist es aber doch», schreibt Franz Joseph an sie und im selben Brief: «Da ich für einen brüderlichen Freund zu alt bin, erlauben Sie, daß ich Ihr väterlicher Freund bin.»
Die Kollegen klatschen und ratschen ganz insgeheim. Nie kommt Skandal auf, allfällige Petitionen, Wünsche an das Ohr und die Gebefreude des Kaisers erledigt Kathi diskret. Die Wiener Journalistin Bertha Zuckerkandl, der hinter vorgehaltener Hand gelegentlich recht bissig «das Maul ausrutscht», weiß: «Sie blieb, wie sie gewesen war, freimütig, urwüchsig, eigensinnig, Freunden gegenüber gütig und hilfreich», aber auch «freigebig bis zur Verschwendung, am unrechten Ort auch geizig, weil launenhaft und unberechenbar. Sie war das Urbild des Weiblichen; daher die Unmittelbarkeit ihrer Wirkung, ihr stets überraschendes Wesen.» Und so belebt menschlicher Klatsch Stadt und Kulissen des neuen Burgtheaters.
«Ich mußte mich mit dem Gefühl begnügen, Sie dort und in der Nähe zu wissen», bedauert der Kaiser, als die Freundin zu weit weg

vom Ort des Geschehens sitzt bei der Enthüllung des Maria-Theresia-Denkmals 1888 auf der Ringstraße; aus dem blauäugigen, biegsamen Blondchen wird die matronenhafte Altersfreundin, die als junge fröhliche Muse nur auf dem Vorhang verewigt bleibt.
Der Mord an Kaiserin Elisabeth im September 1898 hat zur Entfremdung zwischen der Künstlerin und dem Kaiser geführt. Franz Joseph verweigert ihr den Elisabeth-Orden, den die Kaiserin der Schratt zu Lebzeiten versprochen hatte – sicher auch eine Frage des Feingefühls; aber der kaiserliche Gönner tut nichts, hilft nicht, als Theaterdirektor Schlenther ihren Vertrag mit der «Burg» nicht verlängert.
«Das war eine sehr liebe Kollegin, und sie hat durch ihre Freundschaft mit dem Kaiser viel helfen können», urteilt Rosa Albach-Retty, aber als sie ans Burgtheater kommt, hat sich Katharina Schratt «mit Erlaubnis des Kaisers» bereits von der Bühne zurückgezogen.
Im Jahr 1894 stirbt der «Makart der Ringstraßenarchitektur», Carl von Hasenauer – Anlaß, sich des leidigen Themas «Burgtheater» neu zu erinnern, im sechsten Jahr schon wird das Haus mit den bekannten Mängeln bespielt.
«Es gilt, die Kunst des Burgtheaters zu retten, die in einem ihr ungesunden Hause hinsiecht. Das Schlimmste ist ja nicht einmal, daß es ihr schlecht und schlechter geht, sondern daß sich im Publikum der Blick für dieses Siechtum abstumpft», schlägt die NEUE FREIE PRESSE im März 1897 Alarm, denn: «Wir brauchen ein Burgtheater, das allen taugt, während wir heute, wie die allseitigen Wehklagen deutlich genug beweisen, ein Burgtheater besitzen, das keinen Menschen befriedigt.»
Umbauten werden geplant und endlich auch in die Tat umgesetzt; Hauptveränderungen: statt der Lyraform schwingt eine hufeisenförmige Kurve, der Zuschauerraum wird verbreitert und in bessere Relation zur Höhe gesetzt, das Orchester, wie auch die Decke,

tiefer gelegt, vor allem die Vierte Galerie bekommt bessere Sichtverhältnisse, und die Ventilation, die häufig zur Unzeit brummt oder über die Köpfe der Zuschauer fegt, erfährt Modernisierung. Bald ist der ganze Kummer vergessen, neue Schauspieler reißen sich um Engagements, die alten beginnen die neue Burg zu lieben. Das Theater am Michaelerplatz, im Januar 1898 endgültig niedergerissen, ist Legende, das WIENER NEUE TAGBLATT freut sich im Herbst 1897 lakonisch: «Das Burgtheater, wie es sich heute repräsentiert, sieht – wie ein Theater aus.»

Der Umbau geschieht unter Direktion von Max Burckhardt, 1890 bis 1898; kein Theaterpraktiker, ein Beamter im Unterrichtsministerium und Juradozent an der Wiener Universität, ein liberaler Mann und in Angelegenheiten der Bühne unerfahren, packt die moderne Zeit an, und gerade seine Ahnungslosigkeit läßt ihn reussieren. Moderne Dramatiker, revolutionäre Namen wie Ibsen, Sudermann oder Hauptmann, kommen auf die heiligen Bretter der «Burg», bedeutende Gäste treten auf. Der Intendant in seiner Ungeübtheit bringt auch manche Nichtigkeit heraus, Fehlgriffe aus späterer Sicht; ebenso sein Nachfolger Paul Schlenther, 1898 bis 1910. Er bindet einen europa-berühmten Namen an seine Intendanz: Joseph Kainz.

Burckhardt hatte ihn 1897 für ein längeres Gastspiel engagiert. Helden und Liebhaber sind Kainz' Fachgebiete, privilegierte Rollen, mit Vorschußlorbeeren bedacht. «Ich sehe meinem Gastspiel mit großer Aufregung, aber mit riesiger Freude entgegen», bekennt der als Star mit Allüren bekannte Künstler, und tritt zu aller Erstaunen bescheiden und ensembledienlich auf in Wien.

Die erste Reaktion des Publikums bleibt abwartend, es ist vielleicht das Stück, «Galeotto von José Echegaray», also nichts Populäres. Bei Sudermanns «Moriturí» ist man schon applausfreudiger, «Hamlet» feiert man mit Ovationen.

Der nächste Gastauftritt folgt ein Jahr später, und da gibt Kainz die

Rollen, die alle Welt von ihm kennt und erwartet: Franz Moor in Schillers «Räubern», Shakespeares Romeo!

Josef Kainz wird Burgschauspieler, Hofschauspieler und geradezu eine Kultfigur der Theaterbegeisterten.

Den Mephisto gibt er, von Kopf bis Fuß in Kardinalsrot gewandet, in der hochmütigen Pose eines Priesters des Bösen: arrogant, lässig und zugleich kühl, eine «Gestalt nicht von Goethe, sondern von Byron», wie Alfred Kerr charakterisiert: «Ein Engel, ein Verdammter noch im Lächeln. Ein in Spott und Bewegsamkeit von Melancholie Umleuchteter, Umflatterter.»

Kainz reißt die Leute hin. Er paßt so gar nicht in Pomp und Pathos des Fin de siècle, und wird, ein Ausnahmewesen, eben darum bestaunt.

Privat ist Kainz kein Kostverächter. «Wollen wir nicht einmal abends saufen irgendwo?» schreibt er an Bahr.

Frauen schwärmen für ihn, sogar Kolleginnen lassen sich hinreißen. «Nach der Vorstellung mußte ich den weiten Weg nach Döbling zu Fuß laufen», bekennt zum Beispiel Hedwig Bleibtreu: «Es war einfach unmöglich, in der Straßenbahn zu sitzen, so aufgeregt hat einen dieser Mann.»

Kritiker, Dichter, Feuilletonschreiber werden geradezu ekstatisch, wenn sie über Kainz schreiben.

«Sein Körper ist biegsam wie ein Botticellischer Mädchenleib, seine Gliedmaßen sind in fortwährender Bewegung. Kainz erfindet eine ganz neue Gebärdensprache, die weit, weit entfernt ist von allen traditionellen Gesten», so Daniel Spitzer in der NEUEN FREIEN PRESSE.

Und Hugo von Hofmannsthal:

Ein Unverwandelter in viel Verwandlungen,
Ein niebezauberter Bezauberer,
Ein Ungerührter, der uns rührte, einer
der fern war, da wir meinten, er sei da.

Der Dichter Hugo von Hofmannsthal macht Furore, als er unter dem Pseudonym «Loris» die ersten Poesien publiziert. In der literarischen Welt und den Salons der Ringstraße wird er geradezu als «Kultfigur» gefeiert, und er bewegt sich geschickt und feinfühlig zwischen Tradition und Moderne: «Jede Kultur hat ihre Blüten. Gehalt ohne Prätention, Vornehmheit gemildert durch eine unendliche Grazie, so ist die Blüte dieser alten Gesellschaft beschaffen, der es gelungen ist, einen wie mich in ihrem Bannkreis festzuhalten.»

Dem aparten Außenseiter sind durchaus nicht alle gewogen, vor allem die «alte Garde» der Burgschauspieler hängt am vertrauten Überkommenen, beargwöhnt «modernistische» Neuerungen.
Schlenther führt die «Burg» bis 1910, versucht, ein neues Publikum zu erziehen, das Repertoire zu erweitern, aber die realistisch-naturalistischen Werke von Ibsen, Hauptmanns oder Sudermanns und Schnitzlers, Hofmannsthals, Bahrs neuer Konversationston kommen bei vielen nicht an.
Das prächtige neue Haus am Ring lädt ja auch eher dazu ein, Opulentes, «Schönes» zu inszenieren. Der Bau, ein Widerspruch in sich, einer der spätesten und glänzendsten an der Ringstraße, ist so perfekt historisch, ganz in vergangenen Zeiten wurzelnd geplant, kontrovers diskutiert, mit modernster Installation gesichert, und bricht doch nach seiner kostspieligen Renovierung und Wiedereröffnung mit der geliebten Vergangenheit, ohne rechte Gegenwart und Zukunft zu finden auf der Schwelle zum 20. Jahrhundert.
«Der Faden der edlen alten Burgtheatertradition riß ungefähr zu Beginn der neunziger Jahre unwiederbringlich entzwei», klagt Adolf von Sonnenthal, der dem alten Burgtheater den Abschied gesprochen hatte:

Und tief erschüttert seh' ich um mich her
die großen Meister unsrer Bühne stehn,
mit deren Namen lange schon die Welt
das Höchste nennt, was unsre Kunst vermag,
die unsre Ehrfurcht, unsre Liebe hatten –
die Tausende beglückt in diesen Räumen,
sie treten still und ernst in unsern Kreis
und winken uns ein letztes Lebewohl!

Im Fall «Burgtheater» liegt künftig, wie so oft bei Dingen, die sich am Ring ereignen, das Erhabene und das Triviale nebeneinander. Dort zu spielen, Autor zu sein, sogar Kritiker, ist Erfüllung jeder Karriere.

«Am Burgtheater gespielt zu werden», schreibt Stefan Zweig, «war der höchste Traum jedes Wiener Schriftstellers, weil es eine Art lebenslangen Adels bedeutete und eine Reihe von Ehrungen in sich schloß wie Freikarten auf Lebenszeit, Einladung zu allen offiziellen Veranstaltungen; man war eben Gast in einem kaiserlichen Haus geworden.» Der Direktor der «Burg» gratuliert dem Debütanten feierlich im Büro, abends findet er mit Erstaunen dessen Visitenkarte in seiner Wohnung vor: «Er hatte mir, dem Sechsundzwanzigjährigen, einen formellen Gegenbesuch gemacht, ich war als Autor der kaiserlichen Bühne schon durch die bloße Annahme ein gentleman geworden, den ein Direktor des kaiserlichen Instituts au pair zu begegnen hatte.»

Die Popularität des Hauses am Ring hat, so fährt Zweig fort, auch seine komische Seite:

«Ich erinnere mich zum Beispiel aus meiner frühesten Jugend, daß unsere Köchin eines Tages mit Tränen in den Augen in das Zimmer stürzte, eben habe man ihr erzählt, Charlotte Wolter sei gestorben. Das Groteske dieser wilden Trauer bestand selbstverständlich darin, daß diese alte, halb analphabetische Köchin nicht ein einziges Mal selbst im vornehmen Burgtheater gewesen war.»

Otto Wagner

Das Gegenteil der Wiener Ringstraße

Die Postsparkasse von Otto Wagner, errichtet auf dem ehemaligen Kasernenareal, weist über den historisierenden Ringstraßenstil hinaus in die Moderne. Der Architekt, der mit klaren, funktionalen Formen, getreu seinem künstlerischen Motto: «Artis sola domina necessitas» (Notwendigkeit allein ist die Herrin der Kunst), den Jugendstil einleitet und später vollendet, wäre zur tragischen Figur unter den erfolgreichen Ringbaumeistern geworden, hätte er nicht zu seinem eigenen Stil gefunden; denn er reüssierte, als der Historismus am Ring blühte, nicht, und zwar keineswegs aus freien Stücken.

«Ein Baukünstler, dazu berufen, die monumentalsten Aufgaben unserer Zeit zu lösen, fand keine Aufgaben», klagt Adolf Loos später, zur Feier von Wagners 70. Geburtstag. «Es gab keine Konkurrenz, an der er sich nicht beteiligte. Aber Otto Wagner war ein Künstler, und daher war ihm der erste Preis immer versagt. Wenn man in seinem Lebenswerke blättert, könnte man vor Wut weinen, daß diese herrlichen Gedanken nicht zur Ausführung kamen und welche Entwürfe den seinen vorgezogen wurden.»

Was Wagner einreicht, ist nicht, noch nicht, revolutionär neu.

Bei der Planung des Justizpalasts 1874 legt er einen Entwurf in prachtvollem Neo-Barock vor, aber Schmidts Schüler Alexander von Wielemanns macht das Rennen. 1895 entwirft er einen Plan für die Hofburg, mit hoher, kompakter Kuppel, breiten, gleichmäßigen Flügeln und zwei regelmäßig gegliederten Geschossen – «Studie zum Ausbau der K.u.K. Hofburg» steht über dem nichtausgeführten Aufriß; gewiß wäre Wagner auch gern Leiter der Hofbauten geworden, als Hasenauer im Jahr 1894 stirbt.
Für die Akademie der bildenden Künste (1898) kommt er zu spät, Hansen baut dort seit 1877.
Wagners Skizzen sind allesamt kleine Kunstwerke für sich, schön aquarelliert, farbig gehöht, oft sogar mit Gold; Feder, Bleistift, Gouache wechseln sich dekorativ ab – durchaus nicht als bloße Fingerübungen, sondern Gebilde einer kreativen Phantasie gedacht.
Der Architekt wäre gern aktiv geworden am Ring, Kaiser Franz Josephs oft rigorose Bauherrschaft hätte ihn kaum gestört.
Für den pompösen Makartfestzug darf er den architektonischen Rahmen und das kaiserliche Zelt «inszenieren», ein kurzer «Theaterauftritt» und zu wenig für einen Mann mit seinen künstlerischen Intentionen.
Zur Ringstraßen-Bauzeit wollte er noch nach der später formulierten Maxime arbeiten: «Der Architekt kann in die volle Schatzkammer der Überlieferung greifen, er muß durch Neugestalten das Überlieferte dem Zweck anpassen oder aus der Wirkung der bestehenden Vorbilder die von ihm beabsichtigte Wirkung herausfinden.»
Das kommt dem offiziellen Programm des Historismus sehr nahe. Die Abkehr folgt rasch, nicht abrupt, aber unbeirrbar, bald schon in bewußter Opposition zum Ringstraßenstil. Er wird zum Ärgernis für die Traditionalisten, will es geradezu werden; vor allem rationell möchte Wagner bauen.

Die Endlos-Baugruben, die über Jahrzehnte hinweg Lärm und Staub verbreiten, Kosten verursachen und Gebäude hervorbringen, die, mochten sie zur Entwurfszeit noch akzeptabel sein, bei Fertigstellung antiquiert wirken, interessieren ihn nicht mehr.
Bald legt er es geradezu darauf an, an Konkurrenzen *nicht* teilzunehmen; darin zu unterliegen heißt für ihn Bestätigung seines eigenen Wertes.
Pauline von Metternich, von der Gesellschaft vergötterte «Muse der Ringstraße», die in Wien einen eigenen Salon führt und sämtliche Prominenz der Gründerjahre empfängt, freut sich in einem Brief an Adalbert Seligmann: «Ich danke Gott, daß dieser schreckliche Otto Wagner wieder abgeblitzt ist.» Die Schwiegertochter des Fürsten Metternich, eine gefeierte Schönheit und deshalb auch Makarts Modell, wird zwar gehört, wenn sie, auch öffentlich, den Mund auftut (selbst wenn sie mit ihrem Urteil daneben liegt), kann Wagners Renomme jedoch nicht schmälern.
Hermann Bahrs Ausspruch, Otto Wagner sei «das Gegenteil der Wiener Ringstraße», wirkt nach der Jahrhundertwende wie ein Ritterschlag für diesen «mächtigen, abseits von den Cliquen im Stillen wirkenden Mann», denn von ihm ist «eine Revolution ausgegangen».
Hätte Wagner im Konzert der Ringstraßenbaumeister Stimme bekommen, als es am mächtigsten tönte, dann wäre er vielleicht in eine Reihe getreten mit Nüll und Sicardsburg, Ferstel, Hansen und Hasenauer, hätte gewiß der Ringarchitektur eine andere, weniger monumentale Note verliehen – aber seinen eigenen Stil, den Jugendstil, nicht gefunden.
Beim Bewerb für die Österreichische Postsparkasse im Juni 1903 geht er als Gewinner unter 32 Konkurrenten hervor. Die sachliche Fassade der Hauptfront mit den auffallenden Nieten der Granit- und Marmorplattenverkleidung und der Kassensaal, dessen Glaskuppel, indirekt beleuchtet, hoch, und dennoch flach gewölbt,

Bildnis Otto Wagners. Der Künstler, der nicht Ringstraßenbaumeister werden konnte, steht später geradezu als Symbolfigur für die Architektur der Neuzeit. «Eines aber», so seine Devise, «wird unbedingt bei jeder Großstadtregulierung zur Hauptsache werden müssen: Kunst und Künstler zu Worte kommen, den die Schönheit vernichtenden Einfluß des Ingenieurs für immer zu brechen und die Macht des Vampirs ‹Spekulation› auf das Engste einzudämmen.»

Ähnlichkeit mit einem modernen Kirchenschiff aufweist, machen Furore. Die breite, sacht ansteigende Stiege zum Kassensaal wirkt für den Nutzbau ungewöhnlich elegant.

Bei der Eröffnung der Postsparkasse und nach Besichtigung der Innenräume wundert sich Kaiser Franz Joseph und findet anerkennende Worte: «Merkwürdig, wie gut hier die Leute hineinpassen.»

Der Künstler verwendet für seine Bauten nach 1900 neuartige Materialien und kombiniert sie überraschend. Nur funktional, dem Zweck, zu dem sie benötigt werden, sollen sie dienlich sein: Aluminiumblech, verzinktes Eisen, Eisenprofile sind ihm willkommen zum Experimentieren; und besonders aufsehenerregend sind die Nieten in ihrem Doppelsinn als Baumaterial und -schmuck.

«Dieser Bau ist ein Markstein in der Geschichte des Wiener Zweck- und Amtsbaues», urteilt lobend der Kritiker Ludwig Hevesi; er «erbringt den Beweis, daß das Heil auch für solche Bauten nicht bei den Baubureaus, sondern bei dem einzelnen, leistungsfähigen und nach Bedarf erfinderischen Künstler liegt, dessen Talent das Ganze überlassen bleibt».

Der Attika-Genius, den Othmar Schimkowitz entworfen hat, geflügelt, mit Kränzen in beiden Händen, im langen Gewand in der Haltung klassischer griechischer Statuen, wirkt beinahe wie eine Parodie auf die anderen Bildmonumente an Häusern und auf öffentlichen Plätzen der Ringstraße – so antik und gleichzeitig modern hütet er das Haus, in dem, nicht anders als zum Beispiel im Börsengebäude, der Mammon zuhause ist.

All die schönen Scheinwelten, pseudo-gotischer Sandstein, edle Marmoreffekte, die Hansen so liebte, üppiger Statuendekor, Arkaden, Balustraden, Treppenaufgänge und pathetisch arrangierte Gruppenbauten meidet Wagner jetzt mit programmatischer Entschiedenheit.

Secession

Das Gebäude der Secession, ein Werk des Architekten Joseph Maria Olbrich, erhielt neben empörter Ablehnung auch höchstes Lob, als es im Jahr 1898 eröffnet wurde: «Ein Gleichnis für das Ringen und Frohlocken des modernen Menschen», rühmte die WIENER RUNDSCHAU.

DER ZEIT IHRE KVNST
DER KVNST IHRE FREIHEIT
VER SACRVM

Enttäuschungen der Vergangenheit – wie viele anspruchsvoll, aber konventionell konzipierte Entwürfe des Künstlers existieren, unter denen in Katalogen lakonisch vermerkt steht: «Nicht ausgeführt!» – zahlen sich in barer Münze für die Zukunft aus.
Wie mochte der Neuerer sich mokiert haben, als die Rathaussteinmetze mit mittelalterlichem Zierrat nicht zurechtkamen, kommunale Debatten über die Granitbeschaffung für das Parlament Wellen schlugen, die Verwalter der Finanzen zornig rechneten, weil Terrakotta in ihren Büchern ein zu teurer Posten wurde.
Und dabei sind dies noch die «redlichen» Materialen, von passionierten Baumeistern an die richtige Stelle gedacht, logisch und harmonisch dem architektonischen Plan angemessen; Scharlatane, auf bloßen Effekt versessene Blender sind weit unterhalb Otto Wagners Niveau.
Der Architekt Josef Hoffmann, Zeitgenosse Wagners, bringt die Position des Baumeisters der Nach-Zeitenwende auf den Nenner: «Während das alte Wien, dessen liebes Bild wir alle mit der größten Pietät im Auge haben, weil es uns Echtes birgt, von den Stilnachahmern und Pseudokunstverständigen verdorben und demoliert wurde, während ungezählte Millionen dafür ausgegeben wurden, unsere natürliche Anlage und Schönheit zu planieren und zu verwischen, hat Wagner durch die Schaffung eigener und echter Werke unseren künstlerischen Wohlstand vermehrt.»
Trotzdem bleibt die Postsparkasse «Paradiesvogel», exotische Ausnahme, dem Ringstraßenstil der Gründerjahre fremd und ohne Anschluß an ihre Bauten.
«Tatsächlich haben die Monumentalbauten der Ringstraße durch ihre Unverwechselbarkeit für das Stadtbild eine ordnende Wirkung», kommentiert der Publizist Friedrich Achleitner. «Der Dekor der Ringstraßenbauten hat aber noch eine andere Funktion: durch die Ausmaße der städtischen Räume und ihre Distanzen, durch die Größe der Baumassen mußten die Oberflächen dieser

Im Secessionsgebäude

Klare, überschaubare Wände ohne Schnörkel oder Zierat, die von den ausgestellten Objekten ablenken – nach diesem Prinzip sind die Innenräume des Secessionsgebäudes angelegt. «Wie in ein fremdes junges Reich von kühnen unerhörten Freiheiten tritt man da ein. Alles ist ohne Greisenhaftigkeiten», staunte der Schriftsteller Peter Altenberg bei seinem Besuch.
Den Beethoven-Fries malte Gustav Klimt als Beitrag zur 14. Ausstellung der Secession im Jahr 1902. Im linken Seitenschiff, rühmte der unermüdliche Wegbereiter und -begleiter der Secessionisten, hat der Künstler «ein entzückendes Friesgemälde geschaffen, so voll seiner kühnen, selbstherrlichen Persönlichkeit, daß man sich zurückhalten muß, um dieses Gemälde nicht sein Hauptwerk zu nennen».

Bauten so beschaffen sein, daß sie in diesen Dimensionen visuell bestehen konnten. Daraus ergab sich, vor allem für die späteren Bauten, als man durch das Versiegen der Mittel zu Materialfälschungen greifen mußte, eine gewisse Grobheit des Details.»

Ein Frühlingsmorgen auf dem Opernring – der Korso, Flanieren, Bummeln auf Wiens Nobelmeile, gehört bald zu den alltäglichen Gepflogenheiten der Bürger. Man trifft sich, plaudert, sieht und will gesehen werden – schließlich, das wußte die Presse schon vor dem eigentlichen Baubeginn im Jahr 1859, soll es die Absicht sein, «die berühmten Boulevards von Paris noch zu überbieten».
Xylographie nach einer Zeichnung von Wilhelm Gause, 1881.

Spielplatz einer neuen Gesellschaft

Die Ringstraße in Wien, so nörgelten zu Beginn der Bauzeit die Bewohner der Residenzstadt Österreichs, führt ihren Namen zu recht, sie hat, wie ein Ring, keinen Anfang und kein Ende.

Das bezog sich zwar auf die Bauzeit – Jahrzehnte sollten vergehen, bis die stolze Nobelmeile wirklich vollendet wurde; aber es gilt auch für jede Publikation, die sich bemüht, der gewaltigsten Baugrube Europas von ihrem staubigen Beginn bis zum strahlenden Ende gerecht zu werden.

Es ist unmöglich, sämtlichen Facetten, Personen, Fakten, Daten, die der Ringstraße beizuordnen sind, in *einem* Buch gerecht zu werden.

Eine umfassende wissenschaftliche Aufarbeitung des Themas erschien in zwölf Bänden im Verlag Hermann Böhlaus Nachf. in Graz; ihr danken wir viele Anregungen, Quellen, zitierte Belege und Jahreszahlen.

Dieses Buch, die Geschichte der Ringstraße, will vor allem die Menschen jener Zeit, die am Ring und mit dem Ring lebten, lebendig werden lassen, einen «literarischen Ringkorso» versuchen

und jene sprechen lassen, die Unmut und Freude, Engagement und Polemik kundtaten, für und gegen den Versuch, die Stadt Wien aus den Fesseln der Basteien zu lösen und zur Weltstadt zu machen.
Zentrale Gestalt durch alle Kapitel war da, wenn auch meist nur mittelbar, Kaiser Franz Joseph I. Er ließ, durch den Willensakt eines anordnenden Handschreibens, die Ringstraße entstehen: erst am Reißbrett der Architekten, dann in praxi. Sein Einfluß war groß, aber nie gewaltsam.
Ludwig Hevesi, Präceptor der Moderne in Wien, der den Historismus und seine Ablösung durch die Strömungen des Jugendstils tätig unterstützte und kommentierte, erkannte dies bereits in dem Augenblick, als Altes und Neues noch recht heterogen und polemisch in Auseinandersetzung lagen.
«Die Franz-Josefs-Zeit» rollte sich «als ein halbes Säkulum bildender Kunst zwischen zwei Wendepunkten ab», schreibt er im Jahr 1903 in seinem Werk «Österreichische Kunst im 19. Jahrhundert». «Was zwischen diesen beiden Punkten liegt, mag uns Mitlebenden zunächst nur als Übergangszeit erschienen sein, eine Reihe von Übergangszeitpunkten vielmehr, aber die Zukunft in ihrer perspektivischen Rückschau wird die mannigfachen Charakterzüge gewiß unter einem Gesichtswinkel erblicken. Ihr wird sich ein Franz-Josefs-Stil darstellen, und dieser Stil wird ein entschieden nationaler sein, wenn auch mehr ein wienerischer, ein österreichischer.»
Die ironische Distanz dieser Zeilen relativiert den Gehalt der Aussage nicht. Mit der Devotion, die zu k. u. k.-Zeiten obligatorisch war, doch mit nicht geringer Scharfsicht, berichtet der Adjutant des Kaisers, Graf Grünne, 1858 dem Minister Graf Thun: «Der seltene, immer schlagend richtige Blick in Kunstsachen, die Se. Majestät besitzt und welcher nicht nur mich, sondern auch alle Künstler, die mit allerhöchstselbem in Berührung zu kommen das

Glück hatten, so oft in Erstaunen gesetzt und freudig überrascht hat, ist leider noch nicht allgemein bekannt.»

Die im pro und contra gleich große Intensität, mit der sich die Zeitgenossen, «Macher» wie Kommentatoren, Freunde, Feinde, Bewohner, Nutznießer und Geschädigte dieses riesigen europäischen Städtebau-Projekts annahmen, ist der Sache wert: den Korso in Wort und Bild über den Prachtboulevard des Fin de siècle.

Als der Ring fertig ist, hat sich das Säkulum gewendet, steht die Zeit im 20. Jahrhundert. Der Kaiser, der so jung und so entschlossen sein «Es ist Mein Wille» auf das Ringstraßenprojekt geschrieben hatte, ist alt, Witwer, hat den Kronprinzen durch Selbstmord verloren und stirbt, müde geworden, im Jahre 1916.

Die bejubelten Ringbaumeister sind fast alle gestorben, ihre Werke steinerne Monumente glorreicher Vergangenheit.

Die Biedermeiergeneration, die gotisches Rathaus und griechisches Parlament noch als Hybris bestaunt hat, ist dahin. Die Ringstraße dient nun auch als Einkaufsboulevard; ihr Nobelcharakter hat sich gewandelt. Jetzt gibt es gewöhnliche Geschäfte, Restaurants, Cafés an der Flaniermeile.

«Prunkvolles Halsband von Donaukanal zu Donaukanal um die innere Stadt», so hatten Enthusiasten sich gefreut; die «Ringstraße läuft wie ein Stück Ewigkeit um die Stadt herum, ohne Ruhepunkte, ohne Anfang und Ende, eine Riesenschlange, die sich in den Schwanz beißt», die Kritiker gegrummelt.

Nach der Jahrhundertwende normalisiert sich alles. Oper und Burg spielen, der Betrieb läuft.

In den Prachtmuseen drängen sich die Fremden.

Die Nutzbauten der kommunalen und staatlichen Verwaltung haben ihre Funktionen aufgenommen und beibehalten. «Touristen» besuchen lieber den originalen alten Steffel statt der epigonalen Votivkirche, obwohl die Gotik beider, einerlei ob alt oder «neo», gleich ehrfurchtgebietend zum Wiener Himmel ragt.

«Ein Meer von Licht strahlt aus von dieser Stadt, und neuer Fortschritt wird sich von hier in alle Welt verbreiten», prophezeit Kronprinz Rudolf, als er im Jahr 1883 eine Elektrizitätsausstellung eröffnet – im Jahr 1902 rattern ganz selbstverständlich elektrische Straßenbahnen über die Ringstraße.
Neben den Pferdebahnen fahren dort bald auch Automobile.
In den Gärten und Parks kümmern sich die Bürger nicht mehr um die Gitter; man hat andere Sorgen.
Wien ist Kunst- und vor allem Literatenstadt.
Sie wacht auf und schaut mit kritischem Geist, was in den Gründerjahren alles gedankenlos konsumiert wurde.
Die Menschen des anbrechenden 20. Jahrhunderts erkennen, daß die Zeit des Ringstraßenbaues jetzt bereits das verkörpert, was die Biedermeieridylliker in der Situation vor der Schleifung der Basteien sahen: die gute alte Zeit.
«Die Welt von gestern» nennt Stefan Zweig das Fin de siècle:
«Wir sahen nicht die feurigen Zeichen an der Wand, wir tafelten wie weiland König Belsazar unbesorgt von all den kostbaren Gerichten der Kunst, ohne ängstlich vorauszublicken. Und erst als Jahrzehnte später Dach und Mauern über uns einstürzten, erkannten wir, daß die Fundamente längst unterhöhlt gewesen waren und mit dem neuen Jahrhundert zugleich der Untergang der individuellen Freiheit in Europa begonnen hatte.»
Die Welt von «morgen» betrachtet in sorgenvoller Rückschau die sicher richtigen, wichtigen, eiligen Entscheidungen.
Wien ist Weltstadt geworden.
Wien trägt die Werke des Historismus stolz als das Modernste, Schönste, Urbanste, was Europa zu bieten hat, auf dem Tablett seiner Entwicklungsgeschichte.
Die gefesselte, idyllische Residenz von einst steht als großzügige Metropole, gleichberechtigt neben Paris und London, Rom und Moskau, Berlin und dem Rest der Welt.

Einzig bist du fürwahr! Wer zählt die ragenden Bauten,
die sich schließen zum Ring, edel und prächtig zugleich?
Hier ein steinern Juwel, der jüngste der Dome; zum Himmel
strebt des Doppelgetürms zierliches Stabwerk hinan;
Dort, breitfrontig, mit ernsten Arkaden das mächtige Rathaus –
und quadrigengekrönt, attisches Marmorgebälk.
Hochweg träumen im Äther die Kuppeln der beiden Museen,
während sich reizvoll verjüngt Habsburgs ehrwürdiges Heim.»

In Ferdinand von Saar hat die Ringstraße sogar einen Sänger gefunden, der im Elegienton der alten Griechen die Monumente des Historismus verklärt.

Ganz impressionistisch locker sieht im Jahrzehnt nach der Jahrhundertwende der Dichter Paris Gütersloh das Treiben der Passanten am Ring:

«Die groben Fuhrwerke müssen diese Straße meiden; nur unhörbare Automobile und leichtgebaute Equipagen führen ihre reinen Gesichter hindurch.

Auf den breiten Trottoirs promeniert ein vornehmes Volk auf und ab in der geistvollen, sprechenden Monotonie des Korsos. Die blaue Decke des Himmels macht den Raum unten so intim. Die Gespräche sind alle sordiniert, und nur für den Allernächsten bestimmt.»

Das Problem, der Kontrast zwischen Enge des Zentrums und Freizügigkeit jenseits der Basteien, hat sich nur ein wenig verlagert. Karl Mayreder betrachtet im Jahr 1905 mit kritischem Bedauern die Stadtentwicklung und bilanziert:

«Der Zweck der Erweiterung der inneren Stadt war mit der Anlage der neuen Stadtteile auf den ehemaligen Festungsgründen noch nicht vollständig erfüllt. Es fehlte eine planmäßige Regulierung der inneren Stadt selbst, wo die engen Straßen für den rasch anwachsenden Verkehr noch unzureichender geworden waren wie früher. Aber leider hat es die mit so glänzenden Mitteln dotierte Stadterweiterungskommission als außerhalb der Sphäre ihrer Verpflichtungen erkannt, hier einzugreifen; sie überließ, abgesehen von einigen Unterstützungen, diesen wichtigen Teil der Verschönerung der kaiserlichen Residenz der Gemeindeverwaltung, welche sich mangels großer Mittel darauf beschränken mußte, die verkehrsreichsten Engpässe allmählich zu erweitern und die entsprechenden Anschlüsse an die neuen Stadtteile sowie einige der notwendigen Straßenverbindungen im Innern herzustellen.»

Will heißen: Innenstadt und Ring fehlt es an harmonischer Anbindung.

Die alten Wälle und Fortifikationen sind verschwunden, und dennoch funktioniert die Kommunikation zwischen drinnen und draußen nur mühsam.

Und diese Kluft, so sieht es der kritische Chronist des Rings und der gesamten Gründerjahre, Hermann Bahr, trägt den Stempel des Programmatischen.

Am Ende des 19. und am Anfang des 20. Jahrhunderts *kann* es noch keinen Konsens geben zwischen damals und heute, heute und morgen, erkennt der Literat:

«Und eigentlich muß man ihr also zugestehen, daß sie, wenn auch nicht künstlerisch, so doch geschichtlich von Bedeutung ist, als Plakat nämlich, das der alten Stadt ankündigt: Höfisches, adeliges, grundbürgerliches Wien, deine Zeit ist um, eine neue Macht ist da, das Geld tritt jetzt die Regierung an!» denn: «Mit der Ringstraße war der Spielplatz einer neuen Gesellschaft improvisiert. Es galt nun über Nacht auch diese selbst herzustellen; der Ringstraße war rasch noch erst das dazu passende Wien zu liefern. Man darf annehmen, daß es irgendwie schon in der Luft lag; der Plan der Ringstraße hätte sonst nicht keimen können.»

Im Postsparkassengebäude

Streng sachlich, nur der Funktion dienlich, schnörkellos und unter Verwendung moderner Baumaterialien wie Aluminium, Eisenbeton oder Hartgummi, gestaltete Wagner die Innenräume seiner Gebäude wie hier die Stiege zum Schaltersaal der Postsparkasse.

Folgende Doppelseite:

Fassade des Postsparkassengebäudes

«Durch den Vorstoß der Moderne hat die Tradition den wahren Wert erhalten und ihren Überwert verloren», nach diesem Grundsatz entwarf der Architekt Otto Wagner das vielbestaunte Gebäude für die Postsparkasse (1904 bis 1906), mit dem er den Historismus der Ringstraßenbaumeister entdgültig zu Grabe trug.

Seite 312:

Der Attika-Genius

Othmar Schimkowitz' Flügelwesen hebt die Siegeskränze wie abschiednehmend über die Dächer der Wagnerschen Postsparkasse; halb Engel, halb griechische Statue, ist in seiner eckigen Gestalt aus Aluminium gefertigt.

UNTER'SEINER'K'U'K'APOST'MAJESTÄT'FRANZ'JOSEPH'I'
REGIERUNG'ERBAUT'VON'OTTO'WAGNER'1904–1906'
FRANZ·JOSEPH I
MCMVI
PORTIER
ÖFFENTLICHER
FERNSPRECHER
MIT GELDEINWURF
ORIENTIERUNGSTAFEL

ÖSTERR. POS

PARKASSE

Anhang

Namenregister

Zur Schreibung der zitierten Namen: Viele Künstler und Gelehrte wurden im Laufe ihrer Karriere nicht nur geadelt, sondern in den Freiherren- oder Ritterstand erhoben. Die Namensschreibung nimmt von Fall zu Fall darauf Rücksicht; ebenso entstehen in seltenen Fällen Abweichungen in der Schreibung allgemein; all diese Besonderheiten sind im Register ausgewiesen.
Ziffern mit * verweisen auf eine Abbildung.